旅游学概论

邓应华　肖晓莺　黄　武　主　编
刘　林　门利娟　万紫昕　副主编

清华大学出版社
北京

内 容 简 介

本书共有八章，主要包括旅游概述、旅游的产生与发展、旅游者、旅游资源、旅游业、旅游市场、旅游对经济文化环境的影响、未来主流旅游形式等方面的内容。每章插入引导案例和知识拓展，引发学生思考，激发学生兴趣，扩展学生的知识面。每章末提供了本章小结和习题，供学生在总结和回顾巩固本章知识时参考，以提高实践操作能力。书中的概念和理论阐述深入浅出，语言通俗易懂，知识内容新颖。

本书可以作为高职高专院校旅游服务类专业教材，也可作为旅游从业人员培训、自学的参考用书。

本书封面贴有清华大学出版社防伪标签，无标签者不得销售。
版权所有，侵权必究。举报：010-62782989，beiqinquan@tup.tsinghua.edu.cn。

图书在版编目(CIP)数据

旅游学概论/邓应华，肖晓莺，黄武主编. —北京：清华大学出版社，2021.11（2024.8重印）
ISBN 978-7-302-58279-3

Ⅰ.①旅… Ⅱ.①邓… ②肖… ③黄… Ⅲ.①旅游学—高等职业教育—教材 Ⅳ.①F590

中国版本图书馆 CIP 数据核字(2021)第 105778 号

责任编辑：孟　攀
装帧设计：杨玉兰
责任校对：周剑云
责任印制：刘　菲

出版发行：清华大学出版社
网　　址：https://www.tup.com.cn，https://www.wqxuetang.com
地　　址：北京清华大学学研大厦 A 座
邮　编：100084
社 总 机：010-83470000
邮　购：010-62786544
投稿与读者服务：010-62776969，c-service@tup.tsinghua.edu.cn
质量反馈：010-62772015，zhiliang@tup.tsinghua.edu.cn
课件下载：https://www.tup.com.cn，010-62791865

印 装 者：三河市龙大印装有限公司
经　　销：全国新华书店
开　　本：185mm×260mm　印　张：15　字　数：360 千字
版　　次：2021 年 11 月第 1 版　印　次：2024 年 8 月第 2 次印刷
定　　价：49.00 元

产品编号：046895-01

前　言

旅游学概论是高等院校旅游管理专业的一门非常重要的专业基础课程,是该专业学生学习和掌握旅游管理专业知识的入门课程。通过对本门课程的学习,掌握旅游学理论的基本原理,分析旅游活动中的各种简单的经济文化现象以及主客体之间的关系和旅游业发展的规律和趋势,为学习其他相关专业课打下牢固的基础,也为学生在今后从事旅游业经营管理工作奠定扎实的理论基础。

本书共分为八章,主要包括旅游概述、旅游的产生与发展、旅游者、旅游资源、旅游业、旅游市场、旅游对经济文化环境的影响、未来主流旅游形式等方面的内容。每章插入了案例和知识拓展部分,并提出相关问题,引发学生思考并激发学生兴趣,扩展学生的知识面。在章末提供了课堂讨论题和技能操作题,供学生在课堂讨论和实践操作时参考,以提高实践操作能力。书中的概念和理论阐述深入浅出,语言通俗易懂,知识内容新颖。本书可以作为高职高专院校旅游服务类专业教材,也可作为旅游从业人员培训、自学的参考用书。

本书由邓应华主编并邀请企业主编黄武(湖南宝中国际旅行社副总经理兼导游服务管理中心总监)一同负责总体设计及统稿定稿,李晖教授负责主审。所有编写人员均为一线的优秀教师或企业专家,有着多年的教学和实践经验,具体分工为:邓应华编写前言,第一、第二章及附录;肖晓莺编写第三、第七章;刘林编写第五章;门利娟编写第四章;万紫昕编写第六、第八章;田玲、谢敏参与部分教材编写。教材的数字资源开发及制作由邓应华总体负责,肖晓莺、刘林、万紫昕、田玲、谢敏是教材的数字资源的主要完成人员。

书中引用了诸多文献资料和网站上的精美图片,未能详细地全部列出出处,在此一并表示感谢。由于水平有限,错误与不当之处在所难免,欢迎广大读者批评指正。

编　者

目 录

第一章　旅游的总观——旅游概述..............1
 第一节　旅游的概念..............2
  一、旅游概念的形成..............2
  二、具有代表性的定义..............3
 第二节　旅游的基本属性..............4
  一、旅游的社会属性..............5
  二、旅游的经济属性..............5
  三、旅游的文化属性..............5
  四、旅游的休闲属性..............6
  五、旅游的消费属性..............6
 第三节　旅游的特点..............8
  一、旅游的大众普及性..............9
  二、旅游的休闲娱乐性..............10
  三、旅游的异地流动性..............10
  四、旅游的季节变动性..............11
  五、旅游的地理集中性..............11
 第四节　旅游的类型..............12
  一、以地域范围为划分标准..............12
  二、以组织形式为划分标准..............13
  三、以费用来源为划分标准..............14
  四、以旅行方式为划分标准..............14
  五、以旅游目的为划分标准..............15
 本章小结..............21
 习题..............21

第二章　旅游的历史——旅游的产生与发展..............23
 第一节　古代旅行的发展及特征..............24
  一、远古旅行..............24
  二、世界古代各时期的旅行..............25
  三、中国古代的旅行..............28
 第二节　近代旅游的产生与发展..............33
  一、产业革命对旅游发展的影响..............33
  二、近代旅游的正式产生..............34
  三、中国的近代旅游..............36
 第三节　现代旅游的发展及特征..............38
  一、现代旅游发展的原因..............38
  二、现代旅游发展的影响因素及趋势..............39
  三、中国现代旅游..............42
 本章小结..............48
 习题..............48

第三章　旅游的主体——旅游者..............49
 第一节　旅游者的定义..............50
  一、国际旅游者..............50
  二、我国对旅游者的定义..............51
 第二节　旅游者的产生条件..............52
  一、个人可自由支配收入水平..............52
  二、足够的闲暇时间..............53
  三、旅游动机..............54
  四、其他条件..............56
 第三节　旅游者消费行为分析..............58
  一、旅游者消费行为的内涵、类型及模式..............58
  二、旅游消费行为的阶段分析..............60
 本章小结..............63
 习题..............64

第四章　旅游的客体——旅游资源..............65
 第一节　旅游资源概述..............66
  一、旅游资源的概念..............67
  二、旅游资源的特征..............68
  三、旅游资源的分类..............73
 第二节　旅游资源的评价..............82
  一、旅游资源评价的目的和原则..............82
  二、旅游资源评价内容..............83
  三、旅游资源评价的方法..............88
 第三节　旅游资源的开发..............91
  一、旅游资源开发的原则..............92
  二、旅游资源开发的意义..............94
  三、旅游资源开发的内容..............95

　　四、旅游资源开发的步骤 96
　第四节　旅游资源的保护 97
　　一、旅游资源破坏的原因 97
　　二、旅游资源的保护方式 99
　　三、旅游资源的保护对策 100
　本章小结 102
　习题 102

第五章　旅游业 105

　第一节　旅游业的概念与构成 106
　　一、旅游业的定义与特征 106
　　二、旅游业的构成 107
　　三、我国旅游业的发展趋势 108
　第二节　旅行社 109
　　一、旅行社的定义 109
　　二、旅行社的作用 109
　　三、旅行社的分类 110
　　四、旅行社的基本业务 112
　　五、设立旅行社 113
　第三节　旅游交通 116
　　一、旅游交通的定义 116
　　二、旅游交通的特点 116
　　三、旅游交通的主要类型 117
　　四、旅游交通的作用 119
　第四节　旅游饭店 120
　　一、旅游饭店的定义 120
　　二、旅游饭店的作用 120
　　三、旅游饭店的兴起与发展 122
　　四、旅游饭店的类型 123
　　五、饭店行业发展趋势 126
　第五节　旅游景区 127
　　一、旅游景区的概念 127
　　二、旅游景区的特征 128
　　三、旅游景区的分类 128
　　四、国内景区旅游发展趋势 131
　第六节　旅游产品 133
　　一、旅游产品的定义 133
　　二、旅游产品的构成 134
　　三、旅游产品的特点 134
　　四、旅游产品的类型 136

　　五、旅游产品的生命周期 138
　第七节　旅游娱乐 139
　　一、旅游娱乐的概念 139
　　二、旅游娱乐的特点 140
　　三、旅游娱乐的类型 140
　　四、旅游娱乐的作用 142
　本章小结 143
　习题 143

第六章　旅游的就业平台——旅游市场 147

　第一节　旅游市场的概念 148
　　一、市场与旅游市场的概念 148
　　二、旅游市场的构成要素 149
　　三、旅游市场的特点 150
　第二节　旅游市场细分 153
　　一、旅游市场细分的概念和意义 153
　　二、旅游市场的细分方法 155
　第三节　中国旅游市场 160
　　一、国内旅游市场 160
　　二、入境旅游市场 162
　　三、出境旅游市场 165
　第四节　全球旅游市场 168
　　一、全球旅游市场迅速发展的原因 168
　　二、全球旅游市场发展现状 168
　　三、全球旅游市场的发展趋势 171
　本章小结 172
　习题 172

第七章　旅游的影响——旅游对经济、文化、环境的影响 175

　第一节　旅游的经济影响 176
　　一、对经济的积极影响 176
　　二、对经济的消极影响 179
　第二节　旅游的社会文化影响 181
　　一、对社会文化的积极影响 181
　　二、对社会文化的消极影响 182
　第三节　旅游的环境影响 183
　　一、对环境的积极影响 184

二、对环境的消极影响 184
第四节 旅游的可持续发展 186
　　一、可持续发展理论 186
　　二、旅游的可持续发展 188
本章小结 191
习题 191

第八章 旅游的前景——未来主流市场形式 193

第一节 旅游前景概述 194
　　一、国外旅游业发展现状及前景 194
　　二、中国旅游业发展现状及前景 197
第二节 休闲度假旅游 200
　　一、休闲度假旅游的定义 201
　　二、休闲度假旅游与观光旅游 202
　　三、休闲度假旅游的特征 202
　　四、休闲度假旅游产品的概念和分类 203
　　五、推动休闲度假产业发展的对策 204
第三节 商务旅游 206
　　一、商务旅游与商务旅游市场 207

二、我国商务旅游市场发展现状 208
三、我国商务旅游市场的发展前景 209
四、当前我国商务旅游发展存在的问题 210
五、商务旅游的发展策略 210
第四节 会展旅游 212
　　一、会展旅游的出现 212
　　二、会展旅游的概念 212
　　三、我国会展旅游的发展趋势 214
　　四、国外会展旅游发展模式 215
　　五、国外会展旅游模式对我国的启示 218
第五节 研学旅游 220
　　一、研学旅游的概念和特征 220
　　二、发展研学旅游的意义 221
　　三、研学旅游产品分类和设计 222
　　四、研学旅游发展前景 225
本章小结 226
习题 226

参考文献 229

第一章

旅游的总观——旅游概述

【学习目标】

通过本章的学习,了解旅游活动的界定和旅游活动的性质;了解旅游的基本属性及特点;熟悉从不同角度对旅游活动的界定和分类;掌握旅游活动类型的划分。

【关键词】

旅游的概念 旅游的基本属性 旅游的特点 旅游的类型

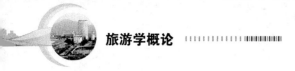

旅游的界定：李老汉探亲算不算旅游？

李老汉夫妇是典型的中国农民，在农村辛苦了大半辈子，好不容易把三个儿女拉扯长大，现在已是年过花甲。令李老汉夫妇欣慰的是三个儿女都是小有成就。大儿子是北京某著名高校的老师，二儿子是深圳某软件公司副总裁，小女儿定居美国。三个儿女都很孝顺。去年小女儿把李老汉夫妇接到美国住了十五个月，而且在女儿的资助下还游玩了美国很多旅游景点。他们打算今年到在北京的大儿子那里住上几个月，并好好玩玩，然后再到二儿子那里看看。

【思考】李老汉夫妇的这种探亲行为算不算旅游？为什么？

【分析】李老汉夫妇到美国探望小女的探亲行为不能算作旅游。因为旅游是人们暂时离开自己的常住地到旅游目的地进行的一年以内的短期外出访问所引起的一切现象和关系的总和。案例中李老汉夫妇在美国住了一年以上。但是如果李老汉去北京、深圳探亲停留时间没有超过一年，游览了当地旅游景点，并进行了相关消费，可以算作旅游。

旅游是人类社会的一种特殊的短期性生活方式，是一种综合性的社会经济文化现象，也是人类社会经济发展到一定阶段的产物，并伴随着社会经济的发展而发展。本章从国内外对旅游的不同界定入手，论述旅游的本质、旅游的基本属性以及旅游的类型。

"旅游"是旅游学研究的最基本概念，要学好旅游首先要明白旅游的概念。

第一节　旅游的概念

一、旅游概念的形成

在我国的传统文献中，与"旅游"一词含义相近的有两个词，一个是"观光"，另一个是"旅行"。"观光"一词最早出现于2000多年前的《易经》和《左传》。人们普遍认为《易经》中的"观国之光"以及《左传》中的"观光上国"之语便是目前"观光"一词的由来。我国台湾省，以及历史上受汉文化影响较多的周边国家，例如日本和韩国，一直多用"观光"指代"旅游"一词。但是，应当指出的是，"观光"一词传统上通常被理解为观看(参观)、考察一国的礼乐文化和风土民情。换言之，观光一词所强调的是"游"，即参观活动，而忽视了对"旅"的反映。另外，在对"观"一词的现代使用中，其行为性质是消遣，行为特征是参观，也就是说，它仅指消遣旅游的一种，既不能反映各种形式的消遣旅游，更不能涵盖非消遣目的的访问活动。因此，虽然人们在日常用语中有时可以用观光指代旅游，但是在旅游研究中，观光和旅游是含义不尽相同的两个词。与"旅游"相近的另一个词是"旅行"。在我国的历史典籍中，古代帝王的巡旅、官吏的宦旅、文人墨客的漫旅、商人外出经商以及学者外出求学和考察，皆可谓之"旅(行)"。现代汉语中的"旅行"一词也用以泛指一切目的的离家外出过程，例如，从一个地方前往另一个地方去探亲访友的过程可谓之旅行，从一个地方前往另一个地方出差办事的过程也可谓之旅行，从一个地方前往另一个地方定居的过程也可谓之旅行。上述种种事例都说明，就日常用词而言，"旅行"的含义范围宽于"旅游"。

我国"旅游"一词最早出现在南北朝诗人沈约的《悲哉行》一诗中："旅游媚年春，年春媚游人。徐光旦垂彩，和露晓凝津。时嘤起稚叶，蕙气动初苹。一朝阻旧国，万里隔良辰。"从这里可以看出，旅游一词在当时已经含有外出游览的意思了。而在这以前，"旅"和"游"往往表现为两个含义，在唐代孔颖达《周易正义》中的解释为："旅者，客寄之名，羁旅之称；失其本居，而寄他方，谓之为旅。"在《礼记·后记》中有"息焉游焉"一语。此外，还有"闲暇无事谓之游"。

二、具有代表性的定义

"旅游"的定义一直以来困扰着旅游研究人员，至今在旅游学术界仍然争论不休，由于国内外众多旅游学者或旅游机构对旅游的内涵和外延有着不同的理解，他们对旅游的定义也各有侧重。其中，比较有影响的定义如下。

(1) "艾斯特"定义。"旅游是非定居者的旅行和暂时逗留而引起的现象和关系的总和。这些人不会导致长期定居，并且不牵涉任何赚钱的活动。"

这一定义最初由瑞士学者汉泽克尔和克拉普夫于1942年在他们合著的《普通旅游学纲要》一书中提出，后来到20世纪70年代被"旅游科学专家国际联合会"(International Association of Scientific Experts in Tourism，IASET)采用为该组织对旅游的标准定义，所以这一定义常常被人们简称为"艾斯特"(AISET)定义，这是一个较为完整的科学的概念性定义，以理论为框架认识旅游的本质特征。"艾斯特"定义在表述上的概括和精练也使其独具特点。旅行和逗留"引起的现象和关系的总和"的表述不仅包括了旅游者的活动，而且涉及了这些活动在客观上所导致的众多现象和关系，从而反映了旅游内涵的综合性。该定义中关于"非定居者"的表述体现了旅游活动的异地性，强调"这些人不会导致定居"则在原则上指出了旅游活动的暂时性，并且规定了旅游活动的非定居性或非移民性。至于该定义中关于"不牵涉任何赚钱的活动"的表述，实际上反映的是旅游活动的非就业性。

(2) 联合国的"官方旅行机构国际联合会"(AIGTO)认为：旅游是指到一个国家访问，停留超过24小时的短期旅客，其旅游目的属于下列两项之一：①悠逸（包括娱乐、度假、保健、研究、宗教或体育运动）；②业务、出使、开会等。

(3) "旅游是指人们离开平时的环境，为休闲、公务或其他目的而到外地旅行或逗留连续时间在一年之内的活动"。这是世界旅游组织(World Tourism Organization，WTO)、世界旅游理事会(World Travel & Tourism Council，WTTC)与地球理事会(Earth Council)联合制定的《关于旅游业的21世纪议程》中对旅游的定义。

(4) 世界旅游组织在1980年马尼拉会议之后，曾提到要用"人员运动"(movements of persons)一语取代"旅游"(tourism)一词，其定义是指人们出于非移民及和平的目的或者出于导致实现经济、社会、文化及精神等方面的个人发展及促进人与人之间的了解与协作等目的而做的旅行。

(5) 世界旅游组织关于旅游的定义。1995年世界旅游组织和联合国统计委员会针对旅游统计问题，在技术上对旅游给出了一个界定。旅游是"人们为了休闲、商务和其他目的的，离开他们惯常的环境，到某些地方去以及在那些地方停留不超过一年的活动"。

世界旅游组织关于旅游的定义较全面地概括了旅游的内涵，把商务目的明确地界定在旅游的范畴内。

从概念性和统计技术性两个角度出发，可将"旅游"的概念作如下描述：旅游是人们出于移民和就业任职以外的其他原因离开自己的长住地前往到某些地方去以及在那些地方停留不超过一年的活动，以及由此所引起的现象和关系的总和。

以上各种说法，都是从各自不同的研究角度出发，强调了旅游作为一种社会现象的某些基本特征，比如在"艾斯特"定义中，旅行和逗留"引起的现象和关系的总和"的表述不仅包括旅游者的活动，而且涉及了这些活动在客观上所产生的一切关系，从而反映了旅游现象的综合性。关于"非定居者"的表述则体现了旅游活动的异地性，强调"这些人不会导致定居"则在原则上指出了其全部活动的暂时性。关于"不牵涉任何赚钱活动"的表述也在一定程度上反映了旅游活动的非就业性，但是关于这些"非定居者"不牵涉任何赚钱活动的提法似乎也有其不妥之处。何谓"赚钱活动"(earning activity)？直接的钱货交易属赚钱活动，而商务谈判、洽谈合同以及展览推销等工商事务毕竟也是公司、企业赚钱活动的组成部分。由此可以认为，这个定义所针对的只是消遣性旅游，而没有把商务旅游纳入进去。这个定义的主要不足之处便在于此。

以上所列举的定义中，每种阐述都有其优点和不足之处。例如，在第五项定义中，旅游被概括为特定目的的旅行。其主要优点是强调了旅游的和平目的，从而使过去曾有人把军队出征也列为旅游的情况得到了澄清。再则，它既包括了消遣度假旅游，也包括了差旅事务旅游，从而使只强调消遣旅游的片面认识得以纠正。但是这个定义的主要不足之处在于它没有强调旅游活动的异地性，并且也未能反映旅游内涵的综合性特点。

依据现代旅游发展的客观实际，我们可以对"旅游"一词作这样的定义：旅游是人们出于主观审美、娱乐和社会交往等目的，暂时离开自己的常住地到旅游目的地进行的一年以内的短期外出访问所引起的一切现象和关系的总和。

知识拓展

"精神旅游"你懂吗(扫右侧二维码)

第二节　旅游的基本属性

基本属性决定了事物和现象的归属。正确理解旅游的基本属性，可以让人们对旅游有更深刻的认识，在对它的发展、管理和处理其与社会的关系等方面做到符合社会发展的一般规律。

旅游是人类社会经济和文化发展到一定阶段的产物，具有经济现象和文化现象的特点。旅游活动是在具体的社会环境中进行的，涉及社会环境中的方方面面，因而旅游活动便成了社会环境中多种现象的综合反映。为此，旅游具有社会属性、经济属性、文化属性、休闲属性以及消费属性。

一、旅游的社会属性

旅游是一种积极而健康的社会交往活动，它可以自由选择交往对象，打破地域、种族、性别、年龄等的限制，容易让人们抛弃偏见，沟通思想。旅游和社会的脉搏一致，处处带有社会的烙印。在旅游活动中，旅游的主体——旅游者具有社会特征，旅游的客体——旅游资源也有社会性。此外，社会的发展和进步也促使人们的旅游观念发生变化。在现代国际交往中，旅游素有"民间外交"的美称。国际旅游活动也在一定程度上体现了世界社会关系。例如，欧共体在建立欧洲联盟的进程中达成了一项欧盟成员国互免签证的协议。这项协议实施后，欧盟各国公民可以自由选择在成员国内的任何一个国家出入境，这样就极大地便利了欧盟成员国旅游者去欧盟各国从事商务和度假旅游。

二、旅游的经济属性

旅游是社会经济发展到一定历史阶段的必然产物。旅游从产生时期的极少数人的游乐消遣活动发展成现代的大众化旅游，归根结底是由于社会生产力的发展，使人们消费水平提高的结果。一个国家或地区只有经济发展起来了，人们有了可自由支配的收入，并且在满足了衣、食、住、行等基本生活需要之后，仍有可自由支配资金，这时旅游的动机才表现得强烈，如果又具备了余暇时间、交通便利等条件，人们的旅游动机就会变成旅游行动。旅游者在旅游过程中必须获得吃、住、行、游、购、娱等方面良好的接待服务，才能实现旅游目的。这种需要服务和提供服务之间，是一种经济现象。就旅游供给方面而言，旅游业凭借旅游资源而为国内外游客提供旅行和游览服务，包括旅游资源的开发，旅行社或旅游中心设立的宾馆、商店、餐厅，为游客组织的交通运输服务，旅游娱乐场所，休闲设施，旅游地特产和纪念品的生产、推销及其他一切为满足游客旅游需要而提供的服务。由于旅游活动的开展而导致的旅游服务的供给，对客源国和对目的地的经济均有不同程度的直接或间接的影响，从而使旅游活动表现出经济现象的特征。

知识拓展

旅游业"门票经济"向"产业经济"转型(扫右侧二维码)

三、旅游的文化属性

恩格斯曾经把人类需求划分为三个层次：一是生存的需要；二是享受的需要；三是发展的需要。生存的需要是人对生存所必须满足的生活资料(即衣、食、住、行四大方面)的需要。在满足基本生存条件之后，才会产生带有享受性的旅游需求。这些需求有精神方面的，也有物质方面的，但更多地表现为人们对自己知识视野的扩大和个性满足方面的需求，即对文化的需求。这就是现代旅游客源国主要集中于经济和文化发达国家的原因所在。这种需求促进了探险旅游、修学旅游、观光旅游、民俗风情旅游等旅游活动的蓬勃发展。就旅游目的地的旅游资源、旅游设施和旅游服务而言，正由于是一种地域文化的积淀和历史遗

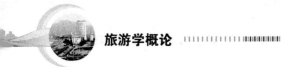

产的渗透，体现出鲜明的地域特色和民族个性，旅游目的地才能对旅游客源市场产生吸引力，形成旅游市场形象。例如宗教旅游、美食旅游、民俗旅游、文物古迹旅游等专项旅游，正越来越受到旅游者的青睐，这些专项旅游具有丰富的文化内涵，满足了旅游者的精神和文化需求。

旅游是人们为了得到在日常生活以外的精神生活体验的一种活动。旅游者的出游动机是不同的，而且在旅途中要消耗大量体力，但其最终目的是要通过旅游饱览优美宜人的自然景色、观赏历史悠久的名胜古迹，去除疲劳和紧张，放松身心，从而进入心旷神怡和可以随意塑造自我的意境。在旅游过程中，人们所得到的不仅是完全不同于日常生活中的物质占有欲望的满足，而且是一种精神文化占有欲望的满足。例如，只有你亲自登上泰山，才能体会到泰山的雄伟气势，才能产生"一览众山小"的豪迈气概；到陕西旅游，那一望无际的秦川绿野、古朴无华的黄土风情和大量的历史文化遗存，会让人得到一种在其他地区得不到的审美享受。这些精神生活的体验，通过旅游才能获得。

四、旅游的休闲属性

从主观上讲，人们外出旅游旨在借助各种休闲活动来调节原有的程式化生活。在旅行游览中，自然开放的随意性和畅神自娱的目的性始终占主导地位，人们短暂地进入一种相对自由的状态，暂时抛开生活与工作的压力，达到"身"与"心"的双重休整。旅游是生活的休闲阶段，是多种休闲活动的集合，旅游者在目的地停留期间，除了吃、喝、睡等满足生理需要的活动之外，所有其他活动，如观光、浏览、聊天、购物、棋牌、健身等都具有鲜明的休闲性质。

旅游还是人们打发闲暇时间的一种积极手段。不同于其他一些休闲方式，旅游既可增广见闻，又能进行社会交往，许多康体性质的旅游活动还有益于生命机体的调适，因而备受人们青睐。旅游的闲暇时间必须具备一定的完整性。因此，人们的旅游行为往往集中于公休或节假日。在我国，周末双休日、春节、"五一"与"十一"黄金周等节假日是旅游高峰期。带薪假期是大规模推动度假旅游的有效措施。工作性质的不同，导致人们带薪假期的存在状态也有所不同。例如，教师的寒暑假就是一种典型的带薪假期形式；国家公务员的带薪假期则是一种福利，通常采取轮流制；一般公司员工的带薪假期更是具有随机性，取决于公司的效益和工作繁忙程度。传统节假日是人们另一种相对完整的自由时间形态，分布在一年中特定的几个时期，由于一般为时较短，又多有传统的节俗活动内容，在很大程度上限制了人们外出旅游，但随着时代的发展和节俗观念的变化，人们利用传统节假日旅游的趋势明显增加。

五、旅游的消费属性

生产和消费是人类活动对立统一的两大领域，纯粹地讲，前者是对生活资料的创造和积累，后者则是对生产成果的耗用。在大众旅游活动过程中必然涉及食、住、行、游、购、娱等多种要素，每一要素的发生，显然都是一种典型的消费行为。旅游在其全过程中，既不向社会也不向旅游者个人创造任何外在的可供消费的资源，相反，却消费着旅游者的积蓄和他人的劳动成果。

第一章 旅游的总观——旅游概述

由于旅游自身的特征，旅游消费与人们的日常消费往往存在着诸多差异。从时间上说，旅游消费是一种"间歇式消费"，消费的发生通常相隔一段较长时间，而日常消费是一种"连续性消费"，日复一日、年复一年地重复发生。从行为方式上说，旅游消费是一种"井喷式消费"，在短短的旅游期间集中消费额度大，感性消费较多，如图1-1所示的购物消费。而日常消费则是一种"溪流式消费"，理性色彩较浓烈，凡事表现为精打细算，小进小出。从实际效用上说，旅游消费主要是一种心理体验过程，谋求精神上的欢娱，日常消费则主要是为了维持人们日常生活的必需所做出的购买行为。从实质上看，旅游消费也不可能完全超脱于一般性的日常消费，因为消费导向及意义的不同，旅游消费在某些方面可能表现为日常消费的畸变。

图1-1 旅游中的购物消费

案例 1-1

新加坡发布旅游新概念 吸引年轻人再度到访

日前，新加坡旅游局发布"不不不不期而遇"互动微综艺，联合"网红"博主papi酱团队重新设计旅游线路，创造一种不期而遇的旅游新玩法。正值中秋、国庆黄金周临近，新加坡正在通过一系列创意式的旅游营销模式，吸引年轻族群的再度探访。

根据驴妈妈旅游平台发布的中秋、国庆出游报告，日本、泰国依然人气最旺，而越南、新加坡、马来西亚紧随其后。事实上，近两年来新加坡一直稳居杭州市民出境游目的地榜单前五名之位，从杭州萧山机场出发，4小时55分钟后可抵达新加坡的樟宜机场。"不不不不期而遇"是新加坡旅游局2019年针对年轻族群，特别是中国的"90后"进行的一次旅游营销。90后作为消费的主力军，也是数字时代的"原住民"，正成为旅游市场的核心力量。正因为如此，新加坡旅游局试图通过新的旅游概念，鼓励游客发掘"不期而遇"的新加坡风貌。此次新加坡旅游局联合papi团队推出的互动微综艺，以人气博主papi酱发布"中秋节错峰挑战"为由，"特准"papi团队4位当红博主兵分两队前往新加坡，为年轻游客重新设计、推荐新的旅游线路，以个性玩法和旅行态度，吸引年轻人到新加坡展开二度游、三度游。

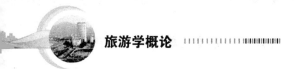

据悉,"不不不不期而遇"的旅行概念和微综艺发布后,新加坡旅游局还会与新加坡航空、酷航、携程等企业,在产品和市场活动层面进行全面合作,通过多种渠道深耕年轻客源市场。

(资料来源:https://hzdaily.hangzhou.com.cn/hzrb/2019/09/10/article_detail_1_20190910A2211.html)

【思考题】新加坡的新概念旅游活动体现了旅游的哪些属性?

【分析】新加坡的新概念旅游的各种创意式的旅游营销活动很好地促进了新加坡旅游业的发展,这些新概念旅游活动体现了旅游的社会属性、经济属性、休闲属性及消费属性。

第三节 旅游的特点

旅游是一种内容丰富、形式多样、涉及面极广的社会经济现象,是人类社会一种短期性的特殊生活方式。旅游以其自身的本质特征,从一般社会活动中脱颖而出,吸引了全社会的积极参与。概括地说,旅游具有大众普及性、休闲娱乐性、异地流动性、季节变动性、地理集中性等基本特点。

冬季旅游如何才能"热"起来

进入12月以来,我国多地迎来传统旅游淡季。除了冰雪旅游、温泉旅游、避寒旅游、节庆旅游等项目,冬季里,很多景区处于旅游产品与游客双双偏少的状态。

随着人们生活水平的提高和生活观念、方式的改变,冬季出游的需求正在上升,泡温泉、观赏冰雪、体验冰雪等项目成为不少游客冬游"打卡"的新项目,如图1-2所示。对于旅游市场而言,如何挖掘冬游需求、打好"冬季牌"、搞热冬季旅游,成为行业关注的焦点。"冬季是旅游淡季,机票、住宿、门票等价格较旺季便宜不少。此外,冬天游客少,不会碰上扎堆景区看人海的情况。"近年来,像王晓琴一样,错峰旅行的游客日渐增多。不少景区顺应市场需求,调整经营策略,发力争抢客源。莫高窟的门票价格从旺季的238元/人降为140元/人,同时增开4个夏秋季不开放的洞窟;张家界武陵源核心景区门票价格由225元/人调整至115元/人;安徽黄山风景区门票价格由190元/人调整至150元/人……记者梳理发现,为吸引游客、恢复人气,进入12月以来,全国多地景区推出旅游优惠政策。江苏、山东、甘肃、浙江等多地的热门景区已开始执行淡季门票价格或调低门票价格。除了景点门票,出行成本也在降低。据多家旅游平台的数据显示,国内不少热门旅游城市的机票价格优惠较大。成都、青岛、厦门等方向机票价格出现了20%至30%的下降,三亚、大理、丽江、桂林等地下降了30%至40%,部分线路降幅甚至高达50%。12月12日,家住北京市大兴区的陈女士拿出手机,提前查询适合全家周末出游的地方。在她看来,"冬季不是能说走就走的季节,一定要提前查好景区开放时间"。

图 1-2 黑龙江冰雪旅游

(资料来源：https://baijiahao.baidu.com/s?id=1653391461850757577&wfr=spider&for=pc)

【思考题】冬季旅游在一些地区很难"热起来"，这体现了旅游的什么特点？

【分析】冬季旅游受冬季气候和区域位置的影响在一些地区很难"热起来"，因为受所在旅游目的地的位置制约，以及寒冷天气的影响。这体现了旅游有季节变动性的特点。旅游的季节变动性是指旅游者外出旅游时间的选择和旅游接待地企业经营业务上所体现的明显淡、旺季差异性。

一、旅游的大众普及性

随着科学技术的迅猛发展，满足人们旅游需求的外界条件日益成熟，使得人们在克服自然条件的影响、利用旅游资源、享受自然和历史文化遗产等方面有了巨大的进步。在这种背景下，旅游的消费和需求日益大众化、生活化和个性化，从而形成了群体旅游的规模化，使旅游表现出了大众普及性的特点。

(1) 旅游正在成为人类社会的一种基本需求。第二次世界大战前，旅游是少数人才能享受得起的权利。第二次世界大战以后，特别是在 20 世纪 60 年代以后，普通大众才真正成为旅游队伍的主力，旅游度假已成为普通大众人人都可享有的基本品。世界旅游组织在 1980 年发表的《马尼拉宣言》中明确提出：旅游也是人类最基本的需要之一。为了使旅游同其他社会基本需要协调发展，各国应将旅游纳入国家发展的内容之一，使旅游度假真正成为人人享有的权利。随之而形成的有组织的团体旅游正在成为占主导地位的旅游形式。这种大众化旅游形式为现代旅游业的发展奠定了基础。旅游业为旅游者提供各种周到、细致和规范化的服务，也为大众旅游提供了方便、舒适、安全的条件，从而促进了大众化旅游的发展。

(2) 旅游正在成为人们现代生活的重要组成部分。如果用统计数字来描绘当今世界旅游的情况，每年参与各种形式的旅游活动的人已达 35 亿多人次。据统计，世界旅游业为全球 1 亿人创造了就业机会，约占世界就业总人数的 1/16。每年大约有 5 亿人为不同的目而参与某种形式的国际旅游。进入 21 世纪后,国际旅游者人数年均增长率超过 5%,旅游收入年均增长率可达 4.8%,而且这种增长态势还在持续发展。随着国际经济文化交流的进一步发展及各国享受薪金假期职工的增多与有薪假期的延长,各种形式的旅游更加成为人际交流与生活的必需。例如,英国平均每年外出旅游达 3 次的人占到全国人口的半数;在法国,平均每年度假外出 3 次的人也占到全国人口的 45%;在瑞典,这种比例更高,已达到 75%。中国改革开放以来,旅游业发展迅速,旅游人数每年均以 10%~20%的比例增长。这说明,在许多国家,旅游正在从奢侈的享受演变成为人们生活的必需之一。

二、旅游的休闲娱乐性

旅游的休闲娱乐性是指人们休闲娱乐的目的可以通过工作之余的旅游活动去实现。旅游的休闲娱乐性主要体现在以下几方面。

(1) 旅游是旅游者利用工作之余的闲暇时间所从事的活动。即使是某些与工作结合得比较紧密的旅游形式,只要我们从时间和内容上去分析,休闲娱乐都是其中不可缺少的组成部分。

(2) 以休闲娱乐为目的的旅游,即以游览名山大川、欣赏文物古迹、体验异域风土人情、享受优质的旅游接待服务等形式,达到观光、消遣、休息、娱乐的目的,从而愉悦身心和增进健康。

(3) 对于旅游者来说,无论各人的旅游动机、旅游内容、旅游形式有什么差异,其追求身心的愉悦,想获得最大的审美享受是一致的。

知识拓展

在山水洲城间 享长式慢生活——长沙休闲旅游节(扫右侧二维码)

三、旅游的异地流动性

旅游的异地流动性是指人们求新求奇的审美需求是通过离开居住地到异地环境中去旅游而实现的。求新求奇是人们的本能之一,而人对客观环境的认识和了解总要受时间和空间的限制。人们借助旅游离开居住地去认识居住地环境以外的世界,以增长自己的见识,于是就产生了旅游的异地性。同时,由于人们外出旅游不满足于只在某一处逗留,而是借助旅游不断地由一个景区到另一个景区,在空间位移过程中实现自己的旅游目的,这就使旅游具有了流动性。

当然,旅游也不是全在"动"中进行的,而是"动"和"静"的结合,旅游的停留就是"静"。就旅游者的意愿而言,总是希望"静短动长",以便在有限的时间内能游览更多的景点,获得更充实的体验;对旅游经营者而言,则希望"静长动短"这是因为旅游者在旅游目的地停留的时间越长,旅游者的消费就越大,旅游经营者就会获得更多的商业机会。因此,认识旅游异地流动性的特点,就成了合理安排好旅游行程和时间,兼顾旅游者和旅游经营者双方的要求和利益,处理好旅游者和旅游经营者之间关系的重要问题。

四、旅游的季节变动性

旅游的季节变动性是指旅游者外出旅游时间的选择和旅游接待地企业经营业务上所体现的明显淡、旺季差异性。

(1) 旅游目的地受所在地理位置的制约，自然条件有季节的更替变化，以欣赏自然景观为主要对象的旅游活动，就随着这种季节变化而表现出明显的季节差异性。如浙江钱塘江观潮之旅，就受天文现象的季节影响，而表现出显著的客流量集中于较短时段的趋势；又如哈尔滨的观冰灯之旅，只有在冰天雪地的寒冷冬季，才有吸引力和客观条件，这种旅游才有意义。

(2) 旅游者受所在地的社会文化背景影响，使旅游者客流的流向、流量集中于一年中相对较短时段出现高潮。如传统节假日出现的旅游和宗教旅游活动的季节变化则很明显，但真正对旅游季节性形成重大影响的是以休闲娱乐为主要目的的度假旅游。以英国的度假旅游为例，每年7~9月份出游者约占出国度假者中的28%，1~3月份的出游者仅占12%，11~12月份的相应比例约占15%。我国学校教育实行春、秋两季学年制，7~8月份为暑假，2月份为寒假，这为国内旅游的开展创造了很有潜力的季节性旅游市场。

(3) 旅游活动既受自然因素影响，也受社会因素影响，旅游的季节变动性也比较强。如我国山岳风景区开展的旅游活动，以黄山为例，旅游观光者多以国内客源为主。对国内旅游者而言，1~3月和12月正值年初和年末，受传统习俗和生活习惯的影响，居民很少外出旅游，到山岳景区的更少。4~5月春游，7~8月暑假旅游，特别是"五一"和"十一"节假日，是黄山一年中的客流高峰时段。受社会和季节性因素的影响，4~5月、7~8月和10月为黄山旅游适宜季节。6月、9月和11月为一般季节，1~3月和12月为不适季节。这种季节变化趋势正好与黄山风景区的自然季节性基本一致。

五、旅游的地理集中性

旅游的地理集中性是由区域性旅游表现出来的。在世界旅游发展中，区域性旅游一直保持绝对优势。在欧洲，区域性国际旅游者约占80%，北美与亚太地区则约占50%。旅游的地理集中性在一些主要客源国表现得最为突出。美国与加拿大各自接待对方的旅游者约占其接待入境总人数的50%。西班牙接待的旅游者中，来自法国、葡萄牙、英国与德国的旅游者达70%以上，如果再加上荷兰、比利时、意大利与瑞士的旅游者，那就超过了80%。造成区域性国际旅游发生的原因是多方面的，主要有距离近、交通方便能节约时间与开支、签证及旅游手续简便、文化传统相近、语言障碍少等。

区域旅游的发展直接导致了地区间旅游发展的不均衡。不论是从旅游者人数上还是从旅游者消费上来看，欧洲一直占绝对优势，而非洲与中东所占比例很小，在世界国际旅游人(次)数中，欧洲接待的占65%~70%，美洲占20%，而中东与非洲一起才占5%。在世界国际旅游总收入中，欧洲占60%，美洲占20%~25%。

旅游的地理集中性对旅游业的规模化经营是有利的。但对某一个区域而言，其旅游的环境承载力就有一定的临界值。如果旅游者的数量超过了某一区域的临界值，就会带来负面影响和严重威胁，破坏区域旅游的可持续发展。因此，旅游的地理集中性问题必须引起有关政府部门和旅游企业的关注。

知识拓展

冬季游应注重差异化发展(扫右侧二维码)

第四节 旅游的类型

随着社会经济的发展，世界各地参加旅游的人数越来越多，旅游活动的地域范围越来越大，旅游的类型也多种多样。因此，无论是在旅游理论研究方面还是在旅游业的经营方面，都需要对人们的旅游活动进行必要的类型划分，以便根据需要去分析和认识不同类型旅游活动的特点。

一、以地域范围为划分标准

以此标准，可将旅游划分为国际旅游和国内旅游两种基本类型。

(一)国际旅游

国际旅游是指一个国家的居民跨越国界到另一个或几个国家或地区去进行的旅游活动。国际旅游包括两种情况，以我国为例，一种情况是其他国家的居民前来我国旅游，称之为入境旅游；另一种情况是我国居民到其他地区或国家去旅游，称之为出境旅游或出国旅游。也就是说，国际旅游既包括入境旅游，也包括出境(或出国)旅游，如图1-3所示。

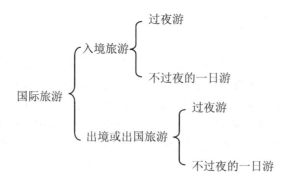

图1-3 国际旅游图

(二)国内旅游

国内旅游是指一个国家的居民离开了自己的长住地到该国境内其他地方而进行的旅游活动，简单地讲，就是指人们在其居住国境内开展的旅游活动。无论是国际旅游还是国内旅游，都是既包括在外过夜的旅游活动，也包括不在外过夜而当日往返的一日游活动(亦称短程游览)。但是，出于统计和分析的需要，人们把那些参加旅游活动并在目的地过夜住宿的游人称为旅游者,而将那些参加旅游活动,但不在目的地住宿过夜的当日往返的游人另划一类,称为一日游游客。需要注意的是,在很多国家的国际入境旅游人次统计中,一般都不包括来访的国际一日游人次。但在国家的国际旅游收入统计中,则是既包括过夜旅游者在该国的消费额,也包括来访的一日游游客在该国的消费额。在一些相互接壤的国家,这种国际一日游市场也是其国际旅游客源市场的重要组成部分,例如,美国与加拿大间的一日游,荷兰与德国间的一日游,新加坡与马来西亚间的一日游以及我国的周边邻国居民来我国境内访问的一日游,等等,皆可说明这一点。至于在国内旅游方面,国内一日游游客是否纳入国内旅游人次统计之中,各国目前做法不一。尽管如此,国内旅游收入统计数字中肯定会将国内一日游游客在接待地区的消费包含在内。

(三)国际旅游与国内旅游的区别

国际旅游与国内旅游两者在以下方面存在一些差异。

(1) 从消费程度方面看,国内旅游者的消费一般较低,而国际旅游者的消费通常较高。

(2) 从停留时间方面看,国内旅游者在目的地的停留时间一般较短,而国际旅游者在旅游接待国的停留时间通常比前者要长一些。

(3) 从便利程度方面看,国内旅游一般很少存在语言障碍问题,而且不需要办理护照和签证,而国际旅游大都会存在语言障碍问题,而且必须办理护照和签证等旅行证件。

(4) 从经济作用方面看,国内旅游消费只是促使国内财富在本国不同地区间的重新分配,其总量并不增加(假定不考虑这些旅游消费的乘数效应),而国际旅游则是国际入境旅游者将其在本国的所得收入用于在旅游接待国消费,因而造成财富在国家间的转移。对于旅游接待国的经济来说,国际入境旅游者在该国停留期间的消费构成一种外来的经济"注入"。此外,旅游接待国还可将其从中获得的旅游外汇净收入用于弥补国际收支逆差,从而有助于其国际收支平衡。因此,国内旅游和国际旅游对一个国家经济的影响并非完全相同。这也是很多国家政府偏重支持发展国际入境旅游的重要原因。

(5) 从文化影响方面看,国内旅游者与目的地居民一般都属同质文化,因而很少存在"文化冲突"问题,而国际入境旅游者所隶属的文化与旅游接待国的社会文化多属异质文化,因而不仅有可能发生"文化冲突",而且会对接待国的社会文化产生较大影响。

二、以组织形式为划分标准

以组织形式为标准可将旅游活动划分为团体旅游和散客旅游。

(一)团体旅游

团体旅游泛指一切由一定人数组成的团体、以有组织的集体活动方式开展的旅游活动,其组织者多为旅行社、企事业单位、政府部门和社团组织。典型的团体旅游是旅行社组织的团体包价旅游,其中又可分为全包价团体旅游(亦称团体综合包价旅游)和小包价团体旅游。全包价团体旅游指的是旅行社经过事先计划、组织和编排旅游活动项目,向旅游大众推出的包揽全部服务工作的团体旅游形式,一般规定旅游的日程、目的地以及行、宿、食、游等的具体地点及服务等级和各种活动的内容安排,并以总价格的形式一次性地收取费用。但是,旅行社经营的团体包价旅游现状表明,并非所有的团体包价旅游在包价内容方面都

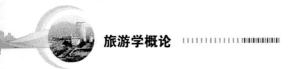

将旅游全程的行、宿、食、游等全部包括在内。例如，有的只包交通和住宿，有的在每日餐食中包其中的一餐，另外也有只包交通的情况。这些便是所谓的小包价团体旅游，即旅行社推出的只包部分服务项目的包价团体旅游。总之，根据市场需求及包价产品对市场的吸引力，产品包价的内容可以灵活设计。在我国，旅行社在组织小包价团体旅游时，所包揽提供的主要服务项目是：第一，从国内出发地到目的地的交通；第二，在目的地的住宿；第三，在目的地的每日早餐；第四，导游服务。总而言之，无论是全包价还是小包价，都主要是针对团体旅游而言。所谓团体，按照国际旅游行业的惯例，其同行旅游人数应不少于 15 人。

(二)散客旅游

散客旅游是相对于团体旅游而言，主要是指个人、家庭及 15 人以下的自行结伴旅游。他们虽然不经旅行社组织，但有时也使用旅行社提供的委托代办服务。

近些年来，世界上散客旅游正呈现出愈渐流行的发展趋势。在来华旅游的海外游客中，散客的数量也在增长。这主要是因为散客旅游自由灵活，对旅游地的选择余地较大；游客个人自主性强，不像随团体旅游那样受固定安排的约束；旅游费用可根据个人意愿自行掌握。特别是在旧地重游的情况下，人们对该目的地的情况已较为熟悉，因而随着旅游经验的增多而更乐于自由行动。很多研究结果表明，自 2019 年以来，散客旅游发展非常迅速。目前，在全球国际旅游市场上，散客人数约占所有旅游人数的 66%。在欧洲接待的国际来访者中，散客比重为 70%左右。在美国的出国旅游者中，散客的比重高达 90%。由此可见，在国际旅游市场上，散客旅游已形成具有普遍性的发展趋势。

三、以费用来源为划分标准

按照这类标准，人们常将旅游活动划分为自费旅游、公费旅游、社会旅游和奖励旅游等类型。

自费旅游是指全部旅游费用由旅游者个人或其家庭承担的旅游活动。公费旅游是指全部或绝大部分旅游费用由有关的政府部门、企事业单位或社会团体承担的旅游活动。公务旅游、商务旅游、会议旅游等均属此列。社会旅游是一种由社会给予福利性补贴的旅游活动，即由社会有关方面通过各种资助或补贴的方式帮助收入过低的贫困家庭参加到旅游活动中来。这种情况目前多见于西欧。

奖励旅游是企事业单位为奖励工作成绩突出的职工而为其组织的免费旅游，实为一种激励手段。奖励旅游始于 20 世纪 60 年代的美国。最初是某些公司企业为了表彰业绩突出的销售人员而组织他们携带配偶免费外出旅游，后来人们发现奖励旅游作为一种激励员工的手段，其效果优于传统的物质奖励，因此逐步被世界各地的企事业单位所采用。今天，奖励旅游市场已发展成为颇具规模和开发价值的重要市场。

四、以旅行方式为划分标准

以旅行方式为划分标准可将旅游划分为航空旅游、铁路旅游、汽车旅游、水上旅游等。航空旅游泛指以乘坐飞机这一旅行方式而外出旅游。狭义的航空旅游则是指以航空为

第一章　旅游的总观——旅游概述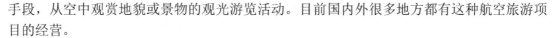

手段，从空中观赏地貌或景物的观光游览活动。目前国内外很多地方都有这种航空旅游项目的经营。

铁路旅游泛指以乘坐火车这一旅行方式而外出旅游。狭义的铁路旅游则是指以乘坐火车为主要手段而开展的消遣性旅游活动。例如，近些年来恢复经营的从欧洲至北京的"东方列车之旅"以及英格兰中北部地区的"金色铁路之旅"等，都是这种铁路旅游活动的突出代表。

汽车旅游泛指以汽车为交通工具而外出的旅游活动。狭义的汽车旅游一般是指借助包租汽车按既定旅游线路开展的团体包价旅游。有时也指由旅游者自己驾车游历沿途各处的旅游活动。

水上旅游虽然有时泛指水路旅行，但主要是指利用江河湖海开展的游艇旅游，具有船岸互动、消费链长、特色项目附加值高等特点。

总之，以上各种旅游虽然都须借助交通工具，但交通工具的作用已不仅在于运输，而是已成为旅游项目本身的重要组成部分。

五、以旅游目的为划分标准

按照联合国国际旅游会议(罗马会议)对游客访问目的的分类，将人们的旅游活动划分为以下类型。

(一)观光旅游

旅游者通过观光游览可达到改变常居环境、开阔眼界、增长见识、陶冶性情、怡悦心情、鉴赏大自然造化之美、享受现代化城市生活的情趣等多方面的需求和目的。这种基本的旅游方式，在今后一定时期内仍将继续占据重要地位。在不少国家，"观光"(sight-seeing)一词即游览或旅游的同义词，指以参观、欣赏自然景观和民俗风情为主要目的和游览内容的旅游消费活动。

(二)休闲度假旅游

休闲度假旅游顾名思义就是在旅游的同时，还能让心灵得到放松。它与其他旅游的不同之处在于，一"动"一"静"，一"行"一"居"，一"累"一"闲"，它是旅游者占据了较多的闲暇时间和可自由支配的经济收入，旅游地有了一定服务设施的条件下而逐渐形成的，是旅游得以丰富发展的产物。

与一般的外出旅游不同，休闲度假具有自己的特点。首先，修身养性、让身心放松是休闲度假旅游的基本要求。休闲就是要在一种"无所事事"的境界中达到积极的休息。在紧张工作后到心仪地度假，或游泳，或阅读，或徜徉于海滨，或踯躅于森林草原，或置身于温煦的光下，使身心完全放松。这种放松，完全有别于平常的工作节奏，是一个身心的调整。休闲度假旅游具有一个显著的特点，就是目的地重复，游客对其认同的度假地具有持久的兴趣和稳定的忠诚度，甚至对一家自己喜欢的度假酒店也有非常稳定的忠诚度。其次，消费能级高，从世界旅游发展规律来看，休闲度假旅游在一些发达地区的高收入人群中逐渐兴起，而且会产生重复消费，是很值得开发的市场。之后休闲度假旅游的市场开始逐步形成。例如游客到海南岛，从主要是观赏椰风、海韵景观，逐步转变为投身于椰风、海韵的情境中,并获得放松身心的享受。西班牙之所以成为人们首选的休闲度假地,是因为这里的阳光、沙滩、海水能让来自世界各地的休闲度假旅游者放松身心。

(三)商务旅游

商务旅游指以经商为主要目的,把商业经营活动与旅游活动结合起来的旅游方式。它是旅游史上最早的旅游形式之一。商务旅游活动通常包括谈判、会议、展览、科技文化交流活动以及随之带来的住宿、餐饮、交通、游览、休闲、通信等活动。总之,几乎与商务旅游者发生的所有相关的活动都可称之为商务旅游活动。在现代社会中由于经济活动的日益频繁,商务旅游者(经商附带旅游)已成为旅游市场中的主要客源。它具有出游频率高、消费水平高、对设施和服务质量要求高等特点。由于食宿消费通常是由企业或者别的单位公费支付,因此,个人游客则可以在购物和消遣上花费更多的钱。近年来,商务旅游是发展最快的旅游项目之一,从其规模和发展看,已成为世界旅游市场的重要组成部分,而且仍有巨大的发展潜力。

(四)会议旅游

会议旅游是指利用召开和出席会议的形式进行的旅游活动,即利用接待会议的机会,把旅游和开会交织在一起,以获取经济效益。它包括两层含义:一,开会和出席会议本身是一种旅游,它需要提供交通、住宿、餐饮等服务;二,在会议期间和会后常常组织一些参观游览活动。它具有客人身份高、停留时间较长、消费水平高、购买力强、携带人员多、计划性强、对设施和服务要求高等特点。会议旅游是会展旅游的一种,是会议接待者利用召开会议的机会组织与会者参加的旅游活动。其所涉及的旅游往往带有与工作相关的目的。会议旅游是随着经济的发展,交流的加剧而产生壮大的,它的消费档次、费用远远高于普通观光。

(五)探亲旅游

探亲访友即社会访问,是一种以到旅游目的地走访亲友、追根求源、旧地重游的一种旅游活动。它包括探访亲友、寻根祭祖、出席婚礼或葬礼等。特点表现为:①对价格较为敏感。由于该类旅游者因私出行,大都很在乎价格。②外出的季节性较弱。他们出行的主要目的是处理家庭和个人事务,一般是利用带薪假期和传统节假日,或者根据家庭事务的紧迫性临时决定出行的时间,因此受自然因素的影响较小,季节性较弱。③这类旅游者往往很少在旅游目的地住宿和用到旅游过程中的其他服务设施。

(六)娱乐旅游

娱乐旅游是一种从个人兴趣爱好出发,以娱乐消遣为主要动机的、参与性较强的赏心健体的旅游活动,是一次独立的旅游活动,如钓鱼旅游、狩猎旅游等。旅游者娱乐在旅游活动中以参与的文娱活动为主,如图1-4所示。旅游者的需求是变化的,"求乐"正在变成旅游动机的主流。娱乐旅游活动属精神产品,横跨文学、艺术、娱乐、音乐、体育诸领域。娱乐旅游活动的对象是旅游者,具有以下几个特征:更强调具有民族特色和地方特色,使旅游者耳目一新;强调欢快、热闹、幽默,为大多数人喜闻乐见;强调参与性;强调娱乐旅游活动项目常变常新；强调高雅文化与民俗文化的结合，在满足大多数人要求的同时，反映出时代特征；强调寓教于乐，使游人在观赏、休憩、娱乐的同时，了解旅游目的地的历史文化、风土人情和科技知识，受到社会文明的熏陶等。

图1-4　上海迪士尼娱乐旅游

(七)探险旅游

探险旅游指富有冒险精神的先行旅游者，为了寻求新奇感，满足其好奇心或强烈追求个人体验，到尚未开发的原始地方去的旅游活动(也包括科考探险)，又称为特种旅游。这些人总是避开群体的、传统的旅游目的地，而到人迹罕至、路途艰辛、原汁原味的地方去探险，探险旅游是大众旅游的先导，一些新的旅游地往往被探险旅游者(驴友)首先发现，然后经过开发建设而成为大众旅游地。

(八)宗教旅游

宗教旅游是指以朝圣、拜佛、求法、传经布道或宗教考察为主要目的的旅游活动。它是一种最古老的旅游形式，出于宗教的信仰及其影响，教徒们每年都要到世界各地各教派的圣地去朝圣或举行宗教集会，以传播其信仰，扩大影响。现今，纯宗教目的的旅游已逐渐发展成为国内外广大旅游者所乐于接受的游山玩水和宗教活动相结合的旅游方式。

(九)购物旅游

购物旅游是以购物为主要目的的一种特殊旅游方式。购物是旅游的重要组成部分。游客对旅游目的地的商品及具有地方特色的传统产品往往怀有强烈兴趣，有些旅游者甚至以购物为主要旅游动机。不少国家和地区利用游客渴望购物的心理，大力发展具有民族特色的土特产品、手工艺品和精巧美观的各种纪念品以及迎合外国游客口味的名牌烟酒、化妆品和日用消费品，作为招徕游客创收的重要手段。购物旅游是随着社会经济的发展、交通的发达、人们生活水平的提高而逐渐发展起来的一种购物与观光游览相结合的旅游形式，如去被誉为"购物天堂"的香港旅游。

(十)体育旅游

体育旅游是指人们以参加某项体育运动为主要目的的旅游。它与娱乐旅游有重合的一面，其区别主要取决于人们的动机。如果人们参加某项体育项目(如游泳、滑雪等)是出于强身健体，那么属于体育旅游；如出于寻求乐趣或爱好，则属于娱乐旅游。体育旅游有着特殊的作用：一是能吸引较大范围的游客；二是对自然与人文景观缺乏的国家或地区可发展体育旅游，以弥补旅游资源的不足，从而提高接待条件和体育设施的利用率。

知识拓展

体育旅游成为新的生活方式(扫右侧二维码)

(十一)保健医疗旅游

保健医疗旅游是以疗养或治疗疾病、恢复或增进身体健康为主要目的的旅游，旅游者可以根据自己的病情、医生的建议，选择合适的游览区，在旅游的同时享受健康管家服务，进行有效的健康管理，达到身心健康的目的。它包括温泉疗养、健身、海水浴疗、沙疗和其他医疗(如针灸、草药治疗等)。保健医疗旅游是将旅游和健康服务结合起来的一种旅游形式。全球保健医疗旅游人数已经上升到每年数百万以上。其发展势头十分惊人。保健医疗旅游已成长为全球增长最快的一个新产业。世界旅游组织将保健医疗旅游定义为以医疗护理、疾病与健康、康复与修养为主题的旅游服务。

(十二)文化旅游

文化旅游是指人们为了满足精神文化的需要，通过旅游来观察社会、体验民风民俗、了解异地文化与异乡的生活方式，以丰富自己的文化知识、开阔视野、交流成果为主要目的的旅游活动。人们通过这种形式的旅游活动，加深了对旅游目的地历史、地理、民俗、艺术、教育、科技和文物古迹等的了解，可以在深层次上充实精神生活，增长知识。同时也使旅游本身得到了深化和发展。文化旅游具体包括历史文化旅游、民俗文化旅游、区域文化旅游和宗教文化旅游等。旅游是一项广义的文化活动，它既是文化的创造过程，又是文化的消费过程。

(十三)节庆旅游

节庆旅游主要是以参加节日庆祝、娱乐休闲等为目的的旅游活动。如传统的春节庙会、元宵灯会、清明踏青、端午龙舟会，少数民族的泼水节、火把节等。

节庆旅游属于人文景观旅游的范畴。这种旅游，属高层次的文化旅游，可以使旅游者在精神上获得一种享受，得到知识和营养。与别的旅游方式相比，节庆旅游具有这样几个明显特征。

(1) 地域性。由于各地的历史条件、地理环境的不同，各地的地区文化、民俗等的差异性，各地所举办的节庆活动都是各地所独有的，是在其他地域中无法创造的。

(2) 神秘性。西方的"万圣节"、墨西哥的"亡人节"和中国的"中元节"所举行的各种祭祀活动和娱乐活动，都笼罩着一层神秘的色彩。它们能够满足游客们求新求异的心理需求，所以游客对其有浓厚的兴趣。

(3) 体验性。游客通过亲身参与活动，可以感受活动氛围，获得亲身体验，留下深刻印象。比如在西双版纳，每年泼水节到来之际，国内外游客蜂拥而来，其主要的目的就是参与盛大的泼水活动，那三天里，所有的人提着桶、端着盆，见人就泼，极尽欢乐之致，如图1-5所示。

图1-5　傣族泼水节

(十四)生态旅游

生态旅游是一种以大自然和某些特定的文化区域为对象，以回归自然为目的，以不破坏生态平衡和保护自然环境为宗旨的旅游行为。它使人们在良好的生态环境中游览、度假休息、健身疗养，同时认识自然、了解生态、增强环境保护意识。它是一种原汁原味的旅游，具有尊重自然与当地文化的特点，提倡人们认识自然、享受自然、保护自然，并为当地社区居民谋福利，又称为绿色旅游或负责任旅游。生态旅游被认为是旅游业可持续发展的最佳模式之一，成为旅游市场中增长很快的一个分支，代表了一种人地和谐的旅游发展观。

(十五)乡村旅游

乡村旅游是指旅游者在乡村(通常是偏远地区的传统乡村)及其附近逗留、学习、体验乡村生活的旅游活动。对应旅游者的需求与选择，乡村旅游又可表现为下列几种类型。

(1) 休息娱乐型。以休息娱乐为主，如"农家乐""渔家乐""山里人家"等。

(2) 收获品尝型。以特色餐饮、美食或采摘垂钓为主，如"采摘游""垂钓世界""美食村"等。

(3) 运动养生型。以山野及水体运行、乡村自然环境疗养健身为主，如"乡村运动俱乐部""温泉别墅"等。

(4) 观光审美型。以特色风光、农事活动、乡村民俗或村落民居(古民居等)为对象的观光旅游。

(5) 认识学习型。以学校或家长等安排的有目的的旅游与考察、写生、实习为主，如"学生远足""夏令营"。

(6) 复合型。乡村旅游也有人定义为以乡村地区为活动场所，利用乡村独特的自然环境、田园景观、生产经营形态、民俗文化风情、农耕文化、农舍村落等资源，为城市游客提供观光、休闲、体验、健身、娱乐、购物、度假的一种具有综合性、区域性特点的新型旅游经营活动。按其内容可分为乡村观光游、乡村风情游、乡村节庆游、乡村休闲度假游、乡村自然生态游等多种类型。

(十六)工业旅游

工业旅游从旅游业角度来说，是在充分利用现有的名牌工业企业设施设备和工业企业文化资源的基础上，赋予旅游内涵而开发出来的一种让旅游者乐于购买的新型旅游产品。从旅游者角度来说，它是以了解名牌工艺产品的工艺流程、发展史和未来科技与工业的发展前景等为主要目的、具有较高的科技知识含量的一种高品位的旅游形式。可见，工业旅游与传统的观光旅游过程中对某些工业企业的参观游览活动是有本质区别的。

工业旅游起始于 20 世纪 50 年代的法国，后被世界各国所效仿。我国的工业旅游发展较晚，还在研讨、规划、开发和试用过程中。例如，地处福建省福州市的马尾造船厂，利用厂内遗留的船政建筑群的轮机车间、法式钟楼、船政绘事院，以及毗邻的中法马江海纪念馆、中国近代海军博物馆、青州船坞和梅园监狱等全国重点文物单位和景观，构成一条以爱国主义和现代文明为内涵的旅游线路，形成独具特色的工业旅游产品。工业旅游的兴起，预示着随着知识经济时代的到来，具有较高知识含量和品位的旅游产品或旅游形式将越来越受到广大旅游者的青睐。

(十七)红色旅游

红色旅游主要是以中国共产党领导人民在革命和战争时期建立丰功伟绩所形成的纪念地、标志物为载体，以其所承载的革命历史、革命事迹和革命精神为内涵，组织接待旅游者开展缅怀学习、参观游览的主题性旅游活动。

为了更好地发挥爱国主义教育基地的作用，在"十二五"规划期间，中央决定将红色旅游内容进行拓展，将 1840 年以来 170 多年之间的中国近现代历史时期，在中国大地上发生的中国人民反对外来侵略、奋勇抗争、自强不息、艰苦奋斗，充分显示伟大民族精神的重大事件、重大活动和重要人物事迹的历史文化遗存，有选择地纳入红色旅游范围，这就更有利于传承中华民族的先进文化和优良传统。

红色旅游是把红色人文景观和绿色自然景观结合起来，把革命传统教育与促进旅游产业发展结合起来的一种新型的主题旅游形式。其打造的红色旅游线路和经典景区，既可以观光赏景，也可以了解革命历史，增长革命斗争知识，学习革命斗争精神，培育新的时代精神，并使之成为一种文化。

(十八)其他专项旅游

其他专项旅游也称特殊兴趣旅游，它是针对各种特殊的旅游需求，根据各接待国或地区旅游资源的特点，精心设计和制作的旅游活动项目，形成以某一活动内容为主的专项旅游活动，如都江堰放水节、山东潍坊风筝节等。

综上所述，旅游活动类型经过了观光旅游、休闲度假旅游、专项旅游三个由低到高不同层次的发展过程，新型的特色旅游类型繁多，层出不穷，大致上有乡村旅游、红色旅游、会展旅游、工业旅游、冰雪旅游、科考(求知)旅游、野外拓展训练(探险等情景式体验)、漂流和太空旅游等。

总之，依据不同的划分标准，可将旅游划分为多种不同的类型。应当注意的是，对旅游类型的划分不是为了划分而划分，换言之，这些划分是有目的的，划分的结果应对认识和研究旅游业的经营和管理有实际意义。

知识拓展

中国发力"一带一路"保健医疗旅游(扫右侧二维码)

本章小结

本章详细介绍了旅游的概念、旅游活动的特点及旅游的类型。什么是旅游？国内外学术界、旅游组织曾给旅游下过许多定义，其中影响较大的有"艾斯特"定义等，但至今也还没有一个能够被广泛接受而又没异议的定义。旅游的定义大体上可分为概念性定义和技术性定义。概念性定义用以认识旅游的本质特征。旅游是人们以寻求审美享受和休闲娱乐为主要目的，离开其惯常生活环境去往它处并在那里作短暂逗留的一种特殊经历。旅游是指人们离开其惯常环境，为休闲、商务或其他目的而去往它处并在那里逗留连续不超过一年的活动。旅游在本质上是一种主要以获得心理快感为目的的审美过程和自娱过程，是为了寻求愉悦而发生的行为。旅游是人类社会经济和文化发展到一定阶段的产物，既然如此，它无疑具有文化现象和经济现象的属性。

习 题

一、单选题

1. 下列活动中哪一项是旅游活动(　　)
   A. 三峡大移民　　　　　　　　B. 海外华侨、港澳台同胞回大陆定居
   C. 学生异地读书　　　　　　　D. 外国高层政府代表团来华访问
2. 旅游的本质不是(　　)
   A. 审美活动　　　　　　　　　B. 经济活动
   C. 社会文化活动　　　　　　　D. 政治活动
3. 国际上普遍引用和广泛传播的旅游定义是(　　)
   A. 世界旅游组织的定义　　　　B. 艾斯特定义
   C. 英国旅游局的定义　　　　　D. 美国参议院研究小组的定义
4. 对旅游活动进行分类的主要原因(　　)

A. 为了分类而分类
B. 程序上的规定
C. 使文本更完美
D. 更好地认识和理解旅游活动，为研究目的和需要提供适合的标准
5. 20 世纪 90 年代以来，我国国内旅游迅速发展的政策支持是(　　)
A. 1999 年国务院颁布实施的"五一"、国庆、春节三个七天长假制度
B. 带薪休假
C. 奖励旅游
D. 人均 GDP 提高

二、填空题

1. 旅游活动的主体是(　　)，旅游活动的客体是(　　)，旅游活动的媒体是(　　)。
2. 按地理范围，旅游活动分为(　　)、(　　)。
3. 按组织形式，旅游活动分为(　　)、(　　)。
4. 旅游活动的特点包括(　　)、(　　)、(　　)、(　　)。

三、判断题

1. 商务、会议、公务及事务型外出访问属于现代旅游的范畴。　　　　　(　　)
2. 旅游就是一种经济活动。　　　　　　　　　　　　　　　　　　　　(　　)
3. 艾斯特(IASET)定义是由瑞士学者汉泽克尔和克拉普夫在 1942 年提出，后来到 20 世纪 70 年代又为世界旅游组织所采用，所以称为艾斯特定义。　　　　　　　(　　)
4. 迄今为止，港澳台同胞来内地/大陆地区旅游已经不被视为入境旅游。　(　　)
5. 奖励旅游始于 20 世纪 60 年代的英国。　　　　　　　　　　　　　　(　　)

四、简答题

1. 什么是旅游？
2. 旅游的特点有哪些？
3. 旅游的基本属性有哪些？
4. 试划分旅游活动的类型。
5. 如何理解国际旅游和国内旅游？

五、课堂练习

请说说下列活动哪些是旅游：学生异地读书、农民异地打工、学者到外地参加学术会议、三峡大移民、港澳台同胞回内地/大陆定居、外籍教师来中国高校任教、留学生到外国留学、到某国担任外交人员、外国高层政府代表团来华访问。

六、技能操作

1. 对于旅游目的地从事旅游接待的从业人员来说，怎么把握好旅游客流在时间(或者说季节)上的规律，做好旅游接待工作，并保证旅游企业的正常经营？
2. 调查你身边的人外出旅游的目的是什么，是通过什么交通方式来实现外出旅游的，在旅游过程中参加了哪些活动。

第二章

旅游的历史——旅游的产生与发展

【学习目标】

通过本章的学习，了解从历史唯物主义角度观察人类旅行和旅游活动的发展；认识人类旅行和旅游活动是社会经济发展的产物并随着社会经济的发展而演进这一最基本的旅游活动发展规律；了解古代旅行的发展及旅行活动；掌握近代旅游的兴起原因、发展情况和特点；熟悉中国近代旅游业的发展情况；了解改革开放以来我国旅游业经营市场的变化及其演进原因。

【关键词】

中国古代旅游的类型　托马斯·库克对近代旅游的贡献　科技发展对旅游活动的影响　现代旅游迅速发展的原因

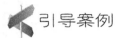

托马斯·库克的旅游事业

真正意义的现代形式的旅游首先出现在 19 世纪中叶的英国，在很大程度上要归功于托马斯·库克。库克认为，休闲旅游是能够提供比酒吧和赛马场更健康、更有意义的娱乐形式。这种信念伴随着库克漫长的旅游创业者生涯，从 1845 年直到他去世的 1892 年。1845 年，库克开始全力从事商业性旅游经营，组织旅游团到利物浦和北威尔士，启用导游，并出版其个人编撰的导游书籍。这些举措一时间得到很大反响，竟使参加旅游团的票证在黑市上的价格飙升。到 1851 年，库克的事业主要是旅游促销和组织，并拥有与此相关的印刷业务。他创办了第一份旅游报纸：《旅游者与展览广告商》(Excursionist and Exhibition Advertiser)。1862 年他又成功地组织了一批旅游者参加在伦敦举办的国际展览会。他向大约两万人提供餐饮，这些人当中既有禁酒协会的会员，也有来自法国、意大利和德国的观光客。

【思考题】谈谈你对托马斯·库克被称为近代旅游业的创始人的理解。

【分析】托马斯·库克认为休闲旅游是能够提供比酒吧和赛马场更健康、更有意义的娱乐形式。现在看来，在当时的环境下这种观念的创新具有划时代的意义。它确立了旅游的"身份"，充分肯定了旅游的地位。库克不仅从事商业性旅游经营，还为现代旅游做了很多具有开创性意义的事情，如启用导游、编撰旅游刊物、进行旅游促销等，这些已十分接近于现代旅游了。因此，说托马斯·库克是近代旅游业的创始人一点也不过分。

旅游是旅行演变发展的产物。随着社会经济的发展，旅游活动越来越受到人们的欢迎，并正在成为人们生活中的一种基本需要。尤其在现代，旅游活动已遍及世界各国、各地区以及社会中各阶层的人们，其形式和种类也多种多样。本章将从历史唯物论的角度，阐述旅游的产生、发展的历程、基本条件以及各种类型的旅游活动。

第一节　古代旅行的发展及特征

人类迫于洪水、干旱、地震等自然灾难的危害，同时为了拓宽视野，扩大自身的活动范围和生存空间，进行着反复的迁徙。这种迁移中所表现出来的人类流动特点便是旅游最基本的特征之一。但这些迁移活动都是出于谋求生存的需要，它的被迫性和求生性都说明它们不属于现代意义上的旅游活动。只有社会生产力发展到一定的水平后才产生一种旅游的社会需求，才有了基于客观物质基础和主观出游愿望的旅游活动。

一、远古旅行

(一)原始人类的迁移活动

美国原始社会史学家路易斯·亨利·摩尔根将原始社会划分为三个主要时代：蒙昧时代、野蛮时代和文明时代。蒙昧时代是以采集现成的天然产物为主的时期；野蛮时代是学会从事畜牧业和农业的时期；文明时代是学会对天然产物进一步加工的时期。依照该种理论，从原始社会前期(即旧石器时代)到新石器时代中期前，人类社会的生产工具主要是使用未经打磨的石器，只能栖身于原来的有限的地带中，靠采集果实维持生活，属于人类的蒙昧时代。《韩非子·五蠹》中所记载的"古者丈夫不耕，草木之实足食也；妇人不织，禽畜之皮足衣也"，便是这一时期的人类生活写照。直到渔猎和火的利用，原始人类才开始了最早的迁移活动，并使得迁移成为人类生存的历史特征。渔猎扩大了人类的食物源，火的使用所带来的照明、御寒、驱兽、熟食增加了人类的生存力量，使迁移成为可能。但无论是早期智人还是后来的蒙古利亚人、希伯来人，迁移多是因为自然因素(如气候变化、天灾对生存环境的破坏)，或是人为因素(如战争)。有种观点认为，居住在蒙古高原的蒙古利亚人为了争夺草场而东征西讨，为了寻找食物而不断迁移，其中的一部分在公元前 4 万年至公元前 2 万年，越过阿拉斯加迁移到北美、中美和南美，成为印第安人的始祖。而《圣经》中希伯来人的三次大规模迁徙也证明了这一点。我国考古学家对仰韶文化时期留下的 69 处村落遗址的研究也得出它们是某一原始部落趋利避害、反复迁徙的结果。

(二)原始人类的旅行活动

1. 经商旅行

新石器时代晚期，金属工具的出现和普及，生产力大幅度提高，出现了第二次社会大分工(手工业从农业中的分离)和第三次社会大分工(商业从农业和手工业中的分离)。一部分人发现不同地区间的产品交换成为一种社会需要，因而产生了最早的旅行经商或外出交换产品的活动。从这里可以看出，旅行最早不是我们现代意义的消遣和度假活动，而是一种由经济需要而产生的交换和贸易活动。如在公元前 4000 年发明货币的两河流域苏美尔人，就被西方旅游学家看作是旅游业的奠基者。

2. 原始宗教旅行

由于原始人类对自然界和自身的不断认识，原始宗教也得以产生。原始宗教崇拜的对象十分广泛，包括自然崇拜、生殖崇拜和图腾崇拜三大类。我国远古时期宗教活动就已发展到一定的规模，许多祭祀活动都在远离居住地的地方进行，原始宗教旅行随之发展。

3. 部落首领巡游

我国古代神话中的旅行时代最早可以到"伏羲氏始乘桴"。"桴"，小的木筏或竹筏也。在河姆渡新石器遗址中就出土过迄今为止时间最早、保存最好的两支木桨。在《周易·观卦》中"风行地上，观。先王以省方观民设教"就提到古代先王尧、舜、禹等效法风的精神，省视各方，观察民情，设立教化的规范。《史记》中记载黄帝经常外出旅行，"作舟车以济不通，旁行天下"。而其后裔的尧曾"身涉流上沙，西见王母，地封独山"。禹则是四处巡游时病死在会稽山的。可以看出，远古时期原始人类的旅行活动主要是以经济目的为主，起到了保障生存、拓展生存空间、促进经济发展等作用，从广义来看，它可以看作是人类最早的旅游发展史。

二、世界古代各时期的旅行

在 19 世纪 40 年代以前的奴隶社会、封建社会、资本主义社会前期，生产力水平有了很大的提高。但是，从旅行活动的内容和方式来看，还是表现出一些较为落后的特点：生产力的发展没有引起交通工具的重大变化，依靠以自然力、人力、畜力为主的船、车等；旅行的活动范围很小；参加旅行的人数极少，多为特权阶层，一般劳动者都被排除在旅游的行列之外。

(一)奴隶制社会的旅行

一般认为，早在公元前3000年就在地中海和爱琴海上进行通商贸易的腓尼基人是世界上最早的旅行者。他们到处周游，西越直布罗陀海峡，东到波斯湾、印度，北至北欧波罗的海各地，其旅行目的为进行贸易活动。

古埃及在公元前3000多年就建成统一的国家，他们确立以法老为主的中央专制政体，大规模地修建金字塔和神庙，吸引大批前来参观游览的人。宗教旅游也很发达，每年都要举行几次重大的宗教集会，并成为地中海区域著名的旅游胜地。此外，公元前1490年荷塞普赛特女王访问旁特(Punt)地区(今索马里)是世界上第一次以和平为目的的国际性旅行活动，记载在卢克索神庙的墙壁上。

波斯帝国是较早兴起商务旅行的国家。公元前6世纪中叶，从帝国首都苏萨直抵地中海和巴比伦城直到巴克特里亚的两条"御道"的修建，为人们外出旅行提供了便利的交通。这条路后来成为"丝绸之路"西段的基础。

公元前5世纪，古希腊的提洛岛、特尔斐和奥林匹斯山是著名的宗教圣地。特别是奥林匹亚庆典既是宗教的集会，又是体育的盛会。奥林匹亚村是古代世界七大奇观之一——宙斯神像的诞生地，每4年都要举行一次盛大的祭祀宙斯神的活动，同时举行大规模的运动会(今天奥运会的前身)。公元前5世纪，古希腊的公务、经商、宗教、考察旅行者络绎不绝。希腊著名历史学家希罗多德曾游历了中近东、南欧、北非的广大地区，广泛搜集了各时代、各民族有关古代旅游和旅行的情况，被称为旅游文学之父。

罗马帝国时期是世界古代旅行的全盛时期。其帝国疆域辽阔，秩序相对稳定，从而促进了社会经济在原有基础上的进一步发展。地中海成为帝国的内海，海上运输十分畅通。全国境内修建了许多宽阔的大道，这种全国道路网络的兴建为人们沿路旅行提供了方便。罗马帝国时期在沿政府所设驿站的基础上产生了旅店，接待往来旅客。同时，由于国力的强大，国际性的经商经常发生，我国的丝绸就经过著名的"丝绸之路"，远销于罗马帝国各地。这个时期，罗马人已经在希腊的温泉和矿泉地建立度假村。

这一时期的旅行活动虽然只牵涉少数人，却标志着人类旅行活动发生了重要的转折，即旅行的目的已经明确地超越了商务、宗教信仰的范围，出现了以鉴赏艺术、保健疗养等为目的的旅行活动。

(二)封建社会的旅行

公元7—8世纪，阿拉伯帝国处于鼎盛时期，由于伊斯兰教的朝觐制度，使得宗教旅游规模扩大。这一时期，经商和考察旅行也受到鼓励，著名旅行家有苏莱曼、马苏第等。苏莱曼曾到过印度、中国等地经商，著有《苏莱曼东游记》(公元851年)；马苏第(卒于公元956年)曾游历埃及、巴勒斯坦、印度、中国等地，著有《黄金草原》。

11世纪，西欧的封建社会有了明显的发展，生产力有了一定的提高，剩余农产品增多清市，手工业日益从农业中分离出来。社会分工的发展使交换活动日益经常化。专职的工商业者离开乡村，聚集在城堡、寺庙附近和交通道口等处，因而逐渐形成工商业城市。如威尼斯、热那亚已成为从事国际贸易的商业城市，吸引过往商人。同时，客栈、旅馆也随之兴起，促进了商务旅行的发展。

13 世纪，伟大的意大利旅行家马可•波罗(1254—1324)，因经商来到中国，得到元世祖忽必烈的信任，在朝中任职 17 年，先后到过今新疆、甘肃、浙江、福建等十几个地区，出使印度、菲律宾等国，著有《马可•波罗游记》。伊本•巴图塔被认为是中世纪最伟大的旅行家，同时又是一位史学家、地理学家、神学家。他用 26 年时间，行程 12 万余公里，游历了半个世界，足迹遍布亚、非、欧三洲大地。1346 年，他以德里苏丹特使的名义访问了中国，他根据自己的旅游见闻写成的惊世之作《伊本•巴图塔游记》，对了解当时发达的东方文化是极其宝贵的。

15 世纪中后期，资本主义生产关系的萌芽刺激人们进行探险旅行和考察，航海技术的突破性发展为此提供了技术支持，迎来了地理大发现时代。1486 年，葡萄牙航海家迪亚士发现了绕过非洲南端的好望角，通过印度洋的新航线。意大利航海家哥伦布于 1492 年发现新大陆，开辟了由欧洲到美洲的新航线。1519—1522 年英国的麦哲伦又横渡大西洋环绕地球一周，证明了地圆学说。探险旅行开阔了中世纪人们的狭隘眼界，冲破了中世纪的漫长黑夜，激发了那些不知疲倦、富有进取精神的文艺复兴时期的先进人物纷纷前往法国、德国、意大利等国家考察。

从 1558 年英国女王伊丽莎白一世继位起到西欧封建社会结束这段时期内，旅行活动又有新的发展。1562 年，有一位名叫威廉•特纳的医生出版了一本著作，谈到英格兰、德国和意大利的天然温泉对身体的各种痛症都有疗效。此举一下子引起轰动，形成温泉旅行的潮流。这一潮流一直延续了近两个世纪才开始向海水浴转移。除了这种以保健为目的的旅行外，以教育为目的的旅行在这一时期也开始发展，人们已经从一些名人的经历中认识到旅行在增加对异国他乡事物的了解和开阔眼界方面所起到的作用。正如亚当•斯密在 1776 年所写的那样："在英国，一些年轻人中学毕业，不等报考大学便被送往外国旅行，成为日渐浓厚的社会风气。人们普遍认为，我们的年轻人完成旅行归来之后会有很大的长进。"

18 世纪中叶，英国为掠夺殖民地，以通商为名组织了许多探险队，从事航海线路、生物、地质的研究。例如，英国航海家、探险家詹姆斯•库克曾先后三次环球旅行，随后，达尔文在 1831—1835 年的环球旅行航海中，通过实地考察，找到了物种起源的科学解释，创立了伟大的进化论。

案例 2-1

人类历史上五次大迁徙

人类历史在宇宙中只是短短的一瞬，但这一瞬却记录了人类发展所经历的千辛万苦。为了寻求生存和繁衍的条件，人类一开始就四处迁徙流动，因此也有人说人类的发展史就是一部人类迁徙流动史。如果概略地回顾一下，那么可以发现，人类至今已有五次规模较大的迁徙流动。人类学家经过考古研究确认，亚洲南部和非洲东部的热带、亚热带地区是人类诞生的摇篮。随后为了生存，人类便逐水源和森林迁徙流动。大致在 4 万年前的旧石器时期，人类已扩散到亚洲、非洲、欧洲大陆上那些宜于人类生存和栖息的地方。这可视

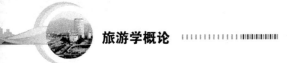

为是人类的第一次世界大迁徙。世界人口的第二次大迁移,大约出现在3.5万年前。那时的人口流动已不仅仅限于亚洲、非洲、欧洲大陆的疆域,而是扩大到当时人类从前从未涉足过的新大陆——美洲和大洋洲地区了。距今4万到3.5万年左右,地球气候骤然变冷,冰川活动猛烈异常,海平面下降,致使浅海部分的大陆架"破水而出",形成了连接陆地或岛屿间的一座座天然桥梁。这些天然桥梁为人类的长途迁徙流动创造了条件。15世纪末,哥伦布发现新大陆,从而掀起了向新大陆移民的世界人口第三次迁移。这次迁移与资本的原始积累密切相关。从15世纪末开始,欧洲一些帝王和公卿贵族怀着寻找金银财宝、经商、掠夺财富以及开拓疆域的野心,派遣一队又一队冒险家登上这些新发现的陌生土地。世界人口的这次大迁徙在很大程度上是伴随着西方向外扩张和掠夺殖民地进行的。第五次世界人口大迁移发生在第二次世界大战结束之后,直至20世纪60年代。这次大迁移采取了两种形式:一种是国际难民形式;另一种是国界重划引起的国际人口迁移。

(资料来源:https://www.xzbu.com/5/view-1203795.htm)

【思考题】原始人类的迁徙是否属于旅游?为什么?

【分析】原始人类的迁徙不属于旅游。因为从本质上来说,两者的目的不同。迁徙是为了谋生,为了躲避自然灾害和人类战争,而旅游是社会经济文化和人们的精神发展到一定高度时才出现的产物。旅游的目的是休闲和获取文化知识,是精神消费的一方面。两者当然不一样,所以原始人类的迁徙不属于旅游。

三、中国古代的旅行

中国古代社会历史漫长,随着几千年历史的推进,中国古代的旅行活动也经历了日渐兴盛的发展变化过程。

(一)中国奴隶社会的旅行

中国奴隶制社会时期,旅行发展的情况同西方奴隶制社会旅行发展的情况基本相同。但中国的奴隶社会在年代上要比西方国家早得多。在奴隶社会,由于生产工具和生产技术的进步,新的社会分工使得剩余劳动产品的增加和以交换为目的的商品生产的扩大,商品经济得到很大的发展。夏代发明的舟车到了商代更加普及和进步,牛、马等牲畜也普遍用于交通运输。这一时期商代商人的足迹从东北到渤海沿岸乃至朝鲜半岛,东南达今日浙江,西南达到今日之皖鄂乃至四川,西北达到了今日之陕甘宁,甚至远及新疆。

周代旅行的形式主要是帝王巡游、政治旅行和商务旅行。西周时期的周穆王在"欲肆其心,周行于天下,将皆必有车辙马迹"的远游理想的指导下,取得了"西征"的胜利,开中国通往西方的先河。东周时,由于诸侯争霸,出现了"士"阶层。没落贵族和士人们为了宣传其政治主张和"致身卿相"的目的而朝秦暮楚,奔走不暇。此时商贾也被纳入"四民"(士、农、工、商)之列,远程贸易的商务旅行十分盛行。

(二)中国封建社会的旅行

秦汉时期是中国统一中央集权封建国家建立和发展的时期。秦始皇不仅多次派出大臣、方士四处考察,前往名山大川举行祭祀活动,为其寻找"长生之药",而且他自己五次出巡,周游全国,成为封建帝王巡游的基本范式。

汉武帝也热衷于对泰山的封禅和祭祀活动,并两次派遣张骞出使西域,开拓了"丝绸之路",建立了与西域各国的联系。汉代的科学技术、史学、文学也有很大的发展,西汉著名的史学家、文学家司马迁就是学术考察旅行的杰出的代表。公元68年,南亚高僧竺可兰、迦摄摩腾到中国传播佛法,开始了佛教徒旅行活动的时代。帝王的开创性的全国巡游,开拓海外商务、外交旅行和文化交往之途,以及探险旅行、学术考察的风行,是秦汉时期旅游发展的特点。

魏晋南北朝时期是中国旅行和旅游的重要发展时期,突出表现为山水诗歌、游记等旅游文学创作的兴起。西晋末年的很多知识分子无心仕途,寄情于自然风光,追求适意娱情的漫游之路。魏晋间嵇康、阮籍等七人因不满时政而纵酒悠游于竹林之中。东晋的陶渊明辞官归隐田园,并作有《桃花源记》。南朝谢灵运是我国山水诗的鼻祖,其作品中充满了"壮志郁不用""泻为山水诗"的格调。东晋僧人法显远足于印度求法,著有《佛国记》。北魏的郦道元把毕生的才华融入山川大地之中,著有《水经注》,被称为中国山水散文的鼻祖。这一时期的旅行和旅游是以士人漫游和宗教旅游为主的。

隋唐时期是中国封建社会的鼎盛时期。这一时期,社会的稳定,经济的繁荣,使中国境内的旅行游览活动,以及与海外的交往都日益增多,表现出旅行发展的继承性。在帝王巡游方面,隋炀帝在大运河开通后,沿水路出游,开创了中国旅游史上帝王舟游的新篇章。在宗教旅游方面,玄奘赴南亚求法,鉴真东渡日本扬法,以及日本、朝鲜和中国佛教徒之间的频繁交往,均为这一时期宗教旅行的风行程度的表现。在士人漫游方面,隋唐实现的科举取士制度,使得士人远游成风,造就了王勃、李白、杜甫和柳宗元等一批杰出的文学家、诗人和旅行家。王勃的《滕王阁序》和柳宗元的《永州八记》在游记文学中占有重要的地位;李白、杜甫的诗是唐代诗歌的代表;元结则是把描写自然景物和抒情结合在一起的游记开拓者。在国际旅游方面,来华的外国使者、商人、学者、僧侣也络绎不绝,如日本曾先后16次派遣使者来唐学习文化。总之,士人漫游成风,宗教旅行盛行,国际旅游活跃和旅游创作繁荣,是这一时期的旅游特点。

宋元时期是中国封建社会发展和动荡交融的特殊历史时代。宋代汉民族的封建王朝日益衰败,但士人漫游活动极为普遍,游记文学进入鼎盛时期。范仲淹、苏轼和陆游等人写的《岳阳楼记》《石钟山记》《赤壁赋》和《入蜀记》等都是千古流传的旅游名篇。

明清时期是中国封建社会走向衰败,资本主义萌芽的时期。反映到人们的旅游行为上,则显出日益成熟的特点。特别是在风光的鉴赏、旅游经验的总结和学术考察方面,比之以前更具有特色。旅行家郑和、徐霞客,医学家李时珍,毕生涉猎于远足旅行之中,并分别留下了宝贵的航海资料、千古不朽的游记和医学名著。

(三)中国古代旅行的类型

中国古代的旅行活动,具有形式多样、专业性强和人文色彩浓厚的特点。如果将这些特点以旅行目的来分析,可以将中国古代旅行活动归纳为以下几种类型。

1. 帝王巡游

帝王巡游是集视察、暗访民情、观赏风情于一体的职务观光活动。最早历史可以追溯到远古时期的轩辕帝、黄帝。西周时期的周穆王是帝王巡游的代表人物之一。《左传》中说他尤喜远游狩猎,"周行于天下"。史书还记述了周穆王"西征"的故事和线路,甚至有人认为他西行巡狩远达波斯(今伊朗),是中国通往西方道路的最早开拓者。秦始皇在统一中国后,用十年时间五次出巡,足迹遍及中华大地,并七次立碑刻石记功,如图2-1所示。封建帝王的巡游活动,每个朝代都有记载,从上古直至清代乾隆六下江南,都是规模宏大,场面壮观,立碑记功或挥毫题词,兴宫殿庙宇,建亭台楼阁,所到之处留下大量古迹,这些都已成为现代旅游开发的宝贵资源。

图 2-1　秦始皇巡游

2. 官吏宦游

中国古代官员的规避制度和迁调制度,使得大量的朝廷、地方官员乘公务之机,借助遍布全国的驿站会馆,周游四方,他们沿途游山玩水,凭吊古迹,吟诗作赋,笔录游记,在迁调过程中,丰富了旅行的经历。白居易、欧阳修、苏轼、范仲淹(见图 2-2)、陆游、林则徐等都是其中的代表。

图 2-2　范仲淹游岳阳楼

3. 士人漫游

士人漫游主要是指文人学士为了各种目的而进行的旅行游览活动。读万卷书,行万里路,是中国古代学者的文化传统。游学可以增长见识、磨砺意志、拜访高贤、结交朋友等。先秦时期的孔子以政治游说为主,在一生的旅行中发出"登东山而小鲁,登泰山而小天下""任重而道远"的感悟。魏晋期间,嵇康、阮籍、刘伶等七人因不满时政,纵酒悠游于竹林之中，嬉笑怒骂，愤世嫉俗，文学史上称为"竹林七君子"；东晋陶渊明辞去彭泽令而隐退山林"采菊东篱下，悠然见南山"；唐宋时期，著名文学家李白(见图2-3)、杜甫、柳宗元、袁宏道等都是漫游的代表，这些文人在漫游过程中所创造的山水画、山水诗及散文游记，丰富了我国的文艺宝库。

图 2-3　李白云游天下

4．学术旅行

地理学家、思想家、旅行家等把旅行作为超越个人休闲层面上的学术生涯与人生目标的追求。西汉时期的史学家司马迁就是学术考察旅游的最早代表。他奉命去西南地区招抚"西南夷"，北上洛阳，沿途调查名胜古迹、风土人情；随武帝封禅泰山，游历山东半岛，北上碣石，巡辽西，历北边，至九原，循直道回长安。所到之处，集史实逸事，采风土人情，以他伟大的实践精神，终于完成了《史记》这部不朽的著作。北魏郦道元为确认山川形势，几乎走遍今河北、山东、山西、河南等地，他所著的《水经注》是我国15世纪以前最著名的地理学专著。明代地理学家徐霞客，19岁起外出游历。在30年间，他的足迹遍及我国16个省及北京、天津、上海等地(见图2-4)。他对我国广大地区的山脉、水道、地貌等进行考察研究，特别是对西南地区石灰岩地貌的考察，取得了重大成果，著有《徐霞客游记》，在我国和世界科学史上占有重要的地位。

图 2-4　徐霞客旅行线路图

5. 商务旅行

我国的古代旅行,往往发端于经商贸易,为做生意而远走他乡的商务旅行是中国古代旅游的一种重要形式。"丝绸之路"是古代连接我国和中亚、西亚、印度及欧洲的桥梁,是中外经济文化交流的友谊之路。其开拓者张骞,就是西汉时期著名的外交家、旅行家。公元前139年至公元前119年,他两次接受汉武帝的派遣出使西域(见图2-5),开辟中国通往西方的经商之路。大约在公元前2世纪至公元14世纪,"丝绸之路"一直是连接中国、印度、埃及和罗马的交通枢纽带,是中外经济文化交流的友好之道,在中国史、亚洲史,尤其是东西方交通史上,有着深远的意义和影响。东汉班超出使西域,其手下甘英出使大秦(古罗马帝国),最远至波斯湾北端幼发拉底河河口。秦汉时期,我国与邻国的海上贸易也很发达。北起渤海,南至两广一带的海上交通线完全开通,商务旅行也很活跃,有"海上丝绸之路"之称。

图 2-5 张骞出使西域

6. 宗教旅行

佛教在中国兴起是西汉末年,在魏晋南北朝时发展到鼎盛。由于佛教宗派庞杂,教义分歧,为探明教理,解决争端,僧人纷纷西行求取真经。三国时期,魏国的朱士行是第一位西行求学的中原佛僧。到后来的东晋法显,于公元339年从长安出发,经河西走廊、新疆,涉流沙,越丛岭,历尽千辛万苦到达印度,为时15年,遍历30多个国家的山川风物,后把旅游中的见闻写成《佛国记》,是中国与东南亚交通的最早记录,也是研究东南亚古代史的重要资料,受到中外学术界的极大重视。还有唐代高僧玄奘印度取经、高僧鉴真东渡,都是这一时期宗教旅行的典型代表。

7. 航海旅行

中国是航海业发展较早的国家之一。秦朝统一后,就与日本、高丽、安南有海上交往的历史记载。隋唐时,中国造船业和航海技术都已达到较高水平,海外旅行和移民已有发生。宋元时,由于指南针的应用和造船技术的发展,中国造的船只最大载重量为30万斤,容纳五六百人。明初,为适应政治和经济的需要,海外交通频繁,郑和七下西洋,历时20余年,共经历亚、非30多个国家和地区。郑和航海旅行纵横于太平洋、印度洋上,涉沧海10万余公里。他的航行比1486年葡萄牙航海家迪亚士发现绕过非洲南端的好望角,通过印度洋的新航线要早半个多世纪。郑和是我国也是世界历史上伟大的航海家。

(四)古代旅行的特点

(1) 从类型上看，首先，商务旅行占主导地位，经商带动旅游是古代旅行、旅游的主要特点。其次，宗教旅游也十分发达，宗教旅游是仅次于商务旅游的古代主要旅游类型。另外，巡游、公务、探险、考察、修学等旅行形式，也逐渐产生和发展起来。

(2) 从主体上看，参加旅行、旅游的人数较少，主要是封建君王、地主、商人、贵族及上层知识分子，旅游活动的范围也以区域性为主。广大劳动人民由于受政治经济的双重压迫，客观上无能力参加旅游活动。

(3) 从媒介体上看，这一时期的旅游业还没有出现或至多处于萌芽状态，各类旅游设施还很原始，交通工具主要是马车、帆船，旅馆、饭店的规模很小。

(4) 从客体上看，这一时期的旅游资源多以自然状态的形式存在，基本上未得到开发。

(5) 从主观意愿上看，封建社会以农业经济为主，农村人口占绝大多数，人们在主观上缺乏对度假旅行的需求。

(6) 从组织形式上看，人们的外出旅行是自发进行的，是以自我服务为主，不可能出现专门为旅行服务的旅行接待行业。

知识拓展

中国古代十大旅行家，每一个都让人肃然起敬(扫右侧二维码)

第二节　近代旅游的产生与发展

近代旅游的产生首先源自19世纪欧美地区的产业革命。产业革命是指资本主义机器大工业代替工场手工业的过程，是资本主义政治经济发展的必然产物。就整个世界的发展状况来说，到了19世纪，旅行在很多方面都开始具有了现代意义上旅游的特点。这主要表现在：第一，因消遣目的而外出旅行的人数大量增加，从而使这种活动开始具有较为普遍的社会意义。第二，随着商业性客运专业经营的发展，人们大都借助这类专业性的商业服务来完成自己的旅行和游览活动。这种定期运行的客运业务在19世纪以前几乎是不存在的。第三，团体旅游已经开始发展，这也是消遣性旅游发展的必然结果。

一、产业革命对旅游发展的影响

在19世纪后半叶，无论是国内旅游还是国际旅游都有了突破性的发展，这在很大程度上是和产业革命的影响分不开的。它对旅游的发展具有如下重大影响。

(一)近代旅游产生的经济基础

产业革命带来了阶级关系的新变化，促进了社会财富总量的大幅度增长，并使其分配呈现新的形态。工业资产阶级逐步代替封建贵族和大土地所有者，他们有生产资料、金钱和闲暇时间，他们及其家人对旅游和度假的要求已成为当时社会消费的一种特定需要。另外，工商业和对外贸易的发展，企业考察和业务洽谈也促进了商务旅游活动的发展。随着生产力的提高和工人阶级的不懈斗争，工人的工资得以提高，普遍获得带薪假日。这些为近代旅游的产生奠定了经济基础。

(二)近代旅游产生的内在需求

产业革命加速了城市化的进程，使人们的工作和生活地点的重心从农村转移到工业城市，从而最终导致了人们为适时逃避节奏紧张的城市生活，返回自由、宁静的大自然环境中，去参加旅游活动的内在需要。产业革命也改变了人们的工作性质。由于枯燥、重复、单一的机器化大生产的劳动取代了原先那种随农时变化而忙闲有致的多样化农业劳动，促使人们强烈要求假日，以便能够从终年如一日的紧张状态中获得喘息和调整。

(三)近代旅游产生的技术条件

产业革命促进了科学技术的重大革新和发展，特别是蒸汽机技术在交通运输中的作用，使大规模的人员流动成为可能。1769年，詹姆斯·瓦特推广蒸汽机后，这一技术很快就被应用于制造新的交通运输工具。进入19世纪后，蒸汽机和轮船迅速普及和发展。1807年，美国克莱蒙特号轮船已在哈德逊河上开始定期航班载人和运货。816年，蒸汽轮船首次出现在英吉利海峡的客货航运中。1838年，英国蒸汽轮船"西留斯"号首次横渡大西洋成功，缩小了欧美之间的时间距离。对当时旅游发展影响最大的当属铁路运输，1825年，英国"铁路之父"乔治·史蒂文森建造的铁路正式投入运营，1830年，利物浦与曼彻斯特之间的线路上首例定期客运班次开始运行。

在铁路客运问世之前的近两个世纪中，欧美人外出旅行以公共马车为主要交通工具。铁路时代的到来使人们逐渐抛弃这一陈旧的旅行方式，越来越多的人开始乘轮船，特别是乘火车外出旅行和旅游。这些新兴的旅行方式在旅行费用、速度、运载能力和半径范围等方面，都为近代旅游业的发展提供了技术条件。

二、近代旅游的正式产生

产业革命带来了社会经济的繁荣，为近代旅游奠定了经济基础，为人们的出行改善了交通条件。但由于当时绝大多数人，包括新兴的资产阶级在内，都没有旅行的经验和传统，对异国他乡的情况及有关旅行的手续不大了解，语言及货币方面的障碍也是人们计划外出旅游所担心的问题。因此，社会上普遍需要一种能够联系旅游者与旅游对象之间的媒介的服务。在这种情况下，英国人托马斯·库克(1808—1829)认识并预见到这种社会需要，率先设立了相应的组织机构，导致了旅游业的产生。

托马斯·库克(见图2-6)，1808年11月22日生于英格兰德比郡墨尔本镇，自幼家境贫寒，10岁辍学从业，做过帮工、木工、诵经人等。出于宗教信仰的原因，他极力主张禁酒。1841年7月初，在他居住的莱斯特城不远的洛赫伯勒要举行一次禁酒会。为了壮大这次酒会的声势，托马斯·库克在莱斯特城张贴广告，招徕游客，组织了570人从莱斯特城前往洛赫伯勒参加禁酒大会。他向每位游客收费1先令，为他们包租了一列火车，做好了行程的一切准备，使这次短途旅行十分成功。这次旅行成为公认的近代商业性旅游活动的开端。

图 2-6　托马斯·库克

1845 年，托马斯·库克放弃木工的工作，开始专门从事旅游代理业务，成为世界上第一位专职的旅行代理商。他在英格兰的莱斯特城创办了世界上第一家商业性旅行社——托马斯·库克旅行社，成为旅行代理业务的开端，"为一切旅游公众服务"是它的服务宗旨。1845 年 8 月 4 日，托马斯·库克第一次组织消遣性的观光旅游团，即莱斯特至利物浦之行，人数 350 人。库克本人对这次旅游进行了精心的准备，事先亲自考察旅游线路，确定沿途的游览景点，安排游客的食宿等事宜，并整理出版《利物浦手册》，发给旅游者，成为早期的旅游指南。这次活动从考察和设计线路、组织产品、宣传广告、销售组团，直至陪同和导游，都体现了现代旅行社的基本业务，开创了旅行社业务的基本模式。1846 年，他又组织 350 人到苏格兰集体旅游，并配有向导。旅游团所到之处受到热烈的欢迎，从此托马斯·库克旅行社的名字开始蜚声于英伦三岛。1851 年，他组织 16.5 万多人参观在伦敦水晶宫举行的第一次世界博览会。4 年后，博览会在法国巴黎举行，他又组织 50 余万人前往参观，使旅游业第一次打破了国界，走向世界。1865 年，托马斯·库克旅行社成立公司，全面开展旅游业务，同年，经托马斯·库克组织的旅游已累计达 100 万人次。1872 年，他组织了 9 位不同国籍的旅游者进行为期 222 天的第一次环球旅行，使其旅行社名声大噪。接着，其旅行社又在欧洲、美洲、澳大利亚与中东建立自己的系统，1880 年拓展了埃及市场，成为世界上第一个国际性旅游代理商。托马斯·库克旅行社的问世标志着近代旅游业的诞生，托马斯·库克本人也被誉为世界旅游业的创始人，此后，欧洲和世界其他国家也成立了许多类似的旅游组织。1850 年，英国的托马斯·尔内特成立了一个"旅游者组织"，向游客提供日常安排、车辆、食品及旅游用具等。1857 年英国成立了"登山俱乐部"，1885 年成立了"帐篷俱乐部"。法国、德国都于 1890 年成立了"观光俱乐部"。1850 年，美国运通公司兼营旅行代理业务。1893 年，日本设立了专门接待外宾的"喜宾会"，1912 年这个组织开始以招揽外国游客和代办旅游业务为主，改建为"日本观光局"，1926 年该组织又改变为审计署法人性质，正式定名为"东亚交通公社"。意大利旅行社是 1927 年建立的，苏联国际旅行社于1929年成立，它们均有较长的历史。到20世纪初，托马斯·库克旅游公司、美国运通公司、比利时铁路卧车公司成为世界旅行代理的三大公司。

产业革命对旅游业产生和发展的影响

十八世纪中叶开始的产业革命最终把人类推向近代旅游的新阶段。产业革命前，人们一直以人力、畜力或自然力来驱动交通工具，几千年来没有太大变化。产业革命使这种状况改变，蒸汽机技术应用于交通工具，从此人类有了机械动力的运载工具——火车和轮船。新式交通工具不仅速度快、运载量大，还具有票价相对低廉的优势。这使得远距离大规模的人员流动第一次成为可能。此外，产业革命也使社会财富极大增长，中产阶级人数日益增加，大量中产阶级加入旅游的行列。在最早建成铁路的英国，商人们开始利用包租火车的形式把大批游客运送到游览地。旅游需求逐渐形成社会化规模，越来越多的人需要有人代他们处理从启程到返家过程中的一应事务。这意味着专门为旅游者服务、为旅游者活动提供便利条件的活动已有可能逐渐从其他部门中分离出来，形成一个新行业——旅游业。可以说，近代旅游和旅游业孕育于向近代转型的欧洲，最终由产业革命催生而成。

(资料来源：https://zhidao.baidu.com/question/20502658.html)

【思考题】近代产业革命从哪些方面促进了旅游业的发展？

【分析】近代产业革命从以下几个方面促进了旅游业的发展：第一，产业革命加速了城市化发展的进程，从而使得很多人的工作和生活地点发生了变化，即从乡村转移到了工业城市。第二，伴随着很多人工作和生活地点的变化，产业革命也改变了很多人的工作性质。第三，产业革命带来了阶级关系的新变化。第四，产业革命所带来的技术进步，特别是蒸汽机技术在交通运输中的应用，改变了人们外出旅行的技术条件，并且使大规模的人员流动成为可能。

三、中国的近代旅游

自1840年鸦片战争开始，中国被迫打开了自己封闭已久的大门。公路、铁路、汽车、火车、新式旅馆、近代旅行社等新的旅行交通、设施和旅游方式被引入中国。

新式交通工具的出现，大大方便了旅行和旅游。与之相适应，新式旅馆也相继在中国出现，特别是由于通商口岸的对外开放，西方来华人士骤增，西式旅馆不断营建，欧美式大饭店和商业旅馆的经营方式也陆续引进国内，导致中国旅馆业发生突破性的增长，新式旅馆竟接踵而来，连绵不绝。

20世纪初，中国还没有近代化的旅游概念，也不具备新式旅游的条件。在英国人托马斯·库克1845年创立世界第一家旅行社之后近80年的1923年8月1日，第一家由中国人创办的旅行社——上海商业储蓄银行(简称上海银行)旅行部(后改称为中国旅行社)终于宣告成立。创办人是民国时期的著名银行家陈光甫(他创办的上海银行是当时中国最大的私营银行)。

从上海银行旅行部到中国旅行社，清末民初，我国旅游业为少数洋商所垄断，在上海登陆的有英国的通济隆、美国的运通和日本的国际观光局等,但他们服务的对象只限于外国人和白领华人。陈光甫留美多年,又酷爱旅游,他之所以决心创办中国第一家旅行社,据原上海银行天津分行经理资耀华(中华人民共和国成立后曾任上海银行总经理)口述:"上海银行办的中国旅行社是我国第一家。陈光甫创办中国旅行社的动机,开始时还不是作为一种业务,而是对抗洋人,为国争气。当时中国的旅行社都是英、美、日等帝国主义的洋商所办,中国人要出国,办理旅游手续都要经过他们之手。洋商不仅收费高昂,而且态度傲慢无礼,根本看不起中国人。陈光甫时常出国,时常受气。有一次洋商办事的人傲慢无礼,使他实在忍受不住了,同对方争执了几句,对方冷笑着说:'你不满意,你们中国人为什么不自己办一个呢?'对陈光甫非常蔑视。陈光甫一怒之下,决心创办中国旅行社。"除了爱国和争回祖国的权利外,陈光甫还认为,为了让国人及各国人士了解中国古老悠久的文化和名胜古迹,也必须建立健全为旅客服务的机构,这是他要创办中国旅行社的又一动因。

1923年4月,由陈光甫任总经理的上海银行正式呈文北洋政府交通部,提请代售火车票,办理旅行业务。当时交通部正召开全国铁路联运会议,该案一经交议,立即遭到身居要职的铁路洋员反对。表面理由是英、日、美、法等国在华均有旅行机构,绝无再设的必要,实际上是担心会削减外国在华旅行机构的既得利益。幸好时任交通总长的叶恭绰、路政司司长刘景山及各路华员皆竭力支持,所以经激烈辩论后终获通过。1923年8月1日,上海银行旅行部正式宣告成立。

1927年6月,旅游部从该银行独立出来,成立中国旅行社(见图2-7),旅行社设立七部一处,分别是运输部、车务部、航务部、出版部、会计部、出纳部、稽核部和文书处。中国旅行社最早以代售铁路、轮船票为重要业务,后扩大到食、住、行、游、购、娱等方面,并且还创办了《旅行杂志》,为中国旅游研究之始。1931年至1937年间,其分支社遍布华东、华北、华南等15个城市。与此同时,中国还出现了其他类似的旅游组织,如铁路游历经理处、公路旅游服务社、浙江名胜导游团等。社会团体方面也相继成立了旅游组织。1935年中外人士组成中国汽车旅行社,1936年筹组国际旅游协会,1937年出现友声旅行团、萍踪旅行团、现代旅行社等。这些旅行社和旅游组织承担了近代中国人旅游活动的组织工作。

图2-7　陈光甫创办中国旅行社

知识拓展

世界上第一家旅行社破产——旅游业鼻祖终于熬不住了
(扫右侧二维码)

第三节 现代旅游的发展及特征

现代旅游开始于第二次世界大战结束之后，特别是 20 世纪 60 年代以来，现代旅游业迅速普及于世界各地，成为战后发展势头最强劲的行业之一，总体保持持续、快速的增长势头。据统计，1950 年全球国际旅游接待为 0.25 亿人次，到 2001 年已增加为 6.89 亿人次，增长 27 倍，年均增长 6.89%；国际旅游收入同期增长至 4620 亿美元，增长 220 倍，年均增长 11.54%。旅游消费占全球总消费的比重超过 10%，旅游业已经成为世界上最大的产业之一。

一、现代旅游发展的原因

推动现代旅游持续、高速发展的原因是多方面的，归结起来，主要有以下四个方面。

(一)政治因素

政治因素包括政治变化和国际紧张局势的缓和，全球化趋势下的国际交流增多，各国政府对旅游的重视和支持。具体表现在以下两点。

(1) 国际政治局势的相对稳定。第二次世界大战以后，和平与发展成为世界的主题，全世界随之进入经济和科技竞争的新时代，为现代旅游的发展提供了必要的前提和保障。

(2) 各国政府对旅游的推动。为了增加外汇收入、扩大货币回笼、促进本国经济的发展，为了保证旅游同其他各项社会基本需要协调发展，使旅游度假真正成为人人享有的权利，各国纷纷将旅游作为国家发展的一项内容，许多国家对假期制度作了有利于旅游发展的政策性调整，甚至由国家、地方政府、工作单位、工会或户主所属的其他组织团体提供资助或补助，组织国民外出旅游度假。此外，在国民出国旅游问题上，很多国家放宽或取消了出入境限制、简化了边境通关手续等。

(二)社会因素

社会因素包括人口结构的变化，城市化的进程，生活和工作方式的变化，以及对他国文化、生活方式的了解和兴趣的增强等。具体表现在以下几点。

(1) 世界人口的迅速增长。第二次世界大战结束时，世界人口数量约 25 亿，到 20 世纪 60 年代末，增至 36 亿，而到 2020 年 6 月，世界人口已经接近 82 亿。世界人口基数的不断扩大，为现代旅游人数的增加奠定了基础。

(2) 城市化进程的加快。第二次世界大战以后，许多国家的城市化进程加速发展。1950 年，世界城市人口所占比重为 28.6%，而到 1999 年已超过 50%，在经济发达的工业化国家中更高达80%以上。城市环境的污染和从事单调乏味的重复性工作,使得城市居民特别是就业人员的身心受到极大的压力。他们需要使自己紧张的神经和体力得到放松,向往没有城市污染和工业污染的大自然。

(3) 带薪假期的普及。随着科学技术的进步,生产效率的不断提高,人们的闲暇时间增多,西方国家纷纷以立法的形式规定带薪假期制度。这种变化使人们的休闲活动得以更多的开展,作为闲暇活动之一的外出旅游有了时间上的保证,从而使参加这种活动的人数迅速增加,并且旅游的距离和逗留的时间也在延长。

(4) 教育事业的促进。第二次世界大战以后,世界各国的教育事业向广度和深度发展,由于全民教育的普及,人们的文化和审美素质不断提升,社会观念和生活方式发生了改变,从追求物质生活的丰富和充实转向身心的健康和享受,他们把旅游看成是体现自我人生价值的重要方面。这一情况对旅游热的兴起和发展无疑也有重要的影响。

(三)经济因素

经济因素包括工业化国家经济的增长及其对中产阶层人士收入的拉动,国际商务自由化程度的提高,旅游客源国货币价格和力量对比的演变等。

(1) 世界经济的稳步发展。第二次世界大战以后,世界经济发展迅速,20世纪后半期全球经济增长率为3.4%,2000年达到4.7%。几乎所有国家战后的经济增长速度都大大超过了战前的增长速度。经济发展使得这些国家的国民收入水平和支付能力得以提高,对旅游的迅速发展和普及起到了极其重要的推动作用。

(2) 国际经济交流的日益频繁。随着世界经济全球化和一体化的深入,各国之间社会、经济、文化等各方面的联系也不断加强,各种内容和形式的交流活动日渐频繁,有力地推动了文化旅游、商务旅游、会展旅游等旅游形式的发展。

(四)技术因素

(1) 交通工具的全面提升。第二次世界大战以后,铁路和轮船虽仍为人们的旅行工具,但就世界范围而论,更方便、快捷的汽车和飞机制造业发展迅猛,使得旅游交通运输工具得以全面提升。尤其是民航运输的发展扩大了人们的旅游空间,提高了旅行效率,使人们能在较短的时间内作较长距离的旅行,特别是国际、洲际乃至环球旅游。航空因而也成为人们最重要的远距离旅行方式。此外,这些交通运输工具在性能和数量上的进步和发展,也减少了人们旅游中的交通运输费用和身心的困顿、疲惫。

(2) 科学技术的广泛应用。随着科学技术的进步,大量发明创造应用于生产实践,极大地提高了各产业生产过程中的自动化程度和生产效率。同时,科技大大方便了出游,如信息技术在旅游发展中的广泛应用,饭店管理系统、计算机预订系统、银行结算系统和旅游目的地信息系统都极大地方便了人们的外出旅游。

二、现代旅游发展的影响因素及趋势

据世界旅游组织专家报告,以下因素对现代旅游发生影响,呈现新的发展趋势。

(一)经济因素

(1) 经济发展。在发达国家,战后经济复苏带来了国民可支配收入和有薪假期的增长,为现代旅游的发展奠定了两个最基本的条件——金钱和时间。近40年来,发展中国家经济的兴起推动世界旅游业在更广阔的范围内发展,特别是东亚经济的发展势头强劲,将成为世界旅游发展中的新亮点。发达国家经济的复苏和发展中国家经济的崛起,将对全球旅游业的发展产生积极的推动作用。

(2) 体验经济的来临。人类社会正迈入体验经济时代,美国著名的未来学家阿尔文·托夫勒在他的《第三次浪潮》中指出:"服务经济的下一步是体验经济,商家将靠提供这种体验服务取胜。"体验就是使每个人以个性化的方式参与到一项活动中,并获得一次难忘的经历。目前发达国家已经进入了体验经济时代,而发展中国家才刚刚认识到体验经济的来临。旅游业与体验是密不可分的,每个人参加一次旅游活动都想获得一次难忘的体验,这就要求旅游业在体验经济时代能够进行产品创新,为旅游者提供难忘的体验。

(3) 经济的全球化。随着经济全球化的发展,旅游也必须面对全球化大趋势带来的挑战,譬如国际经济与市场力量的增强,使得单个经济与市场力量的自身控制能力相对减弱。全球化在旅游市场上的体现是,国际旅游互联网化的跨国公司通过多种方式实现全球化经营,这些方式不仅有垂直一体化(纵向联合)和水平一体化(横向联合)经营模式,还有斜线一体化(交叉联合)模式,即从经营等级到经营范围两方面进行扩张。由于各个国家和地区的旅游业纷纷进入世界旅游市场的竞争,这就促使各国旅游要提炼自己的特点和卖点。

(4) 经济的本地化。本地化是全球化的另一端,尤其在发展中国家,争论的焦点是如何在发展过程中不失去本土固有的特点。本土化在旅游市场上的体现是,旅游发展对当地社会及文化资源和自然资源带来极大的机遇,同时,越来越多的业界人士在思考旅游发展与市场营销的形式和规模,越来越多的本土企业需要面对国际旅游跨国公司进入带来的威胁与挑战。

(二)社会文化因素

(1) 人口及结构变化。发达国家人口结构的突出问题是老龄化,由此而来的是青壮年劳动力的不足和部分劳动力的转移。未来旅游市场持续增长的细分客源层是老年人和探亲访友者,老年市场的空巢家庭和富裕的退休者是老年市场最具潜力的两个群体。晚婚、晚育和不育的社会潮流带来旅游市场家庭模式的多样化,未婚单身、单亲家庭、丁克家庭、双亲带子女家庭等,每一种类型的消费群体对旅游产品、旅游服务的要求都是不一样的。

(2) 社会环境意识。近年来,随着社会环境问题的日益严重,譬如热带雨林受到的威胁、环境的污染、全球气候转暖、珊瑚礁褪色、全球性缺水带来的生存威胁等,未来社会公众的社会与环境意识会越来越强烈。社会与环境意识的增强反映到旅游发展上是:旅游者对目的地的社会环境越来越敏感,生态环境的好坏成为消费选择的一个重要标准。旅游目的地在制定发展战略时,比以往任何时候都要更加注意可持续发展的理念。

(3) 生活与工作环境的变化。城市越来越拥挤已经成为全球性的问题,而且还在继续发展。这一趋势使得越来越多的人通过旅游或逃离或沉迷。城市居民回归大自然、亲近大自然、享受大自然,对自然的、天然的吸引物越来越有兴趣,为生态旅游和乡村旅游的发展提供了客源基础。

工作模式的改变(全日制趋少,承包制增多)带来更多度假,工作时间与休假时间的界限不再那么泾渭分明,工作与休闲两相兼顾的旅行增多。

(三)科学技术因素

(1) 信息技术的渗透。对旅游业影响最大的技术进步是信息和流通领域的新技术。旅游供给(预订、管理、营销、企业对企业和企业对顾客的信息沟通及销售)将发生诸多变化,需求也会发生相应的变化。旅游产品信息可以进行适时交换和互动交换,使得旅游者可以更加自如地掌握旅行生活、出游时间、消费模式(见图 2-8)。另外,供应商也必须面对信息技术、人工智能带来的挑战和机会。同时,电子机票、旅行支票、智能卡、智能电子导游等,都使得人类的旅行越来越方便,也促进了旅游需求与供给的增长。

(2) 先进的交通工具和设备的出现。随着科学技术的进步,更快、更安全、更舒适的交通工具正在不断地出现,这使人们外出旅游更加方便。如高铁、磁悬浮列车,速度已经达到了 300~400 公里/小时,在 1500 公里以内,乘坐磁悬浮列车将比乘坐飞机更具有优越性。同时,特殊的交通工具和设备也为那些必须有先进设备才能够进行的难度较大的探险旅游和太空旅游提供了条件。

图 2-8 科技融入智慧旅游

(四)其他因素

(1) 出入境手续的简化。边境更加开放,出入境手续更加简便,是促进旅游发展的一个重要因素。20 世纪 90 年代以来,越来越多的国家放宽有关规定,促进国际交往。今后,这个趋势将继续发展。未来的趋势,一是需要签证的国家越来越少;二是使用护照检验新技术;三是像欧洲的《申根协定》那样,若干国家之间取消边检,居民在一定范围内旅行无须护照和边检。这必将导致国际旅游的飞跃性发展。

(2) 安全问题。安全是旅游的基本要素,动乱、战争、健康、治安、灾害、恐怖事件都会给旅游带来预想不到的冲击。如 2001 年美国的"9·11"事件和 2002 年印尼的巴厘岛爆炸事件,就使当地的出入境旅游人数和旅游收入大大下降。同时,恐怖事件还对人们外出旅行的方式、旅游目的地和旅游交通工具的选择带来相应的影响。如旅行交通工具由飞

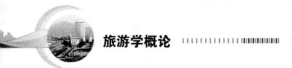

机改为火车或汽车，旅游目的地选择由远程地区改为周边地区，并多为较安全和熟悉的地方。这些都严重地影响了整个世界范围内的旅游发展。此外，2003年SARS和2020年新冠病毒在世界范围内的广泛传播，导致很多国家和地区的旅游人数和收入锐减，甚至一些国家还成了旅游禁地。这种大规模的疾病传播使人们产生了恐惧心理，严重地制约了旅游的发展。由此可见，安全问题将成为区域旅游竞争力的关键因素。

三、中国现代旅游

(一)中国现代旅游发展历程

中国的现代旅游是指1949年中华人民共和国成立以后的旅游历史，大致可分为以下两个时期。

1. 政治接待时期

这一时期为自1949年中华人民共和国成立至1978年改革开放之前。由于长期战争的创伤、抗美援朝战争、各项政治运动、天灾人祸、外国经济的封锁等系列的压力，加之政治和经济政策的制约，生产力水平落后，商品经济不发达，基本不具备产生现代旅游活动的条件，国内旅游活动的规模也很小。旅游部门则以政治性接待为己任，基本上只从事接待来访友人的工作。中华人民共和国成立后最早的旅行社是1949年12月厦门的华侨服务社，主要从事接待回祖国大陆探亲旅游的海外华侨、港澳同胞和外籍华人。此后几年中，全国各主要城市也都陆续设立了华侨服务社。在此基础上，1957年4月，全国各地的华侨服务社统一为全国华侨旅行服务总社。1952年10月，由于亚洲及太平洋区域和平会议的影响，来华公务出差和旅行的外宾逐渐增多。经过酝酿筹备，中国国际旅行社总社于1954年4月15日在北京正式成立，并在上海、天津、杭州、南京、武汉、广州、沈阳、哈尔滨等地成立了14家分社。根据当时的规定，国际旅行社的任务是"作为统一招待外宾食、住、行事务的管理机构，承办政府各单位及群众团体有关外宾事务招待等事项；并发售国际联运火车、飞机客票"。其性质规定为"国营企业"，由国家实行差额补贴，主要任务以做好政治接待为主。因此，在成立初期基本上也未开展接待自费国际游客的业务。

20世纪50年代后期，来华自费旅游者人数逐渐增多，先是苏联和东欧客人，后来发展到主要西方国家和第三世界国家的来华访问者。为了加强对旅游业的领导和管理，1964年7月22日中国旅游事业管理局作为国务院的直属机构正式成立。其主要任务是制订旅游业发展规划和年度计划并进行统筹安排；负责对外国自费旅游者的管理工作，领导各地区的国际旅行社和直属服务机构的业务；组织我国公民出国旅行；负责有关旅游的对外联络和宣传工作等。同时，国务院还明确规定，发展旅游业的方针和目的，首先是学习各国人民的长处，宣传我国社会主义建设的成就，加强和促进同各国人民之间的友好往来和相互了解；其次是通过旅游业增加外汇创收。中国旅游事业管理局的成立，标志着我国旅游业已步入新的开拓阶段。1965年，我国仅国际旅游系统便接待了12 877名外国团体旅游者和8358名外国散客，总计21 235人次，旅游收入超过200万美元，创造了十年来接待外宾工作的最好成绩。

1972年中美、中日建交及尼克松总统和田中首相的访华等国际关系方面的重大进展，为我国旅游业的发展提供了有利的国际环境。美、日游客来华数量逐渐增多，其他西方国家的游客亦开始来华访问。由于形势的需要，1973年中国华侨旅行社总社恢复成立，并于1974年更名为中国旅行社总社。

2. 全面发展时期

这一时期从1978年至今。党的十一届三中全会以后，随着党和国家工作重心的转移，改革开放的深入和发展，社会主义市场经济的提出和确立，社会生产力的迅速发展，人民生活水平的大幅提高，为我国国民旅游和国内旅游业的发展奠定了基础。另外，随着我国经济的发展，对外交往的频繁，外汇创收的需要，旅游业作为国民经济各部门中最具发展活力和潜力的产业进入了全面发展时期。

(二)中国旅游全面发展时期的重大成就

中国旅游业在全面发展时期迅速崛起，已经树立起世界旅游大国的鲜明形象，成为推动世界旅游发展的极富活力的重要力量，开始成为国民经济的重要产业，在社会主义政治文明、经济建设、文化建设与和谐社会构建以及国际交往中发挥着积极作用，成为全面建设小康社会和中国和平崛起的重要内容。其重大成就集中表现在以下九个方面。

1. 旅游业基本跨越起飞阶段

20世纪80年代至90年代初，我国旅游业实现了从接待事业向现代产业的转型，旅游体制、旅游经营管理技术不断创新，旅游商务支撑条件和基础设施不断完善，完成了旅游经济起飞的准备工作。1997年以来，旅游产业开始进入"起飞"阶段。21世纪初，我国旅游业跨越了"起飞"阶段，进入趋向成熟的持续快速增长的新阶段。"十一五"时期及其以后一段时间内，我国旅游业在规模进一步快速扩张的同时，旅游产业结构和旅游产品结构、产品质量以及旅游体制将逐步完善，旅游业作为国民经济的重要产业将发挥更大作用，成为全面建设小康社会的重要支撑之一。

2. 国际旅游快速平稳增长

改革开放以来，我国国际旅游加速增长，集中表现在入境过夜旅游者人次，特别是旅游外汇收入的增长上。2019年，我国入境过夜旅游人数达1.45亿人次、创汇近1313亿美元，分别居世界第4位和第5位；出境旅游市场异军突起，出境旅游人数与国内旅游人数的比例从1995年的0.72%，提高到2019年的16.52%；出境旅游人数与入境旅游人数的比例也从1995年的9.75%，提高到2019年的36.46%。2019年出境旅游人数达近3.5亿人次，成为亚洲第一大客源市场。入境和出境旅游快速发展，使中国实现了从旅游资源大国到亚洲旅游大国、再到世界旅游大国的转变，开始迈入建设世界旅游强国的历程。随着我国经济、文化、政治和国际交往的进一步发展，我国的国际旅游人数将会持续快速地增长。在规模快速扩张成为世界第一的同时，国际旅游产品以及行业管理将逐步达到世界先进旅游国家和地区的水平。

3. 国内旅游开始进入大众化阶段

随着人民生活水平的提高、闲暇时间的增加以及交通条件的改善，我国国内旅游从1980年的不提倡，到1990年的大力发展，特别是1998年12月中央经济工作会议确定把旅游业作为国民经济新的增长点以后，旅游业开始全面发展。"十五"时期，以假日旅游为重要支撑，国内旅游进入了大众化消费的新阶段。从1999年"十一"到2019年"十一"，旅游人数由4000万人次快速攀升至超过7.82亿人次，带动了国内旅游业的迅猛发展，我国居民平均出游人次率(简称为出游率)为84.8%。这在一定程度上表明，在我国初步实现小康目标以来，旅游进入大众化阶段，开始成为全面建设小康社会的重要内容。

4. 旅游产业体系日臻完善

截至2019年，我国以观光旅游为主的5A景区数量达到259个，国家级旅游度假区数量30个，未来将高度重视旅游休闲度假产业发展，建设一批国民度假地，大力发展城市周边的乡村"微度假"，提高中短程休闲度假频次，积极发展体育旅游、康养旅游等旅游新产品、新业态；结合互联网经济、共享经济等，促进旅游产业模式创新；培育一批具有示范引领作用的优质旅游服务品牌，通过标杆旅游企事业单位带动旅游业品质化发展；增加和改善旅游公共服务，大力发展智慧旅游，在城乡规划建设中需根据游客增长趋势，合理布局游客集散中心、咨询中心、停车场等旅游公共服务设施。与此同时，旅游产品已经突破单一的观光产品格局，开始向度假休闲与各种专项旅游产品方面拓展，产品结构趋于合理，产品种类日益丰富，产品质量不断提升。经过长期的发展，我国已经形成了较为庞大的旅游产业规模，相对配套的产业结构，大、中、小型旅游企业构成趋于合理的产业组织，现代技术与传统技术并存的二元产业技术体系，丰富多样性的产品结构，更为有效的产业空间布局。一个规模巨大、结构优化、组织合理、技术先进、布局有效、具有竞争力的现代化旅游产业体系初见端倪。

5. 旅游改革开放不断深入

建立与社会主义市场经济体制相适应的旅游体制，即社会主义旅游市场经济体制，是旅游业改革开放的关键。旅游改革在进一步完善现代旅游企业制度和旅游市场机制的同时，优秀旅游城市创建、酒店星级评定与复核、旅行社审批与年检、导游队伍建设与管理、旅游质量监督与执法等有效的行业管理手段，形成了较为完善的体系，旅游法规、质量规范与管理的标准化体系得到进一步加强，行业管理体制进一步完善和健全。

6. 区域旅游合作方兴未艾

随着我国经济社会的发展，交通通信等基础设施的完善，旅游需求的增长，跨区域旅游合作不断发展已经成为旅游发展的重要方向。"珠三角""长三角"区域旅游合作取得了前所未有的成功，带动了全国区域旅游合作的开展。"京津冀—港澳台3+3旅游合作大会"的举办、闽台港澳旅游机构签署的"旅游区域协作备忘录"、东北"4+1"城市无障碍旅游合作会议签署了《东北"4+1"城市(沈阳、长春、哈尔滨、大连+鞍山)关于建立无障碍旅游区的框架协议》等区域旅游的合作促进了旅游资源互享、信息互通、市场互惠，旅游业的跨区域合作和资源共享推动了现代旅游业的快速增长。

7. 旅游业地位和作用不断提高

2019年，旅游业被确立为国民经济新的增长点，步入了快速发展的阶段。2019年，旅游经济继续保持较快增长，全年实现旅游总收入6.63万亿元，同比增长11%。数据显示，2019年，国内旅游人数60.06亿人次，比上年同期增长8.4%。出境旅游总人数3.0亿人次，同比增长3.1%。旅游业对GDP的综合贡献为10.94万亿元，占GDP总量的11.05%。旅游

直接就业 2825 万人，旅游直接和间接就业 7987 万人，占全国就业总人口的 10.31%。旅游业对社会就业的促进和带动作用更加显著。

8. 旅游业在国际交往中的影响日益增强

随着中国对外开放的扩大，国际游客对中国人和中国文化有了更多的了解，加上旅游社会文化环境的不断改善，吸引了越来越多的国际游客来中国旅游。入境旅游的持续增长，增进了世界人民对中国的了解，显示了我国改革开放的巨大成就，展示了中国作为安全而有魅力的旅游目的地国家的形象。出境旅游的快速发展，成为我国发展双边交往的重要内容。中国公民出境旅游目的地的开放，在全球形成了关注中国市场、聚焦中国的良好效应，强化了中国在世界的美好形象。旅游在国家的政治外交、经济贸易、文化交流以及对港澳台工作中都发挥了积极作用。

9. 全社会的旅游意识和出游能力不断增强

旅游产业是一个跨部门、多领域、多目标的综合性经济产业，需要组织协调各方面的资源。从旅游产业特点和国情出发，我国旅游业一直坚持实施政府主导的战略，随着旅游业在政治文明、经济建设、文化建设、社会发展和环境保护方面的地位和作用的加强，政府主导的力度也在逐步加强。1998 年中央经济工作会议提出将旅游业作为国民经济新的增长点；1999 年中央进一步提出"必须采取有力的政策和扶持措施，加快旅游等新兴产业的发展"，强调要"把旅游业培育成为中国国民经济的重要产业"。从全国范围来看，已有 24 个省、区、市把旅游业定位为支柱先导产业或重要产业。在政府主导下，全社会的旅游意识和旅游能力大大增强，全社会办旅游的大旅游格局基本形成。工、农、兵、学、商、媒以及城市、乡镇空前关注和重视旅游业，形成了有利于旅游业发展的宏观环境。

案例 2-3

现代旅游行业市场现状与发展趋势

随着居民消费水平的不断提高，旅游文化建设进程的不断开展，我国旅游业正处于蓬勃发展阶段。旅游业对 GDP 的贡献额也持续增长，2018 年，全年全国旅游业对 GDP 的综合贡献为 9.94 万亿元，占 GDP 总量的 11.04%。旅游业正由传统服务业向现代服务业转变，未来发展趋势为智慧旅游应用程度的不断加深和移动旅游用户规模的不断扩张。旅游业蓬勃发展，政策频发助力行业前行。随着居民消费水平的不断提高，旅游文化建设进程的不断开展，我国旅游业正处于蓬勃发展阶段。出游人群规模不断扩张，年内多次出游人群比重不断提升，越来越多的人群选择通过出游的方式来放松自己，领略祖国境内的大好河山和丰厚的文化底蕴，不断推动我国旅游业规模加速扩张。

新兴技术助力智慧旅游发展，移动旅游用户渗透率持续提升。近年来，随着互联网技术的不断发展，旅游信息化程度逐渐提升，智慧旅游规模也在不断扩大，智慧旅游的蓬勃发展，为景区建设、旅游服务等方面提供了更有力的支撑，极大地促进了旅游业的服务质量和方便程度，为扩大旅游业规模，增强游客旅游体验贡献了巨大的力量，智慧旅游使旅游业由传统服务业向现代服务业加速转变。随着物联网、人工智能、大数据等新兴技术的不断发展，也不断为智慧旅游提供技术支持，助力智慧旅游应用程度不断加深。

现代旅游业的发展，呈现出来的另一个重要趋势为移动旅游用户渗透率的增加，随着智能设备的不断普及，移动旅游用户规模持续增长，移动旅游用户在移动互联网整体用户中的渗透率持续提升，截至2018年年底，移动旅游用户规模增长至6.2亿，移动旅游用户渗透率为42.6%，移动端已经成为旅游业重要的销售渠道。

(资料来源：https://www.sohu.com/a/316201764_473133)

【思考题】现代旅游为什么在二战后得到飞速发展？

【分析】现代旅游之所以能飞速发展有以下因素：第一、二战结束后各国政局稳定，世界人口迅速增加。第二、世界各国经济迅速发展。第三、交通运输工具的进步缩短了旅行的时间距离。第四、生产自动化程度的提高使劳动者的带薪假期得以增加。第五、各国城市化进程普遍加快。第六、世界各国普遍重视发展教育事业。

(三)现代旅游的主要特点

1. 游客的大众性

大众性，一是旅游阶层越来越广泛，二是参加的人数越来越多，三是团体旅游越来越普遍。这就使旅游由过去只有贵族、官僚、富商、巨贾等少数人才能享受的一种奢侈的游乐活动，变成普通劳动者也能参与的一种民众性的社会活动。

2. 地域的广泛性

现代旅游不是单独一个国家或一个地区所发生的孤立现象，各国和各地的旅游活动是相互联系和相互影响的。由于飞机用于民运，大大地缩短了地球的空间距离，变成了一个"地球村"，也缩短了旅游时间。旅游的国界、洲界被打消了，形成了一种世界性的局面，旅游者来自世界各地，世界各地也都留下了旅游者的足迹。区域或边远地区旅游的局限性正在消失，像新几内亚、澳大利亚腹地甚至南极洲都有旅客光顾。

3. 增长的持续性

战后世界经济的发展经历了许多曲折过程，尤其是很多西方资本主义国家的经济都经历了多年经济危机的冲击，唯独旅游业一枝独秀，经久不衰，总的趋势是上升的，至今发展方兴未艾。现在，旅游业产值已超过钢铁、石油、汽车、电子、化工等而跃居世界第一大产业。

4. 现代旅游的季节性

由于受自然因素及社会因素的双重影响，旅游活动具有明显的季节性特点。季节性的主要成因，在于旅游接待国和客源国两个方面。在旅游接待国，当地的气候条件对来访旅游季节性的形成具有重大影响。特别是在该地的其他旅游吸引因素在很大程度上为气候变化所左右的情况下，这种影响更加严重。在旅游客源国，人们旅游的目的和带薪假期的时间安排等因素，会对旅游活动的季节性产生一定的影响，人们往往把一年中旅游者来访人数(或外出旅游人数)明显较多的时期称为旺季，明显较少的时期称为淡季，其余时期称为平季。此外，季节性还指旅游景观观赏的季节性。

5. 现代旅游的综合性

旅游的综合性体现在两个方面。其一，现代旅游是包括行、食、住、游、娱、购等多项内容的活动，人们不再是单纯为了游山玩水而外出旅游，而是把体验异国他乡的生活环境、享受现代化交通工具的乐趣、品尝风味美食、领略神奇的娱乐境界、购买土特产品等多种需求结合起来，形成自己的旅游动机。其二，现代旅游是一项涉及政治、经济、文化各个方面的社会活动，它的发展依赖于各行各业的综合发展，并紧密地将很多有关的行业联系在一起，从而形成了综合性的社会经济活动。

6. 现代旅游的发展越来越规范化

规范化是指旅游者在旅行社的组织和安排下，借助各有关旅游企业提供的产品和服务，按照预定的时间、路线和活动内容，有计划地完成全程旅游活动。在现代社会参加旅行的团体包价旅游的规范化、程序化的旅游形式，已经成为深受大众欢迎的普遍的旅游形式。

7. 现代旅游的发展愈加多样化

初期的旅游活动是以经济为目的的商务旅游以及宗教旅游为主的，消遣旅游及以教育为目的的修学旅游也有比较悠久的历史，但一直没有得到较大的发展。随着社会经济与文明程度的发展。消遣型的度假、休闲旅游和参与性旅游项目逐渐成为现代旅游活动的主体。同时，其他目的的旅游形式，特别是为满足人们特殊需要的旅游活动，如文化旅游、艺术旅游、生态旅游、疗养旅游、探险旅游、考察旅游、体育旅游、新婚旅游、民俗旅游、会议旅游、探亲旅游、美食旅游、购物旅游、乡村旅游等也越来越受到大众的欢迎。旅游的种类方式(活动内容更加个性化、多样化、普及化)也越来越丰富了。

8. 市场竞争的激烈性

无论是国际旅游市场还是国内旅游市场，各旅游企业在争夺旅游者、旅游代理商和扩大市场占有率等方面都全力以赴，采取各种措施提高竞争能力。首先，在旅游产品的设计上，各地旅游部门都充分挖掘本地的特色和优势。其次，各地都在使出浑身解数，加大旅游宣传促销力度。再次，各旅游企业都在不断提高旅游产品的质量，以加强自身的竞争实力。

9. 旅游空间上的地理集中性

现在，从茫茫大海到浩瀚沙漠，从南极到北极，从城市到乡村，从大海到天空，处处可见旅游者的身影。地球上已经很难找到没有旅游者涉足的地方。但旅游者并不是均匀地分布在世界各地，而是由于旅游资源的吸引力不同相对集中在一些地方。就世界范围来说，欧洲和北美是旅客较集中的地方。在一个国家，旅客也会集中在某些省市，如某个地方的某些景点比其他地方更吸引人，这就形成了许多旅游热点和旅游热线。去北京的游客又往往会集中到长城、故宫、颐和园等主要景区(点)，去上海的游客若不去外滩、南京路则会倍感遗憾。旅游活动的地理集中性对旅游企业的经营来说无疑是有利的，但也会带来负面影响，最重要的是环境问题。

知识拓展

智慧旅游——现代旅游的新方向(扫右侧二维码)

本章小结

本章阐述了旅游的产生、发展历程和基本条件，详细介绍了世界旅游发展历程和中国旅游发展史。远古旅行和古代旅行时期包括原始社会末期、奴隶社会和封建社会。古代旅行活跃地区同时也是人类文明发源地，旅游活动丰富多彩。与此同时，产业革命推动了古代旅行向近代旅游的转化，而托马斯·库克促进了旅游业的诞生。这时的中国也开始自己组织旅游活动。第二次世界大战后，旅游进入了现代旅游阶段，旅游业产业地位得到了确立与巩固，随之出现了为旅游业服务的旅游组织，中国的旅游业也取得了辉煌的成绩。

习　　题

一、单选题

1. 19世纪以前中外旅行活动居于主导地位的是(　　)。
   A. 求学旅游　　　B. 宗教云游　　　C. 经商旅行　　　D. 文人漫游
2. 托马斯·库克1841年组织的禁酒活动标志着近代旅游的开端，这次活动较之前的不同之处在(　　)。
   A. 消遣性　　　B. 营利性　　　C. 公众性　　　D. 观光性

二、填空题

1. 托马斯·库克推出的＿＿＿＿＿＿是当今旅行支票的最早雏形。
2. 就西方奴隶制社会时期的旅行活动发展而言，＿＿＿＿是一个最具代表的典型。

三、问答题

1. 我国古代旅行活动的类型有哪些？
2. 简述托马斯·库克对近代旅游发展的开创性贡献。
3. 试述第二次世界大战以后现代旅游迅速发展的原因。
4. 试分析现代旅游发展的影响因素。
5. 简述现代旅游的主要特点。

四、课堂练习

请谈谈人类原始社会的为求生存、躲避自然灾害的迁徙活动算不算旅游活动，为什么？

五、技能操作

1. 找几本典型的旅游学教材(包括国内学者的和国外学者的)，对各个版本的教材内容做一番比较，总结其异同，尝试说明这些异同的原因，给予适当的评价。
2. 调查一下你身边的人去过哪些地方旅游，那些地方的风景怎么样，是一个人去的还是和其他人一起去的，是在什么时间去的，旅游回来之后有何感受。

第三章

旅游的主体——旅游者

【学习目标】

通过本章的学习,掌握我国旅游统计中对游客范围的划定与释文;理解国内外旅游者统计口径的异同;了解影响个人旅游需求的客观因素和主观因素,并掌握旅游者类型划分的目的和方法;理解不同类型旅游者的需求特点。

【关键词】

旅游者　影响个人旅游需求的客观因素和主观因素　旅游者类型划分及需求特点

> **引导案例**
>
> **旅游者产生的客观条件**
>
> 　　进入21世纪以来，我国国民生产总值持续增长，国民总收入不断增加，居民可以自由支配的实际收入增多，人们的消费结构已发生很大变化，参加旅游活动的人逐年增多。中国大部分居民已经实现去新加坡、马来西亚、泰国等邻近国家旅游的愿望；还有一些人，已去美国、加拿大或澳大利亚旅游。事实说明，生产力的发展、社会的进步，不仅提高了国民收入水平，而且提高了社会生产的自动化程度和效率，大大减少了生产的时间。
>
> 　　【思考题】旅游者外出旅游的主要客观条件有哪些？
>
> 　　【分析】旅游者外出旅游必须具备一定的客观条件：一是人们解决了温饱问题之后还剩下一定的可自由支配的资金，即有自由可支配收入；二是人们在工作之外有一定的可自由支配的时间，即有足够的闲暇时间。这二者是人们外出旅游的基础与前提，否则旅游无从谈起。案例中，随着国民总收入的不断增加，居民可以自由支配的实际收入增多；新技术的应用，大量的工作被机器所取代，工作的时间大大减少。基于这两个方面，才致使参加旅游活动的人逐年增多。

第一节　旅游者的定义

　　根据旅游研究和旅游管理的实际需要，对旅游者的定义有必要分国际旅游者和国内旅游者做出技术性的界定。

一、国际旅游者

(一)国际联盟定义

　　1937年，国际联盟的统计专家委员会对旅游统计中"国际旅游者"的解释为："离开自己的居住国，到另一个国家访问至少24小时的人。"

　　(1) 应列入来访旅游者统计的人员范围包括：

　　① 为了消遣、家庭事务及身体健康方面的目的而出国旅行的人；

　　② 为出席会议或作为公务代表而出国旅行的人(包括科学、行政、外交、宗教、体育等方面的会议或公务)；

　　③ 为工商业务原因而出国旅行的人；

　　④ 在海上巡游度假(cruising)过程中登岸访问的人员，即使其上岸停留时间不足24小时，亦视为来访旅游者(停留时间不足24小时者应分开作为一类，必要时可不论其通常居住地为何处)。

　　(2) 不能列入来访旅游者统计的人员范围包括：

　　① 抵达某国就业任职(不管是否订有合同)或者在该国从事营业活动者，均不能列为旅游者；

② 到国外定居者；
③ 到国外学习，膳宿在校的学生；
④ 边境地区居民中日常越境工作的人；
⑤ 临时过境而不停留的旅行者，即使在境内时间超过24小时也不算旅游者。

(二)罗马会议的定义

联合国于1963年在罗马召开了一次国际旅游会议，会议对来访旅游人次的统计范围作了新的规定。凡纳入旅游统计中的来访人员统称为"游客"(visitor)。这里的"游客"实际上也就是中文中人们泛称的旅游者。"游客"又分为两类，一类是在目的地停留过夜的"旅游者"(tourist)；另一类是不在目的地过夜停留，而是当日往返的游客，称之为"短程游览者"(excursionist)或"一日游游客"(one-day tripper)，实际上也就是不过夜的旅游者。这一定义的基本特点如下。

(1) 将所有纳入旅游统计中的来访人员统称为"游客"。

(2) 以在访问地的停留时间为标准，将游客进一步划分为停留过夜的旅游者和不停留过夜的旅游者。这两种不同类型的游客需要分别进行统计。

(3) 根据来访者的定居国或常住国，而不是根据国籍来界定其是否属于应纳入旅游统计中的游客。

(4) 根据来访者的访问目的来界定其是否属于应纳入旅游统计中的游客。当然，这个定义也有不足之处，即它所界定的只是国际游客，而没有将国内旅游或国内游客考虑进去。

1984年，世界旅游组织又对国内旅游者作了下列规定：任何以消遣、休闲、度假、体育、商务、公务、会议、疗养、学习和宗教等为目的，而在其居住国，不论国籍如何，所进行24小时以上到一年之内旅行的人，均视为国内旅游者。

(三)渥太华会议的定义

1991年6月，世界旅游组织与加拿大政府在渥太华联合召开"国际旅游统计工作会议"，会上提出了一整套关于旅游统计的建议，1993年联合国统计委员会采纳了这些建议。在旅游统计的基本单位内容中，渥太华会议对游客、国际游客、国内游客作了如下的界定。

(1) 国际游客意为："任何前往其常住居所所在国以外某个国家进行旅行，并且离开自己常住环境的时间不超过12个月，其前去访问的目的不是为了从事获取报酬的活动的人。"国际游客包括国际旅游者和国际一日游游客。

(2) 国内游客意为："任何前往位于其常住国国内，但在自己常住环境以外的某个地点进行为期不超过12个月的旅行，其到该地点进行访问的主要目的不是为了从事可从该地获得报酬活动的人。"国内游客包括国内旅游者和国内一日游游客。

二、我国对旅游者的定义

(一)对国际旅游者的定义

1979年中国国家统计局和国家旅游局根据我国的实际情况，从统计工作的需要出发，对国际旅游者作了如下的规定："国际旅游者是指来我国探亲访友、度假、观光、参加会议或从事经济、文化、体育、宗教等活动的外国人、华侨、港澳台同胞。"在来华旅游人次统计方面，凡纳入我国旅游统计的来华旅游入境人员统称为(来华)海外游客或国际旅游者。

为了便于界定，我国规定来华入境旅游者是指因上述原因或目的，离开其常住国(或常住地区)到我国大陆访问，连续停留不超过12个月，并且在我国大陆活动的主要目的不是通过所从事的活动获取报酬的人。按照在我国大陆访问期间停留时间的差别，海外游客划分为以下两类：

(1) 海外旅游者，即在我国大陆旅游住宿设施内停留至少一夜的海外游客(过夜游客)。

(2) 海外一日游游客，即不在我国大陆旅游住宿设施内过夜(而是当日往返)的海外游客(不过夜游客)。

可见，以上国际组织和我国有关部门对旅游者的定义尽管表述不一，但实质内容是一致的。当然，个别地方的解释有所不同(例如按照我国对海外旅游者的解释，实际上将在亲友家过夜的来华旅游者排除在统计范围之外)。

(二)对国内旅游者的定义

在我国的国内旅游统计中，对纳入国内旅游统计范围的人员统称为国内游客。国内游客是指任何因休闲、娱乐、观光、度假、探亲访友、就医疗养、购物、参加会议或从事经济、文化、体育、宗教活动而离开常住地到我国境内其他地方访问，连续停留时间不超过6个月，并且访问的主要目的不是通过所从事的活动获取报酬的人。国内游客也分为两类：

(1) 国内旅游者，指我国大陆居民离开常住地，在我国境内其他地方的旅游住宿设施内停留至少一夜，最长不超过6个月的国内游客。

(2) 国内一日游游客，指我国大陆居民离开常住地10公里以外，出游时间超过6小时但不足24小时，并未在我国境内其他地方的旅游住宿设施内过夜的国内游客。

从以上我国在国内旅游统计方面所做的界定中可以看出，它同世界旅游组织的建议基本上是吻合的。但是，同我国在国际旅游统计方面所做的解释一样，国内旅游统计中并未将在亲友家中过夜的国内旅游者包括进去。由此不难看出，我国关于国内旅游人次的统计数字低于其实际的数字。

旅游者的合法权益(扫右侧二维码)

第二节　旅游者的产生条件

旅游活动的出现是随着人类社会的发展而产生并不断完善的，旅游行为的实现是外部旅游条件和旅游者内部心理因素共同作用的结果，旅游者的产生取决于多方面的条件和因素。

一、个人可自由支配收入水平

从经济角度来讲，旅游活动的过程就是旅游者在食、住、行、游、购、娱等各环节上发生各种经济关系的过程。收入水平，通常决定着他能否外出旅游及其旅游消费水平的高低。可见，收入达到一定的水平是实现旅游活动的前提之一，也是实现旅游活动的重要物质基础。当然，一个家庭的收入并非全部都可以用于旅游，真正决定一个人能否实现旅游活动的家庭收入水平实际上指的是其家庭的可支配收入，更确切地说是其家庭的可自由支配收入。可自由支配收入又称可随意支配收入，指个人或家庭收入中扣除全部纳税和社会消费(健康人寿保险、老年退休金和失业补贴的预支等)，以及日常生活必须消费部分之后所余下的收入部分。个人可自由收入水平取决于人均收入所得，个人所得又取决于国民经济发展情况以及收入分配政策，这些都影响着人们对旅游活动的选择。例如，近10多年来，美国和日本未婚而有工作的女青年(20～29岁)都属于高收入阶层，但由于她们的生活方式、生活习惯和消费水平不同，其可自由支配的收入水平也不同。美国青年男女在18岁以后，一般都离开家庭独立生活，住公寓、用餐、社交等支出很大。日本这一阶层的女青年在结婚之前大都与父母一起生活，花费较少，因此可自由支配收入高于美国女青年。2018年，日本20～24岁年龄段出国旅游的女性达230万人，是同期出国的同年龄段男性的2倍，占当年女性出游的39.49%。澳大利亚、新西兰、美国的夏威夷州以及东南亚、西欧各国纷纷看好日本女青年市场，努力吸引日本女青年到该地旅游。我国在"中国旅游年王牌旅游产品"中，就把"日本女青年愉快之旅"列为中国16条旅游专线之一。很多研究表明，当一个家庭的收入尚不足以购买基本生活必需品时，该家庭成员很少外出旅游。然而，一旦这个家庭的收入水平超过这个临界点，该家庭用于旅游的消费就会增加。而且，一个家庭的收入超过这一临界点后，每增加一定比例的收入，旅游消费就会以更大的比例增加。可见，可自由支配的收入水平不仅决定了一个人是否有条件外出，而且决定了旅游者在旅游活动中的支付水平。此外，可自由支配的收入水平不仅影响着人们的旅游消费水平，还影响到人们的旅游消费构成。例如，经济富有的家庭会在购物、娱乐方面花较多的钱，而经济困难的家庭在交通、吃住方面花钱的比例更大。

旅游者可自由支配收入水平可以通过恩格尔系数进行相对衡量。恩格尔系数是一个家庭或个人收入中用于食物支出的比例，系数越低，则表明可自由支配收入越高，形成的旅游者越多，旅游者在旅游中所跨越的距离越远，花费总量越大，反之则朝相反的方向变化。据有关资料表明，1986年我国居民的恩格尔系数在50%左右，而在同期，日本和美国仅为25%上下。如此低的系数表明，美国和日本旅游者具有很高的旅游支付水平，对于他们来讲，国内旅游已非常普遍，国际旅游也不断发展，而且个人消费水平很高。到2019年我国城镇居民的恩格尔系数已降低到35%以下，已具备产生大量旅游者的经济条件。事实也证明，我国的国内旅游和出境旅游已开始蓬勃发展。

总之，可自由支配收入水平决定着一个人的旅游支付能力，影响着一个人能否成为旅游者，影响着旅游者的消费水平和消费构成，并且还会影响到旅游者对旅游目的地及旅行方式的选择等。可自由支配收入水平是决定一个人能否成为旅游者的最重要的经济因素。

二、足够的闲暇时间

随着社会的进步、经济的快速发展，社会劳动生产率越来越高，人们用于劳动的时间将越来越短，闲暇时间则不断增多。联合国颁发的《消遣宪章》中写道："闲暇时间是指个人完成工作和满足生活要求之后，完全归他本身支配的一切时间，这段时间的使用是极其重要的,消遣和各种娱乐为补偿当代生活方式中人们的许多要求创造了条件,更为重要的是通过身体放松、竞技、欣赏艺术、科学和大自然,为丰富生活提供了可能性。无论在城市和乡村,闲暇时间都是重要的,闲暇为人类意向、知识责任感和创造力的自由发展提供了空间。闲暇时间是一种自由时间,人类能掌握作为人和作为社会的有意义的成员的价值。"事实上,闲暇时间是旅游者产生的另一个必备条件。人们的时间按使用的目的可分为四类,即工作时间、生理上需要调剂的时间、家务和社会交往时间、闲暇时间。正因为有闲暇时间,才有可能把它用于旅游,成为旅游活动时间。许多部门实行的职工不定期休、疗养假期等也属这一范畴。带薪休假的时间长而且集中,是人们外出旅游的最好时机。

总之,旅游者的形成条件之一便是足够的闲暇时间,否则,外出旅游只能是奢谈。当然并非所有的闲暇时间都可用于旅游,但闲暇时间乃是实现个人旅游需求不可缺少的重要条件。

三、旅游动机

当人们具备了旅游的经济条件和足够的闲暇时间之后,如果没有旅游的愿望,旅游活动也不能实现。事实上,即使是在最主要的旅游客源国中,也总会有一些人收入相当高却不曾或不愿外出旅游。因此要想成为一个旅游者,还必须有促成旅游的动机。

(一)旅游动机的定义

旅游动机是推动人们旅游的内在原因和动力。推动和维持人们进行某种活动的内部原因和实质动力就是动机。心理学研究表明,人的行为是受人的大脑支配的,人的动机是大脑活动的产物。人有什么样的需要就会产生什么样的动机,而有什么样的动机就会有什么样的行为。动机是需要和行为的中介,动机必然转化为行为,并通过最终结果来满足人的需要。西方学者认为,人天生具有好奇心,有着追求新奇和寻求新的感受的内在动机,这吸引着人们走向国内不同地区和世界各地,欣赏各地的自然景观,了解所到地的风土人情、人文习俗,考察不同的社会制度,感受各有千秋的异域文化,领略外面世界的精彩,从而形成不同的旅游动机,当人们具备了外出旅游的支付能力和足够的闲暇时间后,旅游就是必然的。可见,旅游动机也是旅游者的重要形成条件。

(二)影响旅游动机的因素

1. 受教育程度

旅游者受教育程度的高低决定了其文化水平的高低,不同文化水平的旅游者的旅游动机有很大差别。文化程度高的人,其求知欲强,富有冒险和挑战精神,对文化内涵深厚的博物馆、美术馆、歌剧院、古人类文化遗址等人文旅游资源为主题的旅游地兴趣较大,希望旅游活动的安排能变换环境,同时其旅游方式更多地表现为度假性质;文化程度低的人则喜欢盲目跟从,选择较熟悉的景点或陌生的旅游目的地,而且以自然旅游资源为主。

2. 职业和收入水平

人们的职业不同,社会角色不同,社会地位和环境不同,其旅游动机也不同。农民向往到大城市旅游，都市旅游成为他们的首选；商务人员、公务员、科技工作者等则希望到风景优美、鸟语花香的景点去感受大自然恩赐的幽静、清新。至于个体经营者、军人及从事其他职业的人，都有不同的旅游动机。同样，人们可自由支配收入的多少和一次旅游总费用的高低，直接影响旅游活动的范围和旅游动机的形成。例如，高收入者出游欲望和支付能力强，喜欢远程观光和度假，喜欢科技含量高的旅游项目。

3. 性别和年龄

旅游者的性别对旅游动机的形成有重要影响。由于男性和女性在家庭、社会中扮演的角色不同，又有不同的生理特点和生活情趣，其旅游动机存在很大的差异。男性旅游者大都喜欢探险、登山、滑雪、野营及各类运动健身型户外体育活动，而女性旅游者更热衷于度假、购物和相关休闲活动。因而男性和女性旅游者对旅游目的地、旅游方式、旅游活动安排的选择有很大的差异。例如，日本男子外出旅游多为做生意，日本女子则主要以购物为目的。从年龄来看，儿童、少年、青年、中年和老年人的旅游选择具有明显差异。儿童活泼可爱、好奇心强，喜欢游戏娱乐类的旅游活动；青少年喜欢结伴而行，追求猎奇心理和求知欲望的满足；中年人在工作和事业上已取得一定成就，具有较多的生活经验，他们的旅游动机大都倾向于务实、求名或出自专业爱好和求舒适享受方面，往往更喜欢各类专题旅游活动；老年人往往喜欢文化专题旅游活动或一些运动量较小的健身型活动，而且由于健康原因，一般很难从事具有刺激性和需要消耗大量体力的旅游活动，喜欢清静的旅游胜地，同时对能满足怀古访友需要的旅游点有特殊兴趣。

此外，是否有闲暇时间以及闲暇时间的多少将直接影响到旅游动机的形成。家庭结构、社会关系和传统习俗等都是影响人们旅游动机的重要因素。应当说明的是，一个旅游者完成一次旅游活动的动机不是单方面的，而是多方面动机综合作用的结果。其中一方面是主导动机，其他方面则为辅助动机；有的方面动机被人们意识到了，有的则没有被人们意识到。人的需要在许多时候处于沉寂状态，因而需要内外条件将需要唤起才能成为支配行为的动力，这样最终促使人们做出旅游决定。

案例 3-1

黄金周利弊与旅游供求均衡

黄金周集中消费的尴尬。每年的黄金周在给旅游部门带来滚滚财源的同时，也给整个社会带来了周期性的震荡。在人流车流之中，旅游者不是在享受假期所带来的愉悦，而是奔波在各个景点之间，车马劳顿，得不到休息。"黄金周综合征"几乎成了困扰城市居民挥之不去的阴影。黄金周的集中消费除了给旅游部门和商业企业带来周期性的巨大收益之外，还带来了种种弊端。要求政府决策部门实行带薪休假制度，合理分散旅游人群，更理性地使用商业资源，引导公众合理安排自己的工作和休息时间，缓解旅游供给与需求在时间方面的突出矛盾，已经成为一种强烈的共识。

【思考题】资料中黄金周的尴尬如何解决呢？

【分析】要想从根本上解决游客黄金周旅游度假的难题，可以实行带薪休假制度，让不同单位根据本单位的工作安排，合理筹划员工的带薪休假方案。只有这样，才能做到旅游淡季不淡，而旅游旺季不会出现景点过分拥挤的局面。

四、其他条件

(一)人口的数量和结构

在收入一定的条件下,人的数量大,就意味着有更多的旅游者。在国际旅游中,同是经济发达的国家,一般来说,人数越多的国家,出国旅游的人数越多。人口结构对旅游者的产生也有较大影响。例如,独生子女家庭总要比多子女家庭的旅游条件好一些;平均寿命延长,退休年龄降低,都会给旅游者的产生创造更多的条件。

(二)生活观念和生活方式的改变

随着经济的发展和社会的进步,人们的价值观念和消费模式发生了变化,越来越多的人把旅游看作生活中不可缺少的一部分,是生活的权利,是一种时尚。

(三)城市化的发展

大城市是旅游者产生的重要基地。一般来说,大城市家庭平均收入高,家务劳动自动化和社会化程度高,受教育程度高的人的比例大,更容易购买旅游产品。再加上城市拥挤喧闹,居民感到生活紧张,迫切要求利用旅游活动暂时躲避一下尘世的喧嚣。

(四)旅游业的发达程度

旅游业的日趋发达,为旅游者的大量产生创造了条件。首先,旅游交通的发展,特别是私人汽车的增加,使旅游成为轻而易举的事。其次,信息化的发展使人们足不出户便可知天下事,并且激发了人们的好奇心和探索心理,希望看一看外面的世界,从而有利于旅游者的产生。同时,旅游业向人们提供有关旅游的各种情报,开展旅游咨询业务,使人们有充分选择的余地。这些都为旅游者的大量产生创造了条件。

(五)旅游产品的推陈出新

各个旅游接待地想方设法推出适应各类旅游者的专门化、特色化的产品,如商务旅游、会议/奖励旅游、生态旅游、徒步旅游、登山旅游、自行车旅游、蜜月旅游、家庭旅游、女青年愉快购物旅游等,从而促使更多的人成为旅游者。

(六)政府和社会团体的重视和鼓励

政府和社会团体的重视和鼓励对旅游者的影响作用很大,比如重视宣传促销、招徕活动;简化手续,方便旅游者;鼓励和引导国民的花费和闲暇消遣趋向旅游等,也有利于旅游者的产生。

(七)旅游者产生的客观限制条件

(1) 家庭拖累。例如,家中有老、弱、病、残、幼需要照顾,家庭负担较重。
(2) 旅游安全。人们对未知的东西和陌生的地方容易产生担忧或恐惧;充满了未知和陌生、战争、动乱、疾病、自然灾害及恐怖活动以及国家和地区的消极宣传，将加剧旅游者的疑虑。

(3) 目的地状况。这主要指目的地旅游吸引因素和旅游服务供应条件，目的地旅游资源特色、旅游交通和食宿设施的建设发展水平。

(4) 法规政策。作为国际旅游目的地，首先是建立了正式外交关系的国家或地区，其次是每个国家都有一些限制外国游客进入的非开放地区。例如 SARS 时期，有 111 个国家和地区对我国前往的访问人员采取临时性限制措施。

综上所述，旅游者产生的必备基本条件是可自由支配的收入、闲暇时间和旅游动机，其余的只是作为促进或限制旅游者产生的条件而存在。

知识拓展

当代人对旅游需求的一系列变化

随着国家经济的发展，人们的生活水平不断地提高，旅游逐渐成为人们生活的一部分。这种变化在我们的生活中显而易见，亲戚、朋友、同事经常会在自己闲暇之时规划一场开心的旅行，来一场美丽的邂逅。

在很早以前，人们的旅游还满足于欣赏外国风景、艺术作品等有限需求。只有少数家境较好、有知识的家庭会出门旅行。由于当时的思想以及家庭条件的限制，让很多人在听到旅游后，就会闻声而止步。生活经济上的压力让他们听到这两个字后，只能望洋兴叹。而现在，随着我国经济实力的不断提高，国民收入的不断增长，这种情况得到了很大的改善，在此基础上，人们对待旅游的态度发生了翻天覆地的转变，连带着出行方式、消费方式等观念开始不断优化，进步。

接下来，让我们分析一下国内旅游需求的变化趋势。

第一，人们注重新鲜感，以及所去景点的受欢迎程度。就比如最近很火的"皮卡晨"，大唐时期的妆容，优美的舞姿，点滴间将中国古典女性的魅力表现得淋漓尽致。可谓是"倾国倾城美如画，一眼万年梦回唐"，吸引了数不胜数的游客前去打卡。

第二，行程的远近安排，便携性。近地旅游一直以来是居民出游的第一选择，而且，随着私家车陆续进入每个家庭，自驾游无疑成为很多人的爱好。甚至有很多热爱旅游的人自己组团，自定时间，自定线路，自定日程，自定标准。

第三，对于观光方面，人们在讲究主题与深度的同时，开始追求高档的消费，享受野趣与豪华。由于国内旅游的发展，旅游者在消费活动中逐渐成熟起来，加之消费思潮的日新月异，旅游萌芽期的走马观花已经难以满足消费者的需求。近几年，越来越多的旅游者和旅游经营者都已经注意到了旅游的主题和深度，所以，旅游界内开始出现不同模式的旅游。比如"互联网+"的一系列主题、全智能酒店等带给游客日新月异的旅游体验。

第四，旅游还注重游乐方面的新潮与心跳，休闲方面的健康与轻松。早期的传统旅游方式注重清心与闲适，但是现在年轻人旅游的方式，不仅看重带来的乐趣，更看重旅游带来的挑战自我。比如，蹦极、爬山、滑雪等户外运动(见图 3-1)。而在休闲方面，人们出门旅游不再是单一的住宾馆了，新兴的农家乐已经成为人们出门在外衣食住行不可或缺的一部分了。而注重身体健康的游客也会经常性地选择具有游泳馆、体育馆的地方旅行。

图 3-1 冬季滑雪

(资料来源：https://baijiahao.baidu.com/s?id=1653181957442406716&wfr=spider&for=pc)

第三节 旅游者消费行为分析

具备了旅游者产生的条件后，推动一个人旅游消费行为的内驱力就产生了。这是因为旅游活动作为一种社会活动，其发生一方面是游客内在心理因素的推动；另一方面又不可避免地会受到外界因素的影响。所谓旅游消费行为，是指旅游者在有时间保证和资金保证的前提下，从自身的享受和发展需要出发，凭借环境和旅游媒体服务创造的条件，在旅游过程中对以物质形态和非物质形态存在的吃、住、行、游、购、娱等旅游客体的购买、享用和体验过程。

一、旅游者消费行为的内涵、类型及模式

(一)旅游者消费行为的内涵

旅游者的旅游消费行为是指旅游消费者在旅游动机的引导下，为了达到一定的目标，选择、比较并最终购买旅游服务产品的过程。它包括消费者为什么购买，购买什么样的旅游产品，在何时何地购买，以何种方式购买等。此外，旅游企业还要对旅游者对旅游服务的具体要求、影响旅游者消费行为的各种因素进行了解。例如，一位美国的旅游者在想了解中国文化的动机下，于2019年5月18日通过网上预订，在美国旅行社购买了来中国北京的度假旅游产品。这是旅游者购买行为的一般情况，除此之外，旅游企业还要了解该旅游者对度假过程中的食、住、游、行、娱、购的要求，以及影响该旅游者消费决策的经济、社会、文化因素。

(二)旅游者消费行为的分类

根据不同的标准，可将旅游者消费行为分为以下几种类型。

(1) 按购买旅游产品的决策单位，可以将旅游者的旅游消费行为分为旅游者个体的消费行为和通过组织机构的消费行为。前一种旅游消费行为主要指旅游者个体出游的消费行

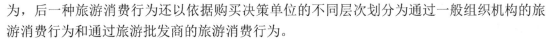

第三章 旅游的主体——旅游者

为，后一种旅游消费行为还以依据购买决策单位的不同层次划分为通过一般组织机构的旅游消费行为和通过旅游批发商的旅游消费行为。

(2) 按旅游者购买的参与程度高低，可以将旅游者的消费行为分为当日往返旅游消费行为、短程旅游消费行为和远程旅游消费行为。当日往返旅游消费行为和短程旅游消费行为由于空间和时间的限制，旅游过程中涉及的旅游要素较少，因此决策行为较为简单，信息水平要求不高。而旅游消费行为由于游程远，在外停留的时间长，花费大，因此旅游者会花费一定的精力搜集信息，反复地选择比较，决策较为慎重，决策过程较为复杂。

(3) 按消费的时间，可以把旅游者的消费行为分为现实的旅游消费者行为和潜在的旅游消费者行为。现实的消费者有明确的消费要求，其消费动机已经较为成熟，因此旅游企业只需想方设法满足其要求即可。而潜在的消费者由于未形成现实的购买力，往往会被旅游企业所忽视，旅游企业应充分重视这一市场，通过引导、教育、培育，使潜在的消费者转变成现实的消费者。

(三)旅游者消费行为的模式

旅游者消费行为方式是多种多样的，既有内在主观因素的影响，又有外在客观条件的制约，因此旅游者消费行为是多种因素综合作用的结果。通过以下模式的分析，可以从经济和心理两个角度对旅游者消费行为有更深刻的了解。

(1) 边际效应模式。边际效应理论是经济学中的重要理论，主要用于分析旅游者增加一个单位产品的消费，其满足状况的变化，从而最终确定旅游者效应最大化的消费量。首先，根据边际效应理论，随着旅游者购买同一旅游产品次数的增多其边际效应是递减的，这就提醒旅游企业旅游服务的改进是永无止境的。其次，旅游者选择哪一种服务主要取决于在相同价格下，哪种服务带给旅游者的边际效应更高，这就要求旅游企业在有效控制成本的前提下，尽量增加旅游服务的附加值。第三，按照边际效应理论，旅游企业可以在降低价格和增加服务的效应两个方面入手，来提高旅游者的满意度。但应当注意的是，旅游服务价格的降低不能以牺牲服务质量为代价。

(2) "刺激-反应"模式。心理学家通过研究得出的结论认为，人的行为是外部环境刺激的结果，行为是刺激的必然反应。当行为的结果能满足人的需求时，行为就得到强化；反之，行为趋向于消退。在旅游者购买旅游服务过程中，首先，旅游企业的广告、宣传、推销、促销等外在因素会作用于旅游者的消费行为。其次，亲朋好友、家庭成员等相关群体也会发布对一些旅游服务的评价和观点，同样会影响旅游者的消费行为。另外，旅游者个人的学习、对外部信息的吸收，以及旅游者个人的心理因素、外在的经济因素、社会文化因素等的合力作用最终决定了消费者的消费行为。

(3) "需求-动机-行为"模式。旅游者的需求、动机和购买行为构成了旅游者消费活动的一个循环周期。当旅游者产生旅游需要而得到满足时，就会引起一定程度的心理紧张感。当进一步出现满足需要目标时，需要就会转化成动机，动机是推动旅游者进行旅游消费的原动力。旅游者通过旅游消费获得满足，心理紧张感就会消失。最终的消费结果又会影响下一次旅游需要的产生，新的循环周期又开始了。旅游者的消费行为产生于旅游服务的需要和动机，并且受到经济因素(国民经济发展水平、个人的可支配收入)、社会因素(社会阶层、相关群体、家庭状况、个人地位与角色)、文化因素(文化、亚文化)等外在因素的影响。同时旅游者的个人因素(知觉、学习、态度、人格等)也会潜移默化地渗透到旅游者的决策过程中。

知识拓展

四川治理旅游消费环境十大典型案例(扫右侧二维码)

二、旅游消费行为的阶段分析

旅游决策、旅行和游览、返回家园是旅游者消费行为过程的三个阶段，旅游者在旅游过程中的不同阶段具有不同的心理需求。

(一)出游前的旅游决策阶段

人们在具备了充足的闲暇时间和可自由支配的收入后，只要有旅游动机，就有可能成为旅游者。当具备旅游的基本条件后，人们就开始准备旅游活动，即进入旅游决策阶段。旅游决策对大多数人来讲是一项比较重要的决策，远距离旅游、跨国旅游、去原始险境地旅游更是如此。旅游决策是旅游者面对各种旅游信息、机会或备选旅游方案，进行整理、评估、筛选，直至最终做出决策的过程。旅游者通常需要确定旅游目的地、旅游方式、旅游出行的时间，旅游者在做出出游决策时往往有多种途径，其间会受到诸如旅游者的个人爱好、对目的地的了解程度、朋友建议等众多主客观因素的影响，同时占有大量的有关目的地的资料和信息，在对所占有资料进行反复研究和分析处理后做出旅游决策。

旅游者在确定旅游目的地时，需要占有尽可能多的资料和信息，这些信息的来源主要有：第一，口碑效应。旅游者的亲戚、朋友、同学、同事等熟人的言论对旅游者的旅游决策会施加一定的影响。第二，民间渠道。它是指旅游者通过报纸、期刊、书籍、电影、电视、录像等途径获取的，由非旅游组织或个人提供的有关旅游接待国、地区或旅游点的信息。第三，官方宣传。它是指旅游接待国或地区为了吸引游客、发展旅游业而进行的一系列广告宣传和推销活动。旅游者对这种宣传有戒备心理，但官方宣传信息量大，宣传攻势凶猛，影响面宽，对旅游者的旅游决策也会产生很大影响。

旅游者在确定了旅游目的地之后，就需要结合自己的闲暇时间安排确定旅游日程，然后根据自己的兴趣爱好决定游览项目以及在每个游览点的逗留时间。此外，旅游者还要选择切合自身利益的旅游方式。旅游方式有两种，即团体旅游和自行出游。如果参加旅行社组团旅游，只需要按照旅行社的统一安排按时参加；若选择自行出游，还得亲自确定旅游日程安排，包括游览日期、游览时间、游览景点的确定等，还要根据自己的经济水平选择交通工具和准备投宿的饭店。

(二)旅行和游览阶段

旅途是整个旅游活动过程中的主体和核心部分，是一个丰富多彩又引人入胜的过程，整个旅游途中充满了期待、探寻、兴奋、快乐、满意，也必然会交织着失望、彷徨、不满，但毕竟构成了旅游者一次难得的旅游经历。旅游期间旅游者先经历前往目的地的旅行，旅游者如果自行出游，就到车站、码头、机场，搭乘汽车、轮船、飞机；如果团体旅游，就前往出发地集中，听从领队、导游安排。到达目的地后，以饭店旅馆为基地，游客们穿梭于各景点、景区之间，观赏自然、人文景观，参与各种游乐活动，接触不同人群，了解异域文化……全身心地投入到各式各样的旅游体验中，直至旅程结束。旅游者在旅游途中的心理需求主要是根据旅游交通、旅游住宿和沿途的旅游接待工作展开的。旅游者要求安全准时的交通服务，其中安全是首要和最基本的需求，准时和舒适是在安全得到保障后的需求，尤其是长途旅游，旅游者容易疲劳、烦闷，滋生抵触情绪，他们希望自己的旅行活动能够做到准时出发，准时抵达目的地，旅行结束后能准时离开。旅行过程中对于饭店、餐饮和沿途接待工作也要求准时、快捷、便利、卫生和舒适等。旅游途中人们的旅游消费行为主要表现为旅游观赏与体验、旅游交往、旅游参与和旅游消费。

1. 旅游观赏与体验

旅游观赏是指旅游者在旅游目的地消费时通过视听感官对外部世界中所展示的美的形态进行欣赏、体验的过程，旨在从中获得愉快的感受。旅游观赏是旅游审美活动的主要形式之一，是对旅游景观所包含的美景要素的具体感受和把握的过程。当旅游者踏上出游的旅途后，便开始了旅游的体验。旅游体验是一个过程，即旅游者通过与外部世界联系从而改变其心理水平并调整其心态。

2. 旅游交往

旅游途中旅游者会接触到各种不同的人群：本国的旅伴和旅游经营者，目的地的居民和旅游经营者，其他国家和地区的游客，以及自己远在异国他乡的亲朋好友等，彼此通过相互接触交往，产生影响并相互作用，并从交往中获得个人心智的发展。

旅游交往与日常交往的不同之处在于：旅游交往是一种异地暂时性的个人间非正式交往。旅游交往开始于旅游购买之时，终止于旅程的结束。在为寻根、探亲、访友而进行的旅游消费活动中的旅游交往，也是极为重要的一种交往。1976年美国黑人作家阿历克斯•哈莱的小说《根》出版后，引起轰动，许多美国黑人纷纷前往冈比亚"寻根"，掀起了世界寻根旅游热潮。

旅游交往的另一个特点是非约束性。旅游交往期间，由于对象一般是脱离了原社会系统，旅游交往又是自愿和平等的，以情感沟通或物品交易为主要内容，因而没有组织规范的严格约束。旅游者由于角色的变化，便具有与普通人不同的心态，会全然不顾年龄、社会地位、长幼之分，皆以旅游者的身份进行旅游体验与交流。

3. 旅游参与

旅游者在旅游消费过程中，暂时脱离了常规环境和常规扮演的社会角色，开始扮演一个全新的角色，并由此引发出一些不同常规的行为。对此，不同的旅游者会有不同的参与热情、能力和表现。

有的旅游者只是走马观花，而有的旅游者是深入当地社会，渴望通过各种活动体验异地文化。比如，音乐专家和音乐爱好者到奥地利维也纳旅游时，会去考察音乐大师海顿、莫扎特、舒伯特、贝多芬、勃拉姆斯、施特劳斯等的生平和遗迹，搜集有关材料，参加音乐节等活动。丹麦所倡导的生活观察旅游，就是根据旅游者的特殊兴趣，安排其深入到当地生活的一种旅游活动。

有的旅游者会不顾自己的年龄、社会地位和长幼之分的约束，忘我地融入旅游环境之中，达到人与自然的交融，这种情况被维克多·特纳(Victor Turner)称为"康牟尼塔激情"(Communita)。如初见到大海的人们会惊叫着投身大海；在玉龙雪山上，激动的游客会情不自禁地脱下自己的衣服，张开双臂与大自然拥抱。

有的旅游者喜欢以模仿等形式参与或体验地方生活，如学说几句当地简单有趣的礼貌用语或日常用语，跟着少数民族同胞载歌载舞，学着目的地居民的行礼鞠躬。参观仿古宫廷时，人们穿上皇帝的龙袍留影。

旅游参与的最高境界是游客被当地居民看成是受欢迎的客人。对许多西方旅游者来说，旅游的最高境界是与当地人在一起，即使是旅游结束回到家后，旅游者仍会兴致勃勃地向亲戚或朋友介绍、谈论自己与当地人的谈话或他们对当地社会的观察。

4. 旅游消费

旅游者的旅游消费是旅游者暴露在外的最显著的行为特征之一。旅游消费在量上等于旅游者在旅游过程中支出的总和，是旅游学研究的重要领域。旅游消费具有以下特点。

(1) 旅游消费行为主要是一种心理体验过程。旅游活动中，旅游者不断地体验着旅游生活的酸甜苦辣，当旅游消费过程结束后，体验记忆会长久保留在旅游者的头脑中。消费者愿意为体验付费，因为这个过程是美好、难得、独一无二、不可复制、不可转让、转瞬即逝的。

(2) 旅游消费过程中的交换行为表现为旅游者通过支付货币而获得消费，如暂时的观赏、使用和享用权利。旅游产品形象的多样性，使旅游者对旅游产品不同组成部分的消费行为也不完全一样。对旅游客源地产品的消费，旅游者用货币换来对旅游消费对象的暂时观赏权，这种观赏权以信用的形态体现在门票上。除此之外，其他的旅游产品主要是以服务的形式提供，在交换中，旅游者支出一定的货币，换来的是对旅游设施和服务的使用和享受。

(3) 旅游消费有较高的收入、价格弹性。一方面，旅游消费是一种追求与享乐的高层次消费，必然随着旅游者的收入水平、旅游产品价格的变动而变化；另一方面，从消费项目的结构上看，多数项目的性质和地位处于对核心旅游消费的追加地位，表现出其从属地位和弹性支出，如娱乐、购物消费。当然，旅游消费中有些项目的价格弹性呈刚性，如交通、饮食、住宿、旅游景点等的价格。

(4) 旅游消费中包含较多的冲动型购买。旅游者在旅游过程中的消费不像居家消费时那样理智。旅游者容易盲从，因为旅游过程中见到的多是平时很少见到的地方特产、工艺品和其他旅游纪念品，这些新奇、陌生的东西容易激发旅行者的购买欲。购买旅游纪念品，一则留作纪念，二则送给自己的亲人和朋友，以便和他们分享旅途的愉快和幸福。

案例 3-2

欧洲旅游——到巴黎去做乞丐

荷兰卡姆斯特拉旅行社推出了"巴黎流浪 4 日游"，全程花费 459 欧元。这类旅游一般都是在每年的 4~9 月组团，因为那时的气候比较好。这类旅游的顾客群是些既好奇又有社会责任感的人。这种旅行团一般 10 人起组团，参加旅行团的成员不得随身携带现金、信用卡和手机，他们在行程中要学会像流浪汉一样靠在街上捡一些有用的东西或者靠卖艺来维持生活。旅行社会向他们提供乐器、画笔等，并监督他们确实一切都按照要求做。到了晚上，旅行社会发给他们硬纸板和报纸供他们御寒。不过，行程的最后一晚旅行社让他们住进高级酒店，同时提供给他们一份丰盛的晚餐，让他们感受到鲜明的对比。这项旅行的策划人冈森斯说，有过这样一次经历之后，旅游者会对流落街头的人的生活有更深的体会，也许他们以后会帮助乞丐们改变生活状况。旅行社还可以组织他们去布拉格或者其他城市。不过伦敦市政府不同意这家旅行社在伦敦组织这样的旅游，市政府表示不能保证游客的安全。

(资料来源：邱逊. 欧洲旅游——到巴黎去做乞丐，载和讯网)

【思考题】本案例反映了旅游者需求动机的哪些变化？

【分析】目前，欧洲旅游的新时尚就像我们当年吃忆苦饭——体验社会，以往欧美旅行社的主打招牌"阳光沙滩、异国风情"已被各种形式的社会旅游所替代。体验乞丐生活，成了欧美旅客最时髦的事情。这都反映了旅游者需求动机随着生活的改变而不断改变，因此也促使旅游从业人员要不断创新，满足游客的需求。

(三)返回家园阶段

当旅游者结束了旅游目的地全部游览活动之后，就开始返回居住地，旅游者的角色将转为普通居民。重新回到自己的家园，并不意味着旅游消费行为的结束。人们回到家中，旅游过程中所发生的一切仍然萦绕在旅游者的心头，使旅游者难以平静，在向亲朋好友炫耀或诉说那些令人高兴而又难忘的经历或者不愉快的事情时，继续享受着旅游的快乐或发泄不满。返回家园后，旅游者在精神上也恢复了日常生活的秩序，旅游消费行为才算真正结束。

总之，旅游者在消费旅游服务后，会产生一定的心理感受，即对此次旅游活动所做的评价，一般包括：满意、不满意、中性。旅游者的心理感受产生于旅游者实际感知的服务质量和对服务质量的期望。一般而言，如果实际服务质量与旅游者期望的服务质量相符，甚至超过，则旅游者会满意。反之，旅游者就会感到不满。

应当注意的是，旅游者购买旅游服务的过程也就是旅游者学习、增长经验的过程，这次的消费体验对下次的旅游消费决策将起到关键作用。旅游企业对任何顾客，尤其是首次购买服务的顾客应当自始至终提供优质的服务，这是他们再次光临的基础。

知识拓展

老年人的旅游市场大有文章可做(扫右侧二维码)

本章小结

本章介绍了有关国际组织对旅游者的定义以及国际上对游客范围的划定与解释，并阐述了影响个人旅游需求的客观因素和主观因素及其意义。世界各国对国际旅游者进行界定多以罗马会议定义或世界旅游组织定义为基准。对国内旅游者，各国则有不同的定义和统计口径。旅游者的产生取决于个人可自由支配的收入水平、足够的闲暇时间、旅游动机和其他条件。旅游决策、旅行和游览、返回家园是旅游者消费行为过程的三个阶段，旅游者在旅游过程中的不同阶段具有不同的心理需求。

习　　题

一、填空题

1. 目前国际标准统计的国际游客(海外游客)包括_____、_____、_____和_____四种。
2. 决定旅游者需求的客观条件包括_____和_____两个。除此以外，还有其他影响因素，大致可以分为_____和_____两类。
3. 著名的心理学家马斯洛提出需求层次理论，人的需求大体可以分为_____、_____、_____、_____和_____。
4. 因具体需要而产生的旅游动机可以划分为_____、_____、_____和_____四种基本类型。
5. 按外出旅游的目的归属划分，可以把旅游者分为以下三种类型：_____、_____和_____。

二、简答题

1. 什么是旅游者？旅游者产生的条件有哪些？
2. 简述旅游动机的基本类型。
3. 影响人们旅游动机的因素有哪些？
4. 旅游者消费行为过程有哪几个阶段？每个阶段有何特点？
5. 说明旅游体验与旅游行为的关系。

三、课堂练习

我国自开始实行"黄金周"长假以来，远程旅游开始兴起。但"黄金周"出现了许多弊端，如服务质量的下降，交通事故的上升，生态环境的破坏等。

因此，专家提出取消"黄金周"，提倡"带薪假日"，你如何看待这一提议？

四、技能操作

选择一个旅游景点，对游客进行实地调查，了解他们的出游原因及动机，分析他们所属旅游者的类型和特点，整理成调查报告或论文。

第四章

旅游的客体——旅游资源

【学习目标】

通过本章的学习，了解旅游资源的定义、特征、分类、评价体系，掌握旅游资源开发的原则和保护的方法；培养全面理解旅游资源内涵的基础上自己定义旅游资源的知识能力；培养判断旅游资源的类型并对旅游资源进行评价的专业能力；培养对旅游资源进行开发和保护的素质能力。

【关键词】

旅游资源的概述　旅游资源的评价　旅游资源的保护开发

从"5A"到"无A"景区背后的故事

2007年5月入选国家5A级景区的秦皇岛市山海关景区，2015年10月10日被摘牌，成为第一个被摘牌的国家5A级景区。该景区被摘牌的原因，主要是管理混乱、卫生脏乱差、价格欺诈、服务不到位、强迫游客在功德箱捐款等。被摘牌后，时任山海关区旅游局局长刘媛情绪失控，大声痛哭。"我是山海关的罪人，老局长的工作成果在我手上被败光了。我们愧对全国游客，愧对国家旅游局的信任，愧对山海关人民。"为早日复牌，当地投资1.5亿元，实施了游客中心、停车场、旅游厕所等八个大类144项工程建设，新建3大综合服务区和3个高品质游客服务中心，新建改建3A级旅游厕所24座……2018年11月2日，山海关景区重回国家5A级景区行列。

2012年1月入选国家5A级景区的长沙市橘子洲景区，2016年8月3日被摘牌。原国家旅游局在通报中指出，橘子洲景区存在安全隐患、环境卫生差、旅游服务功能退化等问题。例如，景区濒水游客集中区和临江游步道，旅游安全巡查服务缺失；检查中发现，时有游客翻越临江警戒线观景或拍照，却无安全管理人员制止或提示。被摘牌后，长沙市委、市政府引入第三方专业团队，为该景区制定整改方案。新建垃圾站1座，改造水塘景观7处，翻新修复道路10公里，添置高清摄像头150个……2017年12月18日，橘子洲景区重回国家5A级景区行列。

2013年9月入选国家5A级景区的重庆市南川区神龙峡风景区，2016年8月3日被摘牌。原因是旅游安全隐患严重、环境卫生差、旅游秩序混乱、旅游敲诈和服务严重缺失等。值得注意的是，目前神龙峡景区仍未实现复牌。

（资料来源：http://www.sohu.com/a/342580494_412025）

【思考题】这3个被摘牌的旅游景区为什么吸引了大量的游客？为什么被摘过牌？

【分析】案例中三个景区都能够吸引大量游客的关键在于他们都具有吸引力，可以为旅游业开发利用，并可产生经济效益、社会效益和环境效益。这三个国家5A级景区被摘牌的原因都是在旅游资源开发的过程中，没有进行保护而引起旅游资源的人为破坏，若不及时制止将使旅游资源产生不可逆的损害。

第一节 旅游资源概述

旅游资源是构成旅游活动的基本要素之一，旅游资源是旅游活动的客体，是旅游活动得以开展的前提，是激起旅游者各种旅游活动最直接的重要因素，是旅游业赖以生存和发展的重要物质基础和前提条件。如果没有旅游资源，发展旅游业就等于无米之炊。

当今世界旅游市场竞争激烈，旅游业发达国家和地区都千方百计地开发、利用和保护旅游资源，以招徕源源不断的旅游者，促进当地经济的发展。一个国家或者地区旅游事业成功与否，主要取决于这个国家或地区旅游资源的特色和丰富程度，取决于能否对当地旅游资源进行恰当地评价和合理开发，以及能否正确处理开发旅游资源和保护环境的关系。

一、旅游资源的概念

(一)旅游资源概念综述

旅游资源是一个发展的概念。随着科学技术的进步，社会生产力水平的提高和人类认识的深入，以及旅游经营者的不打断开拓，旅游资源的内涵逐渐丰富，范围相应扩展。目前，关于旅游资源的界定，学术界尚未形成统一的认识。20世纪80年代开始，我国许多专家学者从地理学、经济学和社会学等学科视角出发，就"什么是旅游资源"，进行了各自不同观点的阐述，其中最具有代表性和影响力的归纳如下。

(1) 李天元：凡是能够造就对旅游者具有吸引力环境的自然因素、社会因素或者其他任何因素，都可以构成旅游资源。

(2) 陈传康，刘振礼：旅游资源是在现实条件下，能够吸引人们产生旅游动机并进行旅游活动的各种因素的总和，它是旅游业产生和发展的基础。

(3) 孙文昌：凡是能激发旅游者的旅游动机，能为旅游业利用，并能够产生经济效益、社会效益和环境效益的现象和事物，均称为旅游资源。

(4) 保继刚，楚义芳，彭华：旅游资源是指对旅游者具有吸引力的自然存在和历史文化遗产，以及直接用于旅游目的的人工创造物。

(5) 郭来喜：凡能为旅游者提供游览观赏、知识乐趣、度假疗养、娱乐、休息、探险猎奇、考察研究以及人们之间友好往来和消磨休闲时间的客体和劳务都可以成为旅游资源。

(6) 刘振礼，王兵：旅游资源可称作旅游吸引因素，即在现代社会能够吸引旅游者和产生旅游动机并实施旅游行为的因素的总和，它能够被旅游业利用，并且在通常情况下能够产生社会效益、环境效益和经济效益。

(7) 谢彦君：旅游资源是客观地存在于一定的地域空间并因其所具有的审美和愉悦价值而使旅游者为之向往的自然存在、历史文化遗产和社会现象。

对上述概念进行分析，会发现它们在某些方面有一致的理解：一是都强调旅游资源具有吸引功能，能够激发旅游者动机，旅游吸引功能是确定旅游资源的前提。二是旅游资源包括的内容，既有自然形成的，也有人为创造的。三是旅游资源能够为旅游业利用，产生三大经济效益。因此，原国家旅游局在国标《旅游资源分类、调查与评价》(GB/T 18972—2003)和《旅游规划通则》(GB/T 18971—2003)中对旅游资源的概念给予了解释："所谓旅游资源(Tourism Resources)是指：自然界和人类社会凡能对旅游者产生吸引力，可以为旅游业开发利用，并可产生经济效益、社会效益和环境效益的各种事物和因素。"此定义充分考虑了旅游界多年来对旅游资源的研究成果，具有极高的科学性和权威性，本书采用此定义。

(二)旅游资源概念的内涵

旅游资源是指客观存在于一定的地域空间并因其所具有的审美和愉悦价值而使旅游者向往的自然存在、历史文化遗产和社会现象。因此，正确界定旅游资源把握以下要素至关重要。

(1) 旅游资源因可以向旅游者提供审美和愉悦的凭借而对旅游者具有某种吸引力，不具有这种吸引力的任何资源形式都不是也不会成为旅游资源。因为，从旅游的定义我们已

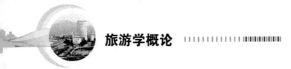

经看出，旅游的本质就是旅游者对美和愉悦的追求。

(2) 作为一种资源形态，旅游资源主要存在于一种潜在的待开发状态，同时也包括已开发但尚未耗竭其旅游价值的那一部分资源。旅游资源的存在形态因其被开发的程度而大体上表现为两种：一种是处于原始状态的旅游资源，虽具有旅游吸引力，但由于未经过人类的开发，尚不能成为多数旅游者的旅游对象(在这里我们要特别强调的是，旅游资源的开发并不是一个将非旅游资源的资源转变成旅游资源的过程，而是一个将潜在旅游资源转变成现实旅游资源的过程；不是一个创造和仿制过程，而是一个利用或深度利用的过程)；另一种则是已经被开发利用的旅游资源，这些旅游资源被当作旅游产品的一部分，其实是最核心的一部分，将其使用权转让出去。至于那些虽曾有过旅游价值或虽曾被开发利用过但目前已经丧失其价值并已被旅游者所抛弃的旅游资源，便不再是旅游资源了。

(3) 旅游资源完全因其他目的而生成或存在，只是由于人们价值观的缘故而在一定的历史时期成为旅游资源。任何作为旅游资源的自然存在、历史文化遗产和社会现象，它们之所以成为旅游资源，完全是自然的无意识造化或人类因其他功利性目的而创造的成果，是先于旅游而客观地存在着的自然或人文因素。相对于旅游而言，它们是自在之物或独立之象，当人类的审美意识或旅游价值观不能接纳这些物象时，它们仍为原来的功用而存在。当人们的旅游意识垂青于它们时，它们遂成为旅游资源(当然，这里要肯定的事实是可以成为旅游资源的某种资源客观地有某种可供审美和愉悦的元素)。

(4) 旅游资源不管是以单体还是以复合体的形式存在，都依托于一定的地域空间，是绝对不能移动的。这一点既取决于旅游资源本身的内涵，也根源于作为前提的旅游这一概念所具有的特征。因为，在现实中发生的诸多似是而非的"旅游资源移动"，不外乎两种基本情况。一种是人们模拟旅游资源而在异地所做的开发，而旅游资源的本体在原地并未消失。因此，根本算不上是移动，仅仅是旅游产品在异地的创制与生产(以出卖为目的)，并且这种产品与旅游资源本体相比在价值上一般都要大打折扣，这是由模仿的性质和能力所决定的(旅游资源常常依赖于一定的环境因素)。另一种是人们将原始旅游资源全盘迁往异地(即移向一些人所谓的客源地，至于一些小规模的搬迁不在此列)，原地不再有原来的旅游资源本体(这通常仅对于不依赖于环境而存在的单体旅游资源适用)，这种情况虽属于真正意义上的资源迁移而非产品生产，但旅游资源一经迁移之后，便不再是旅游资源了。只有当它有朝一日再构成一种对外地旅游者有吸引力的因素时，它才重新再成为旅游资源，而这时，对新的旅游者而言，它又是不可移动的。

二、旅游资源的特征

旅游资源是一种特殊的资源类型，它具有以下几个特征。

(一)观赏性

旅游资源具有美学特征，具有观赏性，能从生理上、心理上满足人们对美的追求，这是旅游资源和其他资源最大的区别。旅游者参与旅游活动，尽管旅游动机因人而异，游览内容多种多样，但是在旅游活动中，不管是观赏雄伟险要、奇特秀丽、幽深开阔的自然风景，还是听着激昂历史事迹，或者参与当地美好有趣的现实活动，美学上的观赏都是核心内容。因此，凡是旅游资源，必须具有观赏性，才能吸引游客，其观赏性越强，对游客的吸引力越强。比如，我国的万里长城、故宫、九寨沟、张家界，埃及的金字塔，意大利的威尼斯，法国的普罗旺斯等，成为著名世界旅游资源，每年吸引成千上万的旅游者参观游览。同时，由于旅游者性格气质、审美能力、文化素质的高低，都会影响对同一旅游资源的判断，使旅游欣赏呈现多样性。

知识拓展

五 彩 池

五彩池(见图 4-1)是九寨沟湖泊中的精粹，是九寨沟最小而颜色最为丰富的海子，上半部呈碧蓝色，下半部则呈橙红色，左边呈天蓝色，右边则呈橄榄绿色。湖里生长着水绵、轮藻、小蕨等水生植物群落，还生长着芦苇、节节草、水灯芯等草本植物。相传五彩池是女神色嫫梳洗的地方，男神达戈每天都从长海为她打水过来，天长日久，达戈的双脚在山崖上踩出了 198 级台阶，而色嫫脸上洗下的胭脂也变成了这潭让人惊艳的五彩池。相爱的人们都相信，如果能够顺着台阶下到五彩池边，默默地许个愿，再爬上 198 级台阶，就一定能够相爱终生。

图 4-1　九寨沟五彩池

(资料来源：https://baike.so.com/doc/343819-364212.html)

(二)地域性

旅游资源作为地域要素的重要组成部分，必然受地理环境的影响和制约。这种地域差异性使各个地区的自然和人文景观具有不同的特色和旅游魅力。例如，岩溶地貌景观大面积地存在于我国西南地区，而丹霞景观则主要分布于我国东南地区。我国除汉族分布全国各地外，其他各民族都有一定的相对集中分布区。如朝鲜族相对集中分布在吉林省延边朝鲜族自治州，维吾尔族相对集中分布在新疆，傣族分布在云南南部，等等。各民族的风土民情各不相同，也存在着明显的地区差别，如傣族特有的泼水节(见图 4-2)。因此，不论自然风光还是人文旅游资源，在空间分布上都存在着鲜明的区域性。所以，只有那些"人无我有，人有我优"的高质量的旅游资源，才会对旅游者产生强烈的诱惑力。

图 4-2　傣族泼水节

(三)综合性

任何一种旅游资源都不是孤立存在的,而是与其他旅游资源相互依存,相互作用,共同形成一个和谐的有机整体。存在于特定地域上的各种各样的旅游资源,都是以一个整体来发挥其旅游吸引力、实现其旅游价值的,这就是旅游资源的综合性。一般来说,一个地区的旅游资源种类越多,联系越紧密,其生命力就越强,综合开发利用的潜力也越大。例如,南岳衡山自然景色十分秀丽,处处是茂林秀竹,终年翠绿,有"南岳独秀"的美称,而且文明历史悠久长远,文明内容博大精深,是著名的佛教圣地和道教名山。

知识拓展

南岳衡山

衡山(见图 4-3),又名南岳、寿岳、南山,为中国"五岳"之一,位于中国湖南省中部偏东南部。衡山主要山峰有回雁峰、祝融峰、紫盖峰、岳麓山等,最高峰祝融峰海拔 1300.2 米。衡山是中国著名的道教、佛教圣地,环山有寺、庙、庵、观 200 多处(见图 4-4)。衡山是上古时期君王唐尧、虞舜巡疆狩猎祭祀社稷,夏禹杀马祭天地求治洪方法之地。衡山山神是民间崇拜的火神祝融,他被黄帝委任镇守衡山,教民用火,化育万物,死后葬于衡山赤帝峰,被当地尊称南岳圣帝。因此,衡山以其优美壮丽的风景和底蕴深厚的佛教、道教文化闻名世界。1982 年,衡山风景区被列入第一批国家级重点风景名胜区名单;2006 年 2 月,衡山入选首批国家自然与文化双遗产名录;2007 年 5 月,衡山风景区被评为首批国家 5A 级旅游景区;2007 年 8 月,衡山被列为国家级自然保护区。

图 4-3　南岳衡山　　　　　　　　　　图 4-4　南岳大庙

(资料来源:https://baike.so.com/doc/9734-10069.html)

(四)定向性

无论是自然旅游资源还是历史文化遗产总是分布于一定的地域空间,具有地理上不可移动的特性。如中国北方与南方地理环境的差异,造成自然景观、人文景观南北特色迥然不同。北方山水浑厚,建筑体型巨大,人的性格粗犷、豪放;南方山清水秀,建筑玲珑剔透,人的性格细腻、灵秀。由于旅游资源具有定向性的特点,旅游资源的开发,一般要求在原地进行。另外,旅游活动本身也要求旅游者实现空间上的转移,如果把旅游资源运输到旅游者的所在地,旅游的空间转移也就难以实现,旅游不再成为旅游,旅游资源也就不再可能作为旅游资源存在了。实际上很多旅游资源本身也是不可能实现空间上的转移的,如桂林山水(见图4-5)、加勒比海沿岸宜人的风景(见图4-6)、耶路撒冷特殊的宗教氛围等,这些都不是可以通过人工的方式进行空间转移的。

图4-5　桂林山水　　　　　　　图4-6　加勒比海

(五)时代性

旅游资源的本质在于它具有可以满足人们审美和愉悦需要的功能。人类的审美能力和愉悦要求是随着社会实践的发展而逐步形成、发展和丰富起来的,因此,在不同的时代,人们对自然和社会的现实存在能否构成旅游资源的价值判断就会表现出极大的差异。旅游资源的时代性的特点概括起来有四点:一是旅游资源随时代的需求而产生、发展,品种数量正在成倍增长;二是随着时代的发展,古代部分旅游资源已经走向淘汰、消失;三是旅游资源因时代的差异而评价不同;四是因时代不同,旅游资源的功能也不同。

(六)变化性

旅游资源的变化性主要是由自然条件,特别是气候的季节性变化决定的,同时也受人为因素的影响。首先,有些自然风景只在特定的季节或时期里出现。吉林的雾凇只能在入冬时才能产生,黄山的云海和瀑布只在夏季多雨的时候才出现。其次,同样的自然景物在不同的季节里展现出不同的风姿。童话世界般的九寨沟,冬季是银装素裹,春夏是碧水青山,秋季是五彩斑斓。此外,一些人文景象或活动,如重大节庆、文化、体育、商贸和会议等也都是在特定的季节或时间里出现。比如巴西的狂欢节大都在每年2月份,苏格兰的爱丁堡国际艺术节每年8月中旬举行,法国的戛纳电影节每年初夏举行,我国每年初夏的端午节赛龙舟,等等。旅游资源季节的变化性特征影响着旅游活动和旅游人流的季节变化,从而形成了旅游业的淡季、旺季和平季。

知识拓展

张家界美景

春天的武陵源芳草鲜美、落英缤纷，溯金鞭溪，游十里画廊，探黄龙洞，有武陵人进入桃花源的惊喜；夏天的武陵源断崖绝壁，遍地奇花异草，苍松翠柏、蔽日遮天，感受天然氧吧的美好；秋天的武陵源天高云淡，层林尽染，腾云驾雾，如坠仙境。冬季的武陵源飘雪飞舞、美不胜收。

云以山为依，山以云为袖。翩翩云为舞，茫茫山云间。张家界武陵源因其特殊的地理位置与构造，每年有很长时间可以观赏到绚丽的云海。冬天的云海夹裹着飞雪，变化无穷、跌宕起伏、尽展奇幻、秀丽飘逸。云海与奇松、山峰等交相辉映，彼此烘托，有实有虚，动中有静，静中有动，描绘了一幅冬日仙境。冬季对于绝大部分景区来说都是淡季，鲜有人去。然而，美景总是被少数人看到。当森林公园开始飘雪的时候，核心景区好像披上了一层薄薄的银装，配合典型的张家界地貌，冬季的雾雪天气给千姿百态的石峰林和拔地而起的石英砂岩平添了几分神秘(见图 4-7)，也更凸显出它那独有的无穷魅力，而这只有身临其境才能感受得到。

图 4-7 张家界雪景

(资料来源：https://bj.tuniu.com/trips/30358303)

(七)依赖性和脆弱性

旅游资源的"依赖性"可从两方面来理解：一是旅游资源本身容易受到目的地和客源地的政治、经济、文化、天灾人祸等因素的影响。比如，朝鲜的金刚山风景壮观秀美，但是受到朝鲜对外政策影响，难以一睹"芳容"；二是旅游资源本身依赖旅游业的开发，旅游资源本身具有吸引力，但是如果没有经过旅游业的开发和利用，就会一直处于潜在旅游资源状态，不能吸引旅游者参观游览。旅游资源的"脆弱性"可从两方面来理解：一是旅游资源本身易受外界的破坏，从而失去自身的稳定性、坚强性，并最终导致旅游资源的消亡。比如，金鞭溪沿岸的"秀才藏书"景点在 2008 年汶川地震中"秀才"的"头"和"手中的书"都震塌了，这个景点就消亡了；二是旅游资源对旅游开发和旅游活动的承受能力是有限的，本身具有不适应过度的市场发展和需求，即易受到市场影响，有与市场过度需求相矛盾的一面，也就是"不适应性"。因此可以看出，旅游资源脆弱性的本质属性，在自然或非自然的外界干扰的作用下，往往表现为动态的、可变的敏感性。

(八)永续性和易损性

永续性是指旅游资源具有可以重复利用的特点。与矿产资源、森林资源等随着人类的不断开发利用会不断减少不同，旅游产品是一种无形产品，旅游者付出一定的金钱所购买到的只是一种经历和感受，而不是旅游资源本身。因此，从理论上讲，旅游资源可以长期、永续的利用下去。但是，正如自然生态平衡和文化遗产容易受到破坏一样，旅游资源使用不当也会遭到破坏，而且绝大多数旅游资源都具有易于破坏而难于再生的特点。即使进行人工复原，毕竟不是原物，也丧失了原有的意义和吸引力。基于此，很多人把旅游业作为"资源密集型产业"，以呼唤旅游资源开发者、旅游者以及当地社区的资源保护意识，促进旅游资源的永续利用。

三、旅游资源的分类

旅游资源分类在旅游研究、区域开发、资源保护等各方面具有广泛的应用，越来越受到重视。由于旅游资源的属性、特点及事物之间的关系是多方面的，因而分类的标准也是多方面的，可以根据不同的目的要求选取不同的标准进行分类。常见到的标准主要有以下几种。

(1) 根据成因分类，成因是指旅游资源形成的基本原因、过程。例如，人文旅游资源是人为作用形成的，自然旅游资源是自然界赋存的，天然形成的。

(2) 根据属性分类，属性是指旅游资源的性质、特点、存在形式、状态等。例如自然旅游资源中的地质地貌旅游资源、水体旅游资源、气候旅游资源、生物旅游资源等，它们的性状不同，因而可以区分为不同的类别。

(3) 根据功能分类，功能是指能够满足开展旅游活动需求的作用。有的旅游资源可以满足开展多种旅游活动的需求，因而具有多种旅游功能。根据旅游资源功能的不同可以把旅游资源区分为不同的类别，例如观光游览型、参与体验型、购物型等旅游资源。

(4) 根据时间分类，时间是指旅游资源形成至今时间的不同。据此可将旅游资源区分为不同的类别，例如依据时间因素可把建筑旅游资源区分为古代建筑与现代建筑。

(5) 其他标准，例如开发利用情况、管理级别、旅游资源质量高低等，均可作为不同目的要求的分类依据。

(一)中华人民共和国国家标准

2017版国家标准《旅游资源分类、调查与评价》(GBT/18972-2017)分为"8主类""23亚类""110基本类型"3个层次。每个层次的旅游资源类型有相应的英文字母代号，旅游资源基本类型分类如表4-1所示。

表 4-1　旅游资源基本类型释义

主类	亚类	基本类型	简要说明
A 地文景观	AA 自然景观综合体	AAA 山丘型景观	山地丘陵内可供观光游览的整体景观或个别景观
		AAB 台地型景观	山地边缘或山间台状可供观光游览的整体景观或个别景观
		AAC 沟谷型景观	沟谷内可供观光游览的整体景观或个体景观
		AAD 滩地型景观	缓平滩地内可供观光游览的整体景观或个别景观
	AB 地质与构造形迹	ABA 断裂景观	地层断裂在地表面形成的景观
		ABB 褶曲景观	地层在各种内力作用下形成的扭曲变形
		ABC 地层剖面	地层中具有科学意义的典型剖面
		ABD 生物化石点	保存在地层中的地质时期的生物遗体、遗骸及活动遗迹的发掘地点
	AC 地表形态	ACA 台丘状地景	台地和丘陵形状的地貌景观
		ACB 峰柱状地景	在山地、丘陵或平地上突起的峰状石体
		ACC 垄岗状地景	构造形迹的控制下长期受溶蚀作用形成的岩溶地貌
		ACD 沟壑与洞穴	由内营力塑造或外营力侵蚀形成的沟谷、劣地，以及位于基岩内和岩石表面的天然洞穴
		ACE 奇特与象形山石	形状奇异、拟人状物的山体或石体
		ACF 岩土圈灾变遗迹	岩石圈自然灾害变动所留下的表面痕迹
	AD 自然标记与自然现象	ADA 奇异自然现象	发生在地表一般还没有合理解释的自然界奇特现象
		ADB 自然标志地	标志特殊地理、自然区域的地点
		ADC 垂直自然带	山地自然景观及其自然要表（主要是地貌、气候、植被、土壤）随海拔呈递变规律的现象
B 水域景观	BA 河系	BAA 游憩河段	可供观光游览的河流段落
		BAB 瀑布	河水在流经断层、凹陷等地区时垂直从高空跌落的跌水
		BAC 古河道段落	已经消失的历史河流现存段落
	BB 潮沼	BBA 游憩湖区	湖泊水体的观光游览区与段落
		BBB 潭池	四周有岸的小片水域
		BBC 湿地	天然或人工形成的沼泽地等带有静止或流动水体的成片浅水区
	BC 地下水	BCA 泉	地下水的天然露头
		BCB 埋藏水体	埋藏于地下的温度适宜、具有矿物元素的地下热水、热气
	BD 冰雪地	BDA 积雪地	长时间不融化的降雪堆积面
		BDB 现代冰川	现代冰川存留区域

续表

主类	亚类	基本类型	简要说明
B 水域景观	BE 海面	BEA 游憩海域	可供观光游憩的海上区域
		BEB 涌潮与击浪现象	海水大潮时潮水涌进景象,以及海浪推进时的击岸现象
		BEC 小型岛礁	出现在江海中的小型明礁或暗礁
C 生物景观	CA 植被景观	CAA 林地	生长在一起的大片树木组成的植物群体
		CAB 独树与丛树	单株或生长在一起的小片树林组成的植物群体
		CAC 草地	以多年生草本植物或小半灌木组成的植物群落构成的地区
		CCD 花卉地	一种或多种花卉组成的群体
	CB 野生动物栖息地	CBA 水生动物栖息地	一种或多种水生动物常年或季节性栖息的地方
		CBB 陆地动物栖息地	一种或多种陆地野生哺乳动物、两栖动物、爬行动物等常年或季节性栖息的地方
		CBC 鸟类栖息地	一种或多种鸟类常年或季节性栖息的地方
		CBD 蝶类栖息地	一种或多种蝶类常年或季节性栖息的地方
D 天象与气候景观	DA 天象景观	DAA 太空景象观赏地	观察各种日、月、星辰、极光等太空现象的地方
		DAB 地表光现象	发生在地面上的天然或人工光现象
	DB 天气与气候现象	DBA 云雾多发区	云雾及雾凇、雨凇出现频率较高的地方
		DBB 极端与特殊气候显示地	易出现极端与特殊气候的地区或地点,如风区、雨区、热区、寒区、旱区等典型地点
		DBC 物候景象	各种植物的发芽、展叶、开花、结实、叶变色、落叶等季变现象
E 建筑与设施	EA 人文景观综合体	EAA 社会与商贸活动场所	进行社会交往活动、商业贸易活动的场所
		EAB 军事遗址与古战场	古时用于战事的场所、建筑物和设施遗存
		EAC 教学科研实验场所	各类学校和教育单位、开展科学研究的机构和从事工程技术试验场所的观光、研究、实习的地方
		EAD 建设工程与生产地	经济开发工程和实体单位,如工厂、矿区、农田、牧场、林场、茶园、养殖场、加工企业以及各类生产部门的生产区域和生产线
		EAE 文化活动场所	进行文化活动、展览、科学技术普及的场所
		EAF 康体游乐休闲度假地	具有康乐、健身、休闲、疗养、度假条件的地方
		EAG 宗教与祭祀活动场所	进行宗教、祭祀、礼仪活动场所的地方
		EAH 交通运输场站	用于运输通行的地面场站等
		EAI 纪念地与纪念活动场所	为纪念故人或开展各种宗教祭祀、礼仪活动的馆室或场地

续表

主类	亚类	基本类型	简要说明
E 建筑与设施	EB 实用建筑与核心设施	EBA 特色街区	反映某一时代建筑风貌或经营专门特色商品和商业服务的街道
		EBB 特性屋舍	具有观赏游览功能的房屋
		EBC 独立厅、室、馆	具有观赏游览功能的景观建筑
		EBD 独立场、所	具有观赏游览功能的文化、体育场馆等空间场所
		EBE 桥梁	跨越河流、山谷、障碍物或其他交通线面修建的架空通道
		EBF 渠道、运河段落	正在运行的人工开凿的水道段落
		EBG 堤坝段落	防水、挡水的构筑物段落
		EBH 港口、渡口与码头	位于江、河、湖、海沿岸进行航运、过渡、商贸、渔业活动的地方
		EBI 洞窟	由水的溶蚀、侵蚀和风蚀作用形成的可进入的地下空洞
		EBJ 陵墓	帝王、诸侯陵寝及领袖先烈的坟墓
		EBK 景观农田	具有一定观赏游览功能的农田
		EBL 景观牧场	具有一定观赏游览功能的牧场
		EBM 景观林场	具有一定观赏游览功能的林杨
		EBN 景观养殖场	具有一定观赏游览功能的养殖场
		EBO 特色店铺	具有一定观赏游览功能的店铺
		EBP 特色市场	具有一定观光游览功能的市场
	EC 景观与小品建筑	ECA 形象标志物	能反映某处旅游形象的标志物
		ECB 观景点	用于景观观赏的场所
		ECC 亭、台、楼、阁	供游客休息、乘凉或观景用的建筑
		ECD 书画作	具有一定知名度的书画作品
		ECE 雕塑	用于美化或纪念而雕刻塑造,具有一定寓意、象征或象形的观赏物和纪念物
		ECF 碑碣、碑林、经幢	雕刻记录文字、经文的群体刻石或多角形石柱
		ECG 牌坊牌楼、影壁	为表彰功勋、科第、德政以及忠孝节义所立的建筑物,以及中国传统建筑中用于遮挡视线的墙壁
		ECH 门廊、廊道	门头廊形装饰物,不同于两侧基质的狭长地带
		ECI 塔形建筑	具有纪念、镇物、标明风水和某些实用目的的直立建筑物
		ECJ 景观步道,甬路	用于观光游览行走面砌成的小路
		ECK 花草坪	天然或人造的种满花草的地面
		ECL 水井	用于生活、灌溉用的取水设施
		ECM 喷泉	人造的由地下喷射水至地面的喷水设备
		ECN 堆石	由石头堆砌或填筑形成的景观

续表

主类	亚类	基本类型	简要说明
F 历史遗迹	FA 物质类文化遗存	FAA 建筑遗迹	具有地方风格和历史色彩的历史建筑遗存
		FAB 可移动文物	历史上各时代重要实物、艺术品、文献、手稿、图书资料、代表性实物等，分为珍贵文物和一般文物
	FB 非物质类文化遗存	FBA 民间文学艺术	民间对社会生活进行形象的概括而创作的文学艺术作品
		FBB 地方习俗	社会文化中长期形成的风尚礼节、习惯及禁忌等
		FBC 传统服饰装饰	具有地方和民族特色的衣饰
		FBD 传统演艺	民间各种传统表演方式
		FBE 传统医药	当地传统留存的医药制品和治疗方式
		FBF 传统体育赛事	当地定期举行的体育比赛活动
G 旅游购品	GA 农业产品	GAA 种植业产品及制品	具有跨地区声望的当地生产的种植业产品及制品
		GAB 林业产品与制品	具有跨地区声望的当地生产的林业产品及制品
		GAC 畜牧业产品与制品	具有跨地区声望的当地生产的畜牧业品及制品
		GAD 水产品及制品	具有跨地区声望的当地生产的水产品及制品
		GAE 养殖业产品与制品	具有跨地区声望的养殖业产品及制品
	GB 工业产品	GBA 日用工业品	具有跨地区声望的当地生产的日用工业品
		GBB 旅游装备产品	具有跨地区声望的当地生产的户外旅游装备和物品
	GC 手工工艺品	GCA 文房用品	文房书斋的主要文具
		GCB 织品、染织	纺织及用染色印花织物
		GCC 家具	生活、工作或社会实践中供人们坐、卧或支撑与贮存物品的器具
		GCD 陶瓷	由瓷石、高岭土、石英石、莫来石等烧制而成，外表施有玻璃质釉或彩绘的物器
		GCE 金石雕刻、雕塑制品	用金属、石料或木头等材料雕刻的工艺品
		GCF 金石器	用金属、石料制成的具有观赏价值的器物
		GCG 纸艺与灯艺	以纸材质和灯饰材料为主要材料制成的平面或立体的艺术品
		GCH 画作	具有一定观赏价值的手工画成作品
H 人文活动	HA 人事活动记录	HAA 地方人物	当地历史和现代名人
		HAB 地方事件	当地发生过的历史和现代事件
	HB 岁时节令	HBA 宗教活动与庙会	宗教信徒举办的礼仪活动，以及节日或规定日子里在寺庙附近或既定地点举行的聚会
		HBB 农时节日	当地与农业生产息息相关的传统节日
		HBC 现代节庆	当地定期或不定期的文化、商贸、体育活动等
8	23	110	

注：如果发现本分类没有包括的基本类型时，使用者可自行增加。增加的基本类型可归入相应亚类，置于最后，最多可增加 2 个。编号方式为：增加第 1 个基本类型时，该亚类 2 位汉语拼音字号+Z，增加第 2 个基本类型时，该亚类 2 位汉语拼音字号+Y。

2017版国家标准《旅游资源分类、调查与评价》(GBT/18972—2017)基于2003版国家标准进行了修订。修订后的国家标准中关于旅游资源分类的方案更加科学、合理且实际操作性更强,不过新的旅游资源分类方案在释义、名称、分类等方面还存在一些问题。需要今后不断地研究、完善。

(二)按旅游资源的基本属性分类

按旅游资源的基本属性分类是目前最常见、应用广泛的一种分类法,主要依据旅游资源的基本成因,一般将旅游资源分为自然旅游资源与人文旅游资源两大类,即所谓的二分法,这种划分体系最早是由 M. 彼得斯(Peters, 1969)提出的。魏向东综合有关分类法,按旅游资源的成因和外在表现形式将旅游资源分为自然旅游资源、人文旅游资源和社会旅游资源,即所谓的三分法。

本书主要介绍二分法,即分为自然旅游资源与人文旅游资源两大类。其中自然旅游资源是指地貌、水体、气候、动植物等自然地理要素所构成的、吸引人们前往旅游活动的天然景观;人文旅游资源是指吸引人们产生旅游动机的人为因素形成的物质形态与精神形态旅游资源。具体如表4-2所示。

表4-2 旅游资源二分法分类表

主类	亚 类	具体类型
自然旅游资源	地表类	典型地质构造、标准地层剖面、古生物化石点、山岳、峡谷、峰林、石林、土林、火山、沙漠、沙滩(海、河滩)、岛屿、洞穴、丹霞景观、风蚀风光、海蚀风光等
	水体类	海洋、冰川、河流、瀑布、溪潭、名泉、浪潮等
	生物类	森林、草原、古树名木、花卉、园艺、珍稀植物群落、特殊物候景观、野生动物(群)栖居地等
	气象气候类	气候旅游资源(如避暑胜地、避寒胜地、空气清新地)及冰雪、佛光、蜃景、云海、雾海、雾凇、雪景、雨成景观、风成景观等气象类旅游资源
	太空天象胜景类	极光、日出(落)、日(月)食、彗星、流星雨等奇观
人文旅游资源	历史类	人类历史遗址、古建筑、古园林、古陵墓、石窟岩画、古代工程遗迹等
	民俗风情类	有地方特色和民族特色的建筑(村寨、民居)、服饰、歌舞、节庆、集市、风俗等
	宗教类	宗教建筑、宗教活动、宗教园林、宗教艺术、宗教文化等
	休憩服务类	现代园林、修疗养设施、名菜美食、特殊医疗等
	文化娱乐类	文化设施、娱乐设施以及相关活动
	近现代人文景物类	近现代革命活动遗址、纪念塔(馆)、有意义的近现代建筑及造型艺术作品以及交通、购物、体育、商务与会议旅游资源

与二分法相比,三分法从自然与人文旅游资源中列出了部分有特点的旅游资源,把它们单列为社会旅游资源。具体如表4-3所示。

表 4-3　旅游资源三分法分类表

主　类	亚　类
自然旅游资源	地质旅游资源
	地貌旅游资源
	气象气候旅游资源
	水文旅游资源
	生物旅游资源
	太空旅游资源
人文旅游资源	历史文化名城旅游资源
	古迹旅游资源(含地面和地下的历史遗存、古迹等)
	宗教文化旅游资源(含各类宗教建筑、宗教园林、宗教艺术、宗教文化现象等)
	交通旅游资源(含古代交通及现代交通旅游资源)
	建筑与园林旅游资源(含古代与近现代建筑、园林及现代人造建筑)
	文学艺术旅游资源
社会旅游资源	民俗风情旅游资源
	购物旅游资源
	城市景观旅游资源
	会议旅游资源
	商务旅游资源
	体育保健旅游资源
	娱乐旅游资源

(三)其他分类方法

除了以上分类外,许多学者和一些部门也提出了自己的分类方法。

1. 按照旅游资源的功能分类

根据旅游资源的不同功能,把旅游资源分为以下类型。

(1) 观光游览型旅游资源,此类以各种优美的自然风光、著名的古建筑、城镇风貌、园林建筑为主,以供旅游者观光游览和鉴赏,旅游者从中获得各种美感享受,借以陶冶性情。

(2) 参与型旅游资源,也有人称作体验型旅游资源,包括冲浪、漂流、赛马、渔猎、龙舟竞渡、游泳、制作、品味、访问、节庆活动、集市贸易等。

(3) 购物型旅游资源,包括各种土特产、工艺品、艺术品、文物商品及仿制品等旅游商品,主要供旅游者购买。

(4) 休疗保健型旅游资源,包括各种康复保健、度假疗养设施与活动,例如疗养院、度假村、温泉浴、沙浴、森林浴、健身房等。

(5) 文化型旅游资源包括富有文化科学内涵的各类博物展览、科学技术活动、文化教育设施等,旅游者从中可以获得一定的文化科学知识,开阔眼界,增长阅历。

(6) 情感型旅游资源主要包括名人故居、名人古墓、各类纪念地等,可供开展寻祖、探亲访友、怀古等旅游活动，以表达旅游者的思古、怀念、敬仰、仇恨等感情。

2. 按照旅游资源的是否可再生资源分类

（1）可再生旅游资源一般是指那些在旅游过程中被部分消耗掉，但仍能通过适当途径。如，人工再生产进行补充的一类旅游资源，如动植物旅游资源、旅游纪念品与土特产品均属此类。

（2）不可再生性旅游资源一般是指那些自然生成的资源或长期历史发展过程中的遗存物，这类旅游资源一旦在旅游过程中遭到人为的破坏，其后果不堪设想且极难挽回，即使能部分复原，其原有的旅游观赏价值也将会大为降低，例如地质地貌旅游资源。

3. 按照旅游资源的价值及管理级别分类

（1）国家级的旅游资源主要包括：国务院公布的国家重点风景名胜区、国家历史文化名城和国家重点文物保护单位，国家林业局批准的国家自然保护区、国家森林公园，国土资源部批准的国家地质公园，等等。值得我们注意的是，在国家级旅游资源中，还存在一个特殊的组成部分，即被联合国教科文组织列入《世界遗产名录》的名胜古迹(通常我们称之为世界遗产)和列入"人与生物圈"保护区网络的自然保护区。

（2）省(市)级旅游资源主要包括省级风景名胜区、省级历史文化名城(镇)、省级文物保护单位、省级自然保护区、省级森林公园等。

（3）市(县)级旅游资源主要指市(县)级风景名胜区、文物保护单位等。

知识拓展

中国的世界遗产

中国自 1985 年加入世界遗产公约，至 2019 年 7 月 6 日，共有 55 个项目被联合国教科文组织列入《世界遗产名录》，位居世界第一，其中世界文化遗产 33 处，世界自然遗产 14 处，世界文化与自然双重遗产 4 处，世界文化景观遗产 4 处，它们是人类的共同瑰宝，如表 4-4～表 4-6 所示。

表 4-4　中国的世界遗产(文化遗产 33 处)

地域名称	批准时间	遗产种类
长城	1987 年 12 月	文化遗产
明清皇宫(北京故宫、沈阳故宫)	1987 年 12 月	文化遗产
陕西秦始皇陵及兵马俑	1987 年 12 月	文化遗产
甘肃敦煌莫高窟	1987 年 12 月	文化遗产
北京周口店北京猿人遗址	1987 年 12 月	文化遗产
西藏布达拉宫	1994 年 12 月	文化遗产
河北承德避暑山庄及周围寺庙	1994 年 12 月	文化遗产
山东曲阜的孔庙、孔府及孔林	1994 年 12 月	文化遗产
湖北武当山古建筑群	1994 年 12 月	文化遗产
云南丽江古城	1997 年 12 月	文化遗产

续表

地域名称	批准时间	遗产种类
山西平遥古城	1997年12月	文化遗产
江苏苏州古典园林	1997年12月	文化遗产
北京颐和园	1998年11月	文化遗产
北京天坛	1998年11月	文化遗产
重庆大足石刻	1999年12月	文化遗产
四川青城山和都江堰	2000年11月	文化遗产
河南洛阳龙门石窟	2000年11月	文化遗产
明清皇家陵寝：明显陵(湖北省钟祥市)、明十三陵(北京市)、明孝陵(江苏省南京市)、清东陵(河北省遵化市)、清西陵(河北省易县)、盛京三陵(辽宁省)	2000年11月	文化遗产
安徽古村落：西递村、宏村	2000年11月	文化遗产
山西大同云冈石窟	2001年12月	文化遗产
高句丽王城、王陵及贵族墓葬	2004年7月	文化遗产
澳门历史城区	2005年7月	文化遗产
安阳殷墟	2006年7月	文化遗产
开平碉楼与村落	2007年6月	文化遗产
福建土楼	2008年7月	文化遗产
登封"天地之中"历史建筑群	2010年7月	文化遗产
元上都遗址	2012年6月	文化遗产
云南哈尼梯田	2013年6月	文化遗产
中国大运河：隋唐大运河、京杭大运河和浙东运河	2014年6月	文化遗产
丝绸之路：长安—天山廊道路网	2014年6月	文化遗产
湖南、贵州、湖北土司遗址	2015年7月	文化遗产
厦门鼓浪屿	2017年7月	文化遗产
良渚古城遗址	2019年7月	文化遗产

表4-5　中国的世界遗产(自然遗产14处)

序号	地域名称	批准时间	遗产种类
1	湖南武陵源国家级名胜区	1992年12月	自然遗产
2	四川九寨沟国家级名胜区	1992年12月	自然遗产
3	四川黄龙国家级名胜区	1992年12月	自然遗产
4	云南三江并流	2003年7月	自然遗产
5	四川大熊猫栖息地	2006年7月	自然遗产
6	中国南方喀斯特	2007年6月	自然遗产
7	江西三清山	2008年7月	自然遗产

续表

序号	地域名称	批准时间	遗产种类
8	中国丹霞	2010年8月	自然遗产
9	中国澄江化石地	2012年7月	自然遗产
10	新疆天山	2013年6月	自然遗产
11	湖北神农架	2016年7月	自然遗产
12	青海可可西里	2017年7月	自然遗产
13	贵州梵净山	2018年7月	自然遗产
14	中国黄(渤)海候鸟栖息地	2019年7月	自然遗产

表4-6 中国的世界遗产(文化与自然双重遗产4处，文化景观遗产4处)

序号	地域名称	批准时间	遗产种类
1	山东泰山	1987年12月	文化与自然双重遗产
2	安徽黄山	1990年12月	文化与自然双重遗产
3	四川峨眉山—乐山风景名胜区	1996年12月	文化与自然双重遗产
4	福建武夷山	1999年12月	文化与自然双重遗产
5	江西庐山风景名胜区	1996年12月	文化景观遗产
6	山西五台山	2009年6月	文化景观遗产
7	杭州西湖	2011年6月	文化景观遗产
8	广西左江花山岩画	2016年7月	文化景观遗产

第二节 旅游资源的评价

对旅游资源的评价是开发利用资源的前提，旅游资源的评价直接影响其开发利用的方向和规模，因此，旅游资源评价是旅游开发及保护不可缺少的重要环节。

一、旅游资源评价的目的和原则

旅游资源的评价是在旅游资源调查的基础上，对旅游资源的规模、质量、等级、开发前景及开发条件进行科学分析和可行性研究，为旅游资源的开发规划和管理决策提供科学依据。旅游资源的评价直接影响到区域旅游资源开发利用的程度和旅游地的前途与命运。因此，客观而科学地评价旅游资源是旅游区综合开发的重要环节。

(一)旅游资源评价的目的

1. 确定旅游资源的质量水平

通过对旅游资源类型、规模、等级、功能、价值等多方面的评估，确定旅游资源的质量水平，评估其在旅游地开发建设中的地位，为新旅游区的开发提供科学依据，也为已开发或部分开发的老旅游区提供改造、扩大的依据。

2．确定旅游地性质(类型)

通过对旅游资源规模品位的鉴定，为国家和地区进行旅游资源的分级规划和管理，提供系统资料和判断对比的标准。

3．制定旅游发展规划

通过对区域旅游资源的综合评估，为合理利用资源、保护环境、发挥整体效应提供经验，为确定不同旅游地的建设顺序、步骤和重点等准备条件，也为旅游资源发展规划奠定基础。

(二)旅游资源评价的原则

旅游资源评价是一项重要而复杂的工作，由于旅游资源本身包罗万象，评价工作又涉及众多学科，因此难以有一个统一的评价标准。但在旅游资源评价中仍然必须遵循一定的原则，这些原则包括以下几方面。

1．客观科学性原则

旅游资源是客观存在的事物，其价值表现、内涵、功能等也是客观存在的，因此应实事求是地充分应用地学、美学、史学等多方面的知识和方法，对旅游资源的形成、本质、属性、价值等核心内容，做出科学的解释和评价。

2．全面系统性原则

旅游资源是多种多样的，旅游资源的价值和功能也是多层次、多形式及多内容的，这就要求在评价旅游资源时，应综合衡量、全面完整地进行系统评价，准确反映旅游资源的整体价值。

3．效益估算性原则

旅游资源调查和评价的目的是为其开发利用服务的，而开发利用的目的则是要取得一定的效益，因此在进行评价时，应充分考虑投入资金进行开发后的经济效益、社会效益和环境效益，以避免盲目开发导致的损失。

二、旅游资源评价内容

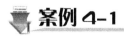

清远市的旅游资源评价

清远市的旅游资源从丰度、品质、空间分布三方面进行评价，得出总结评价。

首先，旅游资源的丰度。根据国家标准《旅游资源分类、调查与评价》，研究采用现场踏勘、重点详查与查阅资料和座谈访问相结合的方法，对清远市旅游资源单体进行调查与分类整理。结果显示,清远市的旅游资源类型有主类 8 个,占国家标准的 100%;亚类 2 个,占国家标准的 8.69%;基本类型 72 个,占国家标准的 65.45%;资源单体共 620 个。在旅游资源中,建筑与设施、地文景观、水域风光和人文活动等类型的资源丰富。总体来说,人文类旅游资源所占比例较大,资源单体数量的比例达到 65.60%。

其次,旅游资源的品质。根据国家标准《旅游资源分类、调查与评价》,研究采用"旅游资源共有因子综合评价系统"赋分,对清远市旅游资源单体进行评价。该系统设"评价项目"和"评价因子"两个档次,"评价项目"分为"资源要素价值""资源影响力""附加值"三项。其中,每个评价项目都有不同的评价因子。根据国家标准中的"旅游资源评价等级指标"和旅游资源单体评价得分,可将旅游资源分为五级,从高级到低级分别为:五级旅游资源,得分值域大于等于 90 分,称为"特品级旅游资源"或"优良级旅游资源";四级旅游资源,得分值域为 75～89 分,称为"优良级旅游资源";三级旅游资源,得分值域为 60～74 分,称为"优良级旅游资源";二级旅游资源,得分值域为 45～59 分,称为"普通级旅游资源";一级旅游资源,得分值域为 30～44 分,称为"普通级旅游资源"。此外,还有未获等级旅游资源,得分值域小于等于 29 分。

研究对清远市 620 个旅游资源单体进行赋分,得到的结果为:五级旅游资源 4 个,四级旅游资源 18 个,三级旅游资源 127 个,二级旅游资源 181 个,一级旅游资源 249 个,未获等级旅游资源 41 个。由此可见,清远市五级旅游资源数量最少,只占整体数量的 0.65%;一级、二级旅游资源数量较多,占整体数量的 69.35%,反映出清远市旅游资源整体品质不高,整合开发程度低,对整个区域旅游业的辐射和带动作用较弱,融入大区域合作的能力也较有限。在特品级旅游资源中,人文类旅游资源占有较大比重,占 75%,但绝大部分尚未被开发出来,可见清远市的人文类旅游资源具有很大的开发价值和潜力。

最后,旅游资源的空间分布。清远市的旅游资源单体密集区域(见表 4-7)主要分布在清远市西北部的连南县、连山县和连州市。其中,连南县的分布密度最高,旅游资源的密度为 9.03 个/百平方千米;其次是连山县,旅游资源的密度为 7.57 个/百平方千米。

表 4-7 清远市旅游资源单体空间分布

县(市、区)	优良级资源单体/个	资源单体/个	占所有资源单体比重/%
清城区	22	57	9.19
清新区	22	49	7.90
英德市	29	98	15.81
连州市	17	90	14.52
佛冈县	22	52	8.39
阳山县	18	79	12.74
连南县	11	106	17.10
连山县	8	89	14.35

总结评价:连南县的旅游资源单体分布最多,数量达到 106 个;其次为英德市,共有

98个；旅游资源单体最少的为清新区，数量为49个。研究对旅游资源与现有旅游景点(区)进行比较可知，清远市旅游资源的分布与其旅游景点(区)的开发不相符合。

(资料来源：https://docs.qq.com/doc/DQUNTa1BucENCSHJm)

【思考题】清远市旅游资源的评价从哪几方面进行的？

【分析】案例中清远市旅游资源的评价主要从三方面进行，一是旅游资源的丰度，也就是我们所说的旅游资源密度；二是旅游资源的品质；三是旅游资源分空间分布。最后将3者进行总体评价得出结论，即清远市的旅游资源不符合景区开发的要求。

旅游资源的评价内容十分丰富，既涉及旅游资源本身各个组成要素的评价，又涉及资源组合状况、适应范围、环境容量和开发条件等各个方面的评价。因此很难建立一套比较完整的旅游资源评价内容体系。根据目前国内外旅游资源评价研究的进展情况，可以把旅游资源评价内容归纳为如下几个方面。

(一)旅游资源的系列要素评价

1. 旅游资源的密度

旅游资源的密度又称为旅游资源丰富度，是指在一定的地域旅游资源集中的程度。这种资源密度是度量一个区域旅游资源开发规模、丰富程度和可行性的重要指标之一，也是对旅游地进行开发建设的基本科学依据。

2. 旅游资源的容量

旅游资源的容量又称为旅游承载力，或称为旅游饱和度，是指在一定的时间条件下，一定的空间范围内的旅游活动容纳能力。换言之，旅游资源的容量就是满足旅游者的最低级游览要求所能容纳的旅游者活动量。一般以容人量和容时量来度量。

3. 旅游资源的特质

旅游资源的特质又称为旅游资源的个性，是指旅游资源的特色。特色是衡量一个地区对旅游者吸引力大小的重要因素，是区域旅游开发的生命线，也是区域资源效应的内力。特别是别处没有或少见的旅游资源，往往构成这个地区的独创性吸引源。因此，对于旅游资源的特质在评价时必须予以极大的重视。

4. 旅游资源的价值和功能

旅游资源的价值主要包括艺术观赏价值、文化价值、科学价值、经济价值、美学价值等方面。旅游资源的功能一般是与它的价值相呼应的。艺术、美学价值高的旅游资源，其旅游功能主要表现在观光方面。文化价值和科学价值高的旅游资源，其旅游功能主要是科学考察和历史文化遗产保护等。此外，还有娱乐、休憩、健身、医疗、商务功能等。旅游资源的这些价值和功能，是旅游地开发规模、程度和前景的重要衡量标志。

5. 旅游资源的地域组合特点

不同类型旅游景点的布局和组合，是旅游地资源优势和特色的重要反映。旅游资源密度较大，相距甚近，又有多种类型资源的协调配合，并呈线形、闭环形或马蹄形旅游线排列，是一个风景区最佳的组合态势。

6. 旅游资源的性质

任何风景资源都有自己特定的性质，评价时必须加以确立和明示。因为旅游资源的性质将决定该资源的利用功能、开发方向，同时对区域开发规模、程度及旅游设施也有一定的影响。

案例 4-2

神农架地质公园旅游资源评价

总体评价：

神农架地质公园拥有丰富的自然资源和人文景观。景观资源类型较多且分布集中。从过去未开发旅游前的"架木为梯""架木为屋""架木为坛"的传说文化，到观光旅游阶段的山、水、林景观型资源，再到度假体验旅游时代所需的在全国范围具有独特性的自然环境、乡村田园、传统聚落、人文活动组成的人文环境，滑雪地、温泉、主题运动区等体验型资源，自然和社会物产以及松柏石城、木鱼木城等概念性资源。

综合评价：

(1) 旅游资源极其丰富。神农架地质公园旅游资源类型齐全丰富，旅游资源整体质量较高。在神农架自然保护区内存在丰富的景观资源，包括高山绝壁、奇山异水、神秘的洞穴、秀丽的山谷以及种类丰富的动植物。其中山地地貌景观丰富，具有突出价值的地质地貌。

(2) 自然生态环境优良。神农架地质公园位于神秘的北纬30度。生态地位突出，林区原生态环境保存完好，水质优良，空气清新，负氧离子高，是驰名中外的"绿色明珠""物种基因库""自然博物馆"和"清凉王国"。神农架保存完好的森林生态系统，是汉江中游生态保护的天然屏障，对长江中下游地区的生态环境、水土保持和维持生态平衡起到了极其重要的现实意义，具有极高的生态环境价值。

(3) 空间分布较为均衡。神农架地质公园旅游资源密度较大，呈小集中、大分散格局，形成了以高山为中心的若干旅游资源集聚地，以深谷、河流为网络的若干旅游资源富集区。以现有的交通为纽带、村镇为节点的若干旅游资源带，为神农架的旅游全面发展奠定了基础。

(4) 资源组合配置较好。神农架地质公园旅游资源种类多样、数量大、范围广。而且这些旅游资源各属不同类型，自然与人文资源相互辉映，形成了独具特色与优势的旅游资源组合。

(5) 新兴旅游资源量多质优。神农架地质公园拥有丰富的自然和社会物产。珍稀、奇特的动植物资源遍布林区，林区经济中大面积产业基地的发展逐渐成为创意旅游商品开发、养生养老旅游、探奇旅游、文化演艺旅游产品的基础资源。

(资料来源：https://www.xzbu.com/7/view-7720235.htm)

【思考题】对神农架地质公园旅游资源的综合评价涉及了哪几个评价要素？

【分析】案例中，针对神农架地质公园旅游资源的综合评价涉及了评价要素中的旅游资源的密度、容量、特质、价值和功能、地域组合特点、自己的性质等要素。

(二)旅游资源开发条件评价

1. 区位条件

区位条件即旅游资源所在地区的地理位置和交通条件。地理位置是确定旅游资源开发规模、选择路线和利用方向的重要因素之一,一个旅游区景色再美,但交通不便、行程困难,也很难招徕旅游者。可见,位置和交通条件是评价旅游资源开发的首要因素。

2. 环境因素

旅游资源所处的环境包括多种类型,如自然环境、社会环境、政治环境等。这里所说的环境主要是指自然环境条件,如气候、植被、水等环境质量。在评价旅游资源的开发规模、水平时,必须对上述环境因素所带来的影响进行综合分析,包括土、气、水环境的质量分析,根据环境因素的作用机理和影响的范围、深度、速度,预测旅游环境的演化状况和后果。

3. 客源市场

客源数量是维持和提高旅游资源效应的重要因素。没有最低限度数量的旅游者,风景资源再好,也难以开发和利用。客源市场的调查包括多种内容,例如某项旅游资源所吸引的客源市场,吸引客源层次的特点,辐射距离和范围,旅游者在观赏本资源时所产生的反应,在季节上出现的变化等。总之,与上述问题相关联的所有客源市场问题,都是旅游资源评价的重要内容。

4. 地区经济发展水平

一个地区旅游资源的开发,必须有坚实的经济基础作为后盾。因为旅游地的建设需要一定的资金、物资、人力和科技条件。这些条件均与该地区的经济发展水平密切相关。评价旅游资源的开发规模,不能单纯地把出路寄托于外来投资上,更重要的是调查本地区的经济发展状况,如地区国民总收入、总消费水平、居民平均收入发展状况、主要经济部门的收入渠道等。

5. 建设施工条件

旅游资源的开发必须有一定的设施场地。这种场地主要用于建设游览、娱乐设施和接待、管理设施。这些设施要求不同的地质、地形、土地、供水等条件。旅游资源的开发与上述条件的难易、优劣有密切关系,因此也应列为开发条件系列评价的内容。

6. 旅游开发顺序

在对旅游资源系列要素和开发利用条件的评价完成后,最后应做一个总的开发顺序排列,即根据已经得出的各种量的指标,确定旅游资源开发的难易程度及不同类型之间的关联程度,决定各项旅游资源开发的先后顺序。

(三)旅游资源的效益评价

旅游资源的效益包括经济效益、社会效益和环境效益三方面。这是衡量一个地区旅游资源是否具备可开发性的重要指标。经济效益的评价集中反映在旅游资源的开发会给风景

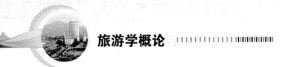

区附近地区带来何种直接或间接的效益,对当地经济发展有何影响。社会效益的评价集中反映在旅游资源开发的社会文化意义和可能造成的影响。环境效益的评价则集中反映在旅游资源的开发是否会造成资源的破坏和环境的恶化。以上三项内容的评价应该说是相互关联、互为影响的。在评价过程中应综合考察、权衡利弊,从而得出科学的结论。

三、旅游资源评价的方法

旅游资源评价在国外已有近40年的历史,在我国也有近20年的历史,形成了不同的学派和评价的方法。根据相关文献研究得出综合评价方法,包括定性评价和定量评价。

(一)旅游资源定性评价

定性评价又称经验法,一般是在旅游资源调查的基础上,评价者凭经验主观判定旅游资源的开发利用价值与潜力。这种方法虽然简便易行,但往往会受到评价者自身主观意向、偏好的局限。比较著名的定性评价方法有卢云亭的"三三六评价法"和黄辉实的"六字七标准法"。

1. 三三六评价法

三三六评价法即卢云亭提出的对旅游资源"三大价值""三大效益""六大条件"进行综合的评价体系。"三大价值"指旅游资源的历史文化价值、艺术观赏价值、科学考察价值;"三大效益"指旅游开发后的经济效益、社会效益、环境效益;"六大条件"指旅游资源所在地的地理位置和交通条件、景象地域组合条件、旅游环境容量、旅游客源市场、投资能力和施工难易程度。

2. 六字七标准法

黄辉实提出的"六字七标准法"主要从旅游资源本身和旅游资源所处环境两方面进行评价的方法。旅游资源本身包含的六个因素:美(美感)、古(历史悠久)、名(名声)、特(特色)、奇(新奇)、用(实用)。旅游资源所处环境所包含的因素有:季节性、污染状况、联系性、可进入性、基础结构、社会经济环境、旅游市场七个指标。

此外,还有一般体验性评价法、美感质量评价法、等级评价法等评价体系和方法。

(二)旅游资源定量评价

定量评价是将给评价资源的各个指标加以量化,然后根据各个指标所占的权重加以评分的办法。这种办法可以克服评价者的主观意向,避免受个人偏好因素的影响,使旅游资源综合评价工作更客观、更科学。定量评价的方法有很多,如模糊数学法、指数评价法、综合打分法、层次分析法、价值工程法、综合价值法等。旅游资源定量评价的核心是确立评价指标体系。

定量评价难以动态地反映旅游资源的变化,对一些无法量化的因素难以表达,且评价过程较为复杂。因此,在实际工作中,还必须与定性评价密切配合,才能较好地达到预期目的。

(三)旅游资源共有因子综合评价系统

2017年12月29日,中华人民共和国国家质量监督检验检疫总局和中国国家标准化管理委员会联合发布《旅游资源分类、调查与评价》(GB/T 18972—2017)国家标准,提出了旅游资源评价的相关规范和要求。

1. 评价要求

(1) 应按照本标准的旅游资源分类体系对旅游资源单体进行评价;
(2) 应采用打分评价方法;
(3) 评价应由调查组完成。

2. 评价体系

提出了旅游资源独特的评价体系——"旅游资源共有因子综合评价系统"赋分。该系统设"评价项目"和"评价因子"两个档次。评价项目为"资源要素价值""资源影响力""附加值"。其中:"资源要素价值"项目中含"观赏游憩使用价值""历史文化科学艺术价值""珍稀奇特程度""规模、丰度与概率""完整性"5项评价因子。"资源影响力"项目中含"知名度和影响力""适游期或使用范围"2项评价因子。"附加值"含"环境保护与环境安全"1项评价因子。

3. 计分方法

评价项目和评价因子用量值表示。"资源要素价值"和"资源影响力"总分值为100分,其中"资源要素价值"为85分,分配如下:"观赏游憩使用价值"30分、"历史文化科学艺术价值"25分、"珍稀奇特程度"15分、"规模、丰度与概率"10分、"完整性"5分。"资源影响力"为15分,其中:"知名度和影响力"10分、"适游期或使用范围"5分。"附加值"中"环境保护与环境安全",分正分和负分。每一评价因子分为4个档次,其分值相应分为4档,如表4-8所示。

表4-8 旅游资源评价赋分标准

评价项目	评价因子	评价依据	赋值
资源要素价值(85分)	观赏游憩使用价值(30分)	全部或其中一项具有极高的观赏价值、游憩价值、使用价值	30~22
		全部或其中一项具有很高的观赏价值、游憩价值、使用价值	21~13
		全部或其中一项具有较高的观赏价值、游憩价值、使用价值	12~6
		全部或其中一项具有一般观赏价值、游憩价值、使用价值	5~1
	历史文化科学艺术价值(25分)	同时或其中一项具有世界意义的历史价值、文化价值、科学价值、艺术价值	25~20
		同时或其中一项具有全国意义的历史价值、文化价值、科学价值、艺术价值	19~13
		同时或其中一项具有省级意义的历史价值、文化价值、科学价值、艺术价值	12~6
		历史价值、或文化价值、或科学价值、或艺术价值具有地区意义	5~1

续表

评价项目	评价因子	评价依据	赋值
资源要素价值(85分)	珍稀奇特程度(15分)	有大量珍稀物种，或景观异常奇特，或此类现象在其他地区罕见	15～13
		有较多珍稀物种，或景观奇特，或此类现象在其他地区很少见	12～9
		有少量珍稀物种，或景观突出，或此类现象在其他地区少见	8～4
		有个别珍稀物种，或景观比较突出，或此类现象在其他地区较多见	3～1
	规模、丰度与概率(10分)	独立型旅游资源单体规模、体量巨大；集合型旅游资源单体结构完美、疏密度优良；自然景象和人文活动周期性发生或频率极高	10～8
		独立型旅游资源单体规模、体量较大；集合型旅游资源单体结构很和谐、疏密度良好；自然景象和人文活动周期性发生或频率很高	7～5
		独立型旅游资源单体规模、体量中等；集合型旅游资源单体结构和谐、疏密度较好；自然景象和人文活动周期性发生或频率较高	4～3
		独立型旅游资源单体规模、体量较小；集合型旅游资源单体结构较和谐、疏密度一般；自然景象和人文活动周期性发生或频率较低	2～1
	完整性(5分)	形态与结构保持完整	5～4
		形态与结构有少量变化，但不明显	3
		形态与结构有明显变化	2
		形态与结构有重大变化	1
资源影响力(15分)	知名度和影响力(10分)	在世界范围内知名，或构成世界承认的名牌	10～8
		在全国范围内知名，或构成全国性的名牌	7～5
		在本省范围内知名，或构成省内的名牌	4～3
		在本地区范围内知名，或构成本地区名牌	2～1
	适游期或使用范围(5分)	适宜游览的日期每年超过300天，或适宜于所有游客使用和参与	5～4
		适宜游览的日期每年超过250天，或适宜于80%左右游客使用和参与	3
		适宜游览的日期超过150天，或适宜于60%左右游客使用和参与	2
		适宜游览的日期每年超过100天，或适宜于40%左右游客使用和参与	1
附加值	环境保护与环境安全	已受到严重污染，或存在严重安全隐患	-5
		已受到中度污染，或存在明显安全隐患	-4
		已受到轻度污染，或存在一定安全隐患	-3
		已有工程保护措施，环境安全得到保证	3

注："资源要素价值"项目中含"观赏游憩使用价值""历史文化科学艺术价值""珍稀奇特程度""规模、丰度与概率""完整性"等5项评价因子。"资源影响力"项目中含"知名度和影响力""适游期或使用范围"等2项评价因子。"附加值"含"环境保护与环境安全"1项评价因子。

4. 计分与等级划分

根据对旅游资源单体的评价，得出该单体旅游资源共有综合因子评价赋分值。依据旅游资源单体评价总分，将其分为五级，从高级到低级为：五级旅游资源，得分值域≥90分；

四级旅游资源，得分值域为 75~89 分；三级旅游资源，得分值域为 60~74 分；二级旅游资源，得分值域为 45~59 分；一级旅游资源，得分值域为 30~44 分。此外还有：未获等级旅游资源，得分小于等于 29 分。

其中五级旅游资源称为"特品级旅游资源"；四级、三级旅游资源被通称为"优良级旅游资源"；二级、一级旅游资源被通称为"普通级旅游资源"。

(四)旅游资源评价的成果形式

一般而言，旅游资源评价的成果形式主要表现为：《旅游资源调查报告》、《旅游资源区实际资料表》及《旅游资源图》三种。

第三节 旅游资源的开发

旅游资源的开发是人类通过向旅游资源追加物化劳动和活劳动而使之成为可以被旅游者所利用或享用的对象的技术经济过程。当这种开发的目的是商业性的时候，旅游资源由此而成为旅游产品。当这种开发出自非商业的目的时，旅游资源则由潜在形态转变为现实形态，可以供大众旅游者无偿享用。世界各国开发和利用旅游资源的情况，大体可分为 3 种类型。

(1) 原有的资源基本不动，只是在附近兴建一些旅游服务设施。这种情况多半适合一些自然风景区。

(2) 在原有资源的基础上，经过对其进行部分加工改造，然后向旅游者开放。

(3) 完全靠人工建造旅游资源，如建立一个主题公园或游乐场高尔夫球场等，像美国、日本、中国香港的迪士尼乐园等，就属于这种情况。

旅游资源是被当作本身就对旅游者有旅游愉悦价值的客体来看待的，而不是必须借助于开发才赋予其旅游价值。开发的过程仅仅改变旅游资源的可接近性或可进入性，而不应从根本上改变该资源的旅游价值结构，甚至本末倒置。在现实的旅游资源开发实践中，正是由于缺乏这种认识，才出现一些不惜重金在旅游资源分布区内搞所谓的景观建设、画蛇添足、似是而非、弄巧成拙，同时也破坏了旅游资源的现象。因此，在旅游资源开发过程中，一定要坚持正确的原则。

成贵高铁正式开通将有利于沿线旅游资源开发

2019 年 12 月 16 日，成贵高铁宜宾至贵阳段正式开通运营，标志着世界首条山区高速铁路全线通车，成都与贵阳最快 2 小时 58 分可达。成贵高铁全长 519 千米，为新建客运专线，设计时速 250 千米，纵贯四川、云南、贵州 3 省，跨越大渡河、金沙江、岷江，是"八纵八横"高速铁路主通道兰州至广州通道的重要组成部分，也是国家实施新一轮西部大开发的标志性工程之一。中铁大桥局承建的成贵铁路工程五标项目全长 11.473 千米，包含国内首座大跨度变截面下弦加劲连续钢桁梁铁路桥——菜坝岷江特大大桥，以及由中铁大桥院设计的世界最大跨度的公铁两用钢箱梁拱桥——金沙江公铁两用桥、世界上最大跨径中承式钢混结合提篮拱桥——鸭池河特大桥等全线重点工程。中铁大桥局副总工程师李艳哲介绍,"成贵高铁穿越云贵川三省,沿途地形地貌复杂,在建设过程中,我们设计研发了国内同类型最大规模的横移式缆索吊机,取得了多项专利,也应用了多种新工艺、新技术,完美地将新型中承式钢混结合提篮拱桥式设计蓝图变为现实。据悉,成贵高铁成都至乐山段已于2014年年底通车,此次全线开通运营,将极大便利沿线人民群众出行,畅通我国西南与东南沿海地区联系,加快沿线旅游和矿产资源开发,对助力脱贫攻坚,推动西部大开发战略实施具有重要意义。

(资料来源:https://www.360kuai.com/pc/93dc10f3fadb30423?cota=4&kuai_so=1&tj_url=so_rec&sign=360_57c3bbd1&refer_scene=so_1,经整理)

【思考题】为什么说成贵高铁正式开通将有利于沿线旅游资源开发?

【分析】根据旅游资源的开发的内容,一是要建设和完善旅游基础设施,比如道路系统等;二是增强旅游地的可进入性,可进入性问题主要是指交通条件,包括交通线路、交通设施、交通方式和交通运营情况。

一、旅游资源开发的原则

旅游资源开发是旅游开发的重要组成部分和核心,成功的旅游开发必须首先要有成功的旅游资源开发,旅游资源开发的成败决定了整个旅游开发的质量。旅游资源开发作为一项经济文化活动,必须遵循经济活动的运行规律,同时也要符合文化事业的开发规律,才能获得成功并取得良好的社会经济效益。旅游资源开发的原则就是指在旅游资源开发活动过程中必须遵循的指导思想,主要有以下几个方面。

(一)效益性原则

经济利益是旅游资源开发的主要目的之一。旅游资源的开发要注重以市场为导向,以便获取经济效益。在进行旅游规划时,要充分研究经济上的可行性,研究投资的风险及预期的效益。要遵循市场发展的供求规律,确定开发的层次、规模和方向,力求投入最少,产出最多,以获得最高的经济效益。此外,开发的目的还包括促进当地经济和社会的发展,改善当地人民的生活质量。因此,在规划和建设过程中要特别强调经济效益、社会效益和生态环境效益的协调发展。

(二)独特性原则

独特性原则是旅游资源开发的中心原则。求异是旅游者产生旅游动机的主要原因之一,富有个性的旅游景点能够对人们产生更大的旅游吸引力,能够在同等的条件下取得更好的经济效益和社会效益,所以在开发过程中要尽最大可能地突出旅游资源的特色,包括民族特色、地方特色等,努力反映当地文化,突出旅游资源的独特性,就是突出其个性。因此,在开发中首先要努力实现"人无我有,人有我优"的个性特征,例如,历史最古、形态最美、规模最大、造型最奇、工艺最精、知名度最高等。万里长城、九寨沟、黄山、秦兵马俑等都是以独特性著称于世。只有具有独特性,才能确保旅游资源的吸引力和竞争力。

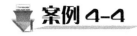

案例 4-4

海南东郊椰林风景区衰败之因

东郊椰林风景区位于海南文昌东郊半岛上,东邻铜鼓岭旅游区,西连高隆湾旅游区。椰林面积 3 万多亩,素有"文昌椰子半海南,东郊椰子半文昌"之誉。独特的旅游资源,曾经使东郊椰林成为具有海滨椰林风光特色的名胜旅游区。2000 年,东郊椰林还一举击败其他景区,荣登"国家名片",与古巴的巴拉德罗海滨共同成为《海滨风光》邮票的主图。

背靠着得天独厚的特色资源,又为何没能走出衰败窘境呢?百莱玛度假村是在东郊椰林最早成立的旅游企业,总投资 4000 万元。该公司负责人告诉记者刚开始没有几家景区酒店,这里的游人很多,生意非常好,不久很多商家都看到这里能赚钱,一拥而上,现在这里景区不像景区,村庄不像村庄,就这样败掉了。另外,据媒体报道:"早在 1992 年 1 月,文昌市政府就委托天津城乡规划设计院海南分院对东郊椰林进行规划:规划将东郊椰林分为热作田园景区、红树林名胜景区、椰林自然风景区、文化景区 4 大功能区。但在开发建设时,却出现无序招商引资,规划却'束之高阁'"。规划没有履行,低层次开发是造成东郊椰林衰败的原因之一。

(资料来源:https://www.360kuai.com/pc/959f3ea8c695f856b?cota=4&kuai_so=1&tj_url=so_rec&sign=360_e39369d1&refer_scene=so_3,经整理)

【思考题】东郊椰林风景区为什么衰败了?
【分析】首先是政府的管理失灵,把本应统一开发的椰林海岸,分成小块出卖,未按照规划开发。其次,对于珊瑚礁的保护不到位,对珊瑚的破坏较大。最重要的是没有了特色,商业化严重,偏离了规划轨迹,最终使东郊椰林失去了吸引力,走向了没落。

(三)保护性原则

保护性原则就是要求旅游资源的开发建设和当地自然环境相适应,不能以牺牲生态环境为代价,应充分考虑资源的承载能力,避免建设性的破坏和破坏性的建设,注重环境保护和生态平衡。任何形式的开发都是对旅游资源一定程度上的破坏,而旅游资源一经破坏则难以在短期内恢复,有的甚至是无法挽救的。因此,要想进行可持续的开发利用,就必须以保护为前提。

(四)市场导向原则

旅游资源开发是一项经济活动,必须遵循市场导向原则。市场导向原则要求了解和判断旅游市场的需求状况,认清现实的基本需求,预测潜在需求的变化趋势,从而用一种动态、连续、长期的发展战略进行旅游资源开发,并使该项工作富有前瞻性和应变性。但并非凡是旅游者需求的都可以进行开发,对于国家法律所不允许的或者有害于旅游者身心健康的旅游资源,就应该禁止或限制开发。

(五)综合开发原则

综合开发是指围绕重点项目,挖掘潜力,逐步形成系列产品和配套服务。为了丰富旅游活动的内容，延长游客的停留时间，提高旅游的经济效益，应在保证重点项目开发的基础上，不断增添新项目、新特色，以旅游资源开发为核心，逐步建立健全食、住、行、购、娱等旅游服务和配套设施，形成完善的旅游服务体系。

知识拓展

中国最成功的养老度假小镇——乌镇雅园

乌镇雅园坐落在中国最美丽的乌镇，位居上海、杭州、苏州三个城市几何中心的金三角位置，自成体系的养老配套设施和精细化的服务，既可以旅居度假，也可以休闲养老。

乌镇雅园(见图4-8)总面积约为60万平方米，采用的是新民国建筑风格，以原生态自然景观，加以江南园林式造林手法，诗情画意。项目规划有单层别墅、多层公寓、小高层公寓等多种产品类型。该项目分为养生养老、健康医疗和休闲度假三大主题，包括欧洲品牌的医疗公园、欧洲品牌的护理养老中心、五星级度假养生酒店，雅达与绿城共同打造的自助养老居住区绿城乌镇雅园，其间还设置了3.5万平方米规模的老年大学绿城乌镇颐乐学院。集聚6大功能区块，是一座国内功能齐备、设施先进、模式丰富、规模庞大的复合休闲健康养老主题园区。

图4-8　乌镇雅园

(资料来源：https://www.360kuai.com/pc/9aa04fb493c1655e9?cota=
4&tj_url=so_rec&sign=360_57c3bbd1&refer_scene=so_1)

二、旅游资源开发的意义

旅游资源开发就是运用资金和技术手段，使尚未被利用的旅游资源能被利用，并因此产生经济、社会和环境效益，或使已被利用的资源拓展利用的广度和深度，并因而提高综合价值，从而进行的开拓或建设活动的过程。旅游资源的开发的意义主要表现在以下几方面。

(一)发挥旅游资源的经济作用

旅游资源只有经过开发形成旅游产品才能进入市场进行交换，发挥旅游资源的经济效益，实现其经济开发作用。

(二)增强吸引力，改善条件

旅游资源在开发前，可进入性差，旅游服务和基础设施缺乏，不能用于大规模的旅游活动。为了增强旅游资源对旅游者的吸引力，对旅游资源进行开发可以改善交通及服务条件等。

(三)保护旅游资源

让旅游资源处在自然状态下的保护是消极的保护，实际上在许多情况下是难以实现保护的。在自然状态下，旅游资源可能受到侵蚀、风化、生物危害而衰退。因此，合理开发是积极的保护措施，可以克服自然的损毁，改善所在地区的环境。

(四)更新和延长旅游地寿命

根据旅游周期理论，开发旅游资源是延长旅游地生命，减缓旅游地衰退的需要，不断开发新的资源，推出新的旅游产品以增强旅游地的吸引力。

三、旅游资源开发的内容

旅游资源开发的目的就是使旅游资源为旅游业所利用，从而使其潜在的资源优势转变成现实的经济优势。旅游资源开发不仅是指景区、景点的开发，除了资源本身的开发和建设外，还包括旅游配套设施建设，人才的开发、旅游机构的建立等内容。具体来说，主要包括以下几方面的内容。

(一)旅游景区(点)的建设与管理

旅游景区(点)是旅游业最核心的旅游吸引源，所以对旅游景区(点)的开发是整个开发工作的出发点。这种开发不仅包括对从未开发过的旅游资源的初次开发，也包括对已经开发过的旅游资源的深度开发，只不过不同程度的开发侧重点不同。

(二)建设和完善旅游基础设施和配套设施

一定的旅游设施是旅游活动得以顺利开展的必不可少的条件，也是旅游资源开发的重要环节。人们一般把旅游设施分为两大类：基础设施和配套设施。基础设施包括以下两个方面。

(1) 一般公用事业设施，如供水系统、排污系统、供电系统、电信系统、道路系统等，以及与此有关的配套设施(见图4-9、图4-10)，如停车场、机场、火车站和汽车站、港口、码头、夜间照明设施等。

(2) 满足现代社会生活所需要的基本设施或条件，如医院、银行、食品店、公园、治安管理机构等。对于少数需原始开发的旅游资源，建设上述基础设施的必要性是显而易见的，但在多数情况下，被开发地区在这方面都有一些原已存在的基础。然而，这些原有基础设施的数量或能力和布局大都是在决定发展旅游业之前根据当地人口的需求规模规划设计与建造的，随着外来旅游者的大量涌入，很可能出现供应能力不足的问题，因此需要进一步增建和扩建。

旅游配套设施是指直接为旅游服务的旅游饭店、旅游商店、游乐场所等，按旅游者的生活标准建造的，而不是当地居民必需的设施。

图4-9　旅游基础设施修建

图4-10　旅游配套设施安检

(三)完善各类旅游上层设施

旅游上层设施是指那些虽然也可供当地居民使用，但主要供外来旅游者使用的服务设施。换言之，如果当地没有外来旅游者，这些设施便失去了存在的必要。这类设施主要包包括宾馆、饭店、旅游问讯中心、旅游商店、某些娱乐场所等。由于这类设施主要供旅游者使用

(四)增强旅游地的可进入性

可进入性问题主要是指交通条件，包括交通线路、交通设施、交通方式和交通运营情况。实现旅游地进出交通的便利、快捷、舒适，是旅游开发的首要、基础工作。旅游讲究"旅速游缓"，要"进得去，出的来，散得开"，让旅游者来得顺利、玩得开心、回的方便。从出发地到目的地的旅途要尽可能缩短，还要尽量做到安全、舒适，降低交通费用在整个旅游消费支出中的比例，这样才能使旅游资源所在地变为现实的旅游地。

(五)培训能够提供专业服务的人员

旅游服务质量的高低在一定程度上会起到增加或减少旅游资源吸引力的作用，因此要能够提供专业服务的人员。

四、旅游资源开发的步骤

无论是一个单项的旅游资源还是一个地区旅游资源的开发，其开发一般要经过下列几个步骤。

(一)通过调查得出概念

通过市场、资源、基础设施及社会经济结构和政策等方面的调查。得出关于市场来源、开发规模以及将来主要形象的概念。

(二)做出草拟的项目

草拟项目是拟定体现形象的具体项目及可选择的主要设施规划,提出布置的草图并作出成本估计和人才培养估计及资金筹措计划。

(三)做出最后的设计

以草图为基础,通过抉择和进一步调查,确定分阶段实施规划、基础设施的细节以及建筑物和景观或活动的明显特点。

(四)做出开发规划

做好两项规划,一是最后的开发规划,二是财务规划。

第四节 旅游资源的保护

一、旅游资源破坏的原因

旅游资源是旅游业存在和发展的根本基础。从理论上讲,旅游资源作为一个国家或地区旅游业的基本资产,如果开发和利用得当,可以用之不尽,从而可造福于子孙后代。但是实际上,人们在旅游资源的开发、利用和管理等工作中,往往存在着这样或那样的问题,从而很容易使旅游资源遭受破坏或损毁。这种破坏轻者会造成旅游资源质量的下降,影响其原有的吸引力;重者则有可能导致这些旅游资源遭到损毁,危及该地旅游业的存在基础。这些并非是危言耸听,而是已被世界各地发生的大量情况证明了的事实。

案例 4-5

风景名胜区、文物和文化遗产等旅游资源保护纳入云南检察机关公益诉讼范围

1999 年,乡村旅游兴起。拥有森林、地热资源和田园风光的温泉,迅速成为昆明的旅游黄金线路。2006 年,安宁被昆明市列为首家乡村旅游示范点。据温泉街道办事处提供的资料显示,温泉有各类型宾馆酒店 39 家,其中达到五星级标准的酒店 6 家。然而,旅游业的发展,也使安宁温泉面临着巨大的挑战:私挖乱采致使地下水资源破坏严重,热田面积缩小,热水井水温持续下降,热水井变为冷水井,有的地热泉眼枯竭。"滥开滥采现象不仅破坏了生态环境,也严重影响了当地以旅游业为主的经济发展。"安宁市人民检察院检察长杨志刚说,由于历史原因,问题一直未得到有效解决,仅靠一个部门的力量无法启动整改治理工作。

2017 年年底,安宁市人民检察院决定对安宁市温泉地下水资源启动公益诉讼,并向安宁市政府进行专题汇报，市委市政府将其列为重点督办工作。

2018年5月22日，安宁市人民检察院向安宁市国土局、水务局、财政局、温泉街道办事处等单位和部门发出诉前检察建议，针对调查存在的问题，督促相关部门依法履职。

值得关注的是，2019年9月28日，云南省人大常委会出台《关于加强检察机关公益诉讼工作的决定》，针对当前空气污染、水源污染等社会关注的民生问题，扩大了检察机关公益诉讼范围。自然保护区、风景名胜区、旅游消费、文物和文化遗产保护等领域中侵害国家利益和社会公共利益的行为，都被纳入其中。

(资料来源：http://news.youth.cn/sz/201910/t20191029_12105460.htm，经整理)

【思考题】安宁市针对温泉地下水资源采取了什么保护方式？

【分析】案例中，安宁市人民检察院决定对安宁市温泉地下水资源启动公益诉讼，并向安宁市政府进行专题汇报，市委市政府将其列为重点督办工作。云南省针对旅游资源制定了《关于加强检察机关公益诉讼工作的决定》的制度，通过法律措施进行旅游资源的保护。

旅游资源破坏的原因可以归结自然因素和人为因素两个方面。

(一)自然因素

自然因素对旅游资源造成的损害和破坏分为三个方面。一是天灾，如地震、火山爆发、水灾、泥石流、火灾等。这方面的情况虽不经常发生，然而一旦发生，造成的破坏将是非常严重的，甚至是毁灭性的。如2008年我国汶川大地震，就造成了许多旅游资源的严重破坏。二是自然风化，如风蚀、水蚀、日光照射等。这方面的损害最为常见，特别是对历史建筑物和文物古迹的损害，虽然短期内不明显，但长年累月之后就显而易见了。如山西云冈石窟由于长期的风雨剥蚀和后山石壁的渗水浸泡，导致大部分洞窟外檐裂塌，很多雕像断头失臂、面目模糊。三是某些动物造成的破坏，如鸟类及白蚁等对历史文物、古建筑和林木的破坏。非洲的许多古迹就毁于白蚁。

知识拓展

白蚁成古迹"杀手"，三苏祠掘地捉"蚁王后"(扫右侧二维码)

(二)人为因素

人为因素对旅游资源造成的损害和破坏也分为三个方面。一是游客的不良行为造成的损害，如游客在古建筑上乱刻乱画，在风景区乱丢废弃物，违规攀登、拍照，攀折树枝、花卉，随意踩踏草坪、惊吓野生动物等。二是旅游资源所在地或附近的居民和单位造成的破坏，如乱砍景区(点)及周围的树木，向景区(点)内或附近的河流、湖泊乱倒垃圾或倾泻工业废水，伤害和猎取风景区动物，偷盗古墓文物等。三是旅游资源开发中规划设计不当造成的破坏，如在自然风景区内建高层建筑，景区内大量兴建餐馆、商店和人造景观，景区内所建设施的造型和色彩与其环境不协调，无视规定出让景区土地搞其他建设等，导致景区过分的人工化、商品化和城市化，破坏了景区的真实性和完整性。

以上所列仅是导致旅游资源损害和破坏的部分问题和现象，远非其全部。由此可见，要保护好旅游资源，使之造福于人类，促进国家和地区旅游业的发展，需要采取多种有效措施。

旅游资源被故意破坏

露小宝与友人开车进入故宫的事件在网络上引起舆论一片哗然。近年来，我国旅游业资源遭破坏、旅游区环境质量下降等问题日益突出。

2017年8月，一组名为"八达岭长城遭刻字"的照片在微博流传。有网友认为，刻字行为"既没礼貌也没素质"。更有网友要求，"必须重罚、依法追责"。北京的慕田峪长城、八达岭长城等也出现刻字涂鸦者，其中不乏外籍游客。

2018年8月，一个游客破坏丹霞地貌的炫耀视频引起关注。视频中共有4名游客，称"不是说踩一脚需60年恢复，我们不知道踩了多少脚"。在舆论压力下，4人最后主动向公安机关自首。几天后，又有几名游客在甘肃文县天池景区内戏水游泳并发抖音炫耀，再次引爆舆论。

2019年5月3日，山东临沂一处景区一块上百万年才形成的"比翼鸟"钟乳石，遭3名游客暴力破坏。其中一只鸟的形状已经被全部破坏，"基本没有恢复的可能"。

游客破坏旅游资源，将面临怎样的处罚？记者查阅相关法律法规发现，根据《中华人民共和国文物保护法》相关条款，刻划、涂污或者损坏文物尚不严重的，或者损毁文物保护单位标志的，由公安机关或者文物所在单位给予警告，可以并处罚款。此外，《治安管理处罚法》也有相关处罚规定。

有专家认为，这些不文明行为，有的需要法律强制手段，有的则需要道德引导，相关部门应该对不文明现象进行梳理分类，有针对性地进行处理。2018年9月，文化和旅游部公布了一批旅游不文明行为记录，截至目前，共有35人被纳入旅游"黑名单"。游客不文明行为记录形成后，旅游主管部门要通报游客本人，提示其采取补救措施，挽回不良影响，必要时向公安、海关、边检、交通、人民银行征信机构通报。

(资料来源：新浪网，2019年9月6号，经整理。)

【思考题】上述案例中属于哪种旅游资源破坏？应该采取哪些措施？

【分析】上述案例中对旅游资源的破坏均是人为破坏。应该采取法律措施进行强制管理，同时地方行政部门和景区管理部门应该制定景区游览制度，景区工作人员和导游员做到多提醒多教育，当然也要提高游客个人素质等。

二、旅游资源的保护方式

旅游资源的保护是指运用法律、行政和技术等措施来维护其应有的价值和使用价值，以防止各种自然和人为因素带来的危害。

(一)法律措施

依据国家和地方有关法律、法规，加强对旅游资源的保护。目前，与旅游资源保护密切相关的法律主要有《文物保护法》《环境保护法》《森林法》《风景名胜区管理条例》《自然保护区管理办法》《水法》《野生动物保护法》等。此外，各地方立法机构和人民政府根据国家法律、法规，结合地方实际制定了实施细则和地方性法规，如《广州白云山风景名胜区管理条例》。这些法律、法规实质上从不同方面起到了保护旅游资源的作用。

(二)行政措施

旅游资源相关主管部门和单位应提高认识，将资源保护置于关系旅游的可持续发展和子孙后代福祉的战略位置上，坚持资源节约型旅游经营方式，采取各种措施切实加强管理和保护。主要措施如下。

(1) 制定完善的管理制度，明确管理人员和专业技术人员的职责，落实各项管理和保护措施，定期或不定期地进行检查，对违规的现象进行批评教育或惩处，直至追究法律责任。

(2) 培训管理、专业技术和接待人员，不断提高他们对所管辖的旅游资源的专业知识和"防""治"的技术水平。

(3) 向游客提倡和宣传环境友好型的旅游消费，运用经济(如提高门票价格)和行政(如单位时间内限定观赏人数)手段控制接待规模，严防所管辖的旅游资源超负荷接待游客。

(三)技术措施

针对易受自然或人为因素损害的不同类型的旅游资源在技术措施上进行适当的保护。如对于易受鸟类危害的古建筑的某些部位架设隔离网罩，禁止拍照的文物在入口处设立警示牌，易受虫害的林木喷洒防虫、灭虫药水，以及运用某些灭杀病虫害的现代高科技手段等。

(四)教育措施

采取各种形式，利用各种手段向游客和居民宣传保护旅游资源的重要性，以及旅游资源保护的有关知识和有关法规。总而言之，旅游资源的保护应采取以防为主，以治为辅，防治结合的方针。旅游资源保护不仅是旅游资源管理部门和单位的责任，它同时也是包括国内外游客在内的每个公民应尽的义务。

三、旅游资源的保护对策

根据旅游资源破坏的原因，应用持续发展理论和人与自然共生理论，对旅游资原采取相应的以防为主、以治为辅、防治结合的保护措施。虽然灾难性的自然变化不可避免，但可以采取措施，减弱自然风化的程度，延缓其过程。而人为破坏，则可以通过法律政策、宣传和管理途径加以杜绝。至于已遭破坏的旅游资源，视其破坏轻重程度和恢复的难易程度，采取一定程度的维修和重建措施。

(一)减缓旅游资源自然风化的对策

旅游资源自然风化的起因是自然界由于大气中光、热、水环境的变化引起的，存在这一问题的主要是历史文物古迹。出露于地表的旅游资源要完全杜绝自然风化是不可能的，但在一定的范围内改变环境条件减缓其风化过程是完全可能的。如将裸露的风吹日晒下的旅游资源加罩或盖房予以保护。乐山大佛曾建有13层的楼阁覆罩其上，既金碧辉煌，又保护了神像，后毁于战火。类似的建筑应该恢复和建设。

(二)杜绝人为破坏旅游资源的对策

透过旅游资源人为破坏原因的表面看本质，旅游资源人为破坏的根源主要是广大民众保护旅游资源的意识不强，很多人不知道旅游资源的价值；法制不够健全；旅游资源保护理论研究不成熟；旅游资源开发和旅游管理不善，等等。只有解决根源上的问题，才能真正杜绝旅游资源的人为破坏。具体来说可采取以下措施。

1. 健全旅游资源法制管理体系

将保护旅游资源提高到法律的高度，并有相应的奖惩条文来保障条例的实施，对景区的一些建设性破坏，或加强对旅游者的管理等方面都可以起到极为重要的作用，使旅游资源的保护工作有法可依。

2. 加强旅游资源保护的宣传教育

首先，要改变旅游从业者"旅游业是无烟工业"的错误思想，深刻意识到无合理规划的旅游业对生态环境、社会环境的破坏相当严重。其次，要加强宣传，以增强旅游者的保护意识，逐步形成文明旅游、科学旅游、健康旅游的社会氛围。

3. 完善风景名胜区保护系统

我国建立的各级风景名胜区、各类自然保护区等都可以从政策、理论、技术、管理等方面加强对旅游资源的保护。

4. 大力开展旅游资源保护的研究和人才培养

大力开展旅游资源保护的研究可以完善旅游资源保护的理论体系。对保护工作有巨大的指导作用。加强专业人才培养可以通过对在职人员的保护意识进行培训和在专业院校中加强保护人才的培养等方式进行。

(三)已破坏的旅游资源的恢复对策

绝大多数旅游资源，一旦遭到破坏则难以恢复，但有的历史建筑的文化价值和旅游价值都相当高，虽然已经衰败，甚至不复存在，但仍可以采用治理、恢复措施重现其风采，即可以维修复原，整旧如故或伤古复修。要维护好自然生态平衡与协调发展，保持旅游资源长存于世、永具魅力，就必须正确处理好如下两方面的关系。

1. 保护与近期需要的关系

保护旅游资源是符合人类长远利益的大事，它不仅要求保护旅游资源本身，还要求保护其周围环境。但人们往往从近期利益和目标出发，为生产发展和生活所需而置保护要求于不顾，如侵占或污染土地，开山劈石殃及文化古迹和自然风光，肆意开垦毁坏林木，甚至进行破坏性建设，这些近期需要的做法往往会损害长远利益，从而给旅游业乃至社会的

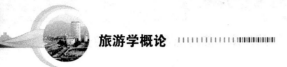

发展带来威胁。

2. 保护与开发的关系

保护与开发理应相辅相成,保护得好才具有开发利用价值,开发利用又推动保护工作。但在现实中两者往往会出现不一致的情况。如为了加强保护要限制人员数量和游览时间,对旅游活动方式也要慎重选择,这就与旅游者和旅游经营者的需要发生矛盾。这就需要我们在本末关系、整体部分的关系中辩证地分析问题和处理问题,在旅游资源及其环境的良性循环基础上处理保护与开发关系的问题。

本章小结

旅游资源是旅游活动的基础和前提。对旅游者来说,它是旅游活动的对象,是旅游活动的客体;对旅游接待国或地区来说,它是发展旅游业的凭借和依据,是旅游活动开展的客观前提。旅游资源具有观赏性、变化性、定向性、时代性、依赖性等特征。客观而科学地评价旅游资源是旅游区综合开发的重要环节。在对旅游资源进行开发时,要坚持正确的原则,处理好开发与保护的关系,避免破坏性开发。

习 题

一、单项选择题

1. 旅游资源被称为旅游活动的( )。
   A. 主体　　　　B. 客体　　　　C. 媒体　　　　D. 媒介
2. 旅游资源比其他资源更容易遭到破坏。无论是自然景观还是历史遗存。一旦遭到破坏将不可再生,无法恢复,这体现了旅的资源的( )。
   A. 综合性　　　B. 易损性　　　C. 不确定性　　D. 季节性
3. 突发性灾害是指自然界中突然发生的灾害,下列选项中不属于突发性灾害的是( )。
   A. 风蚀　　　　B. 泥石流　　　C. 海啸　　　　D. 地震
4. 湖南武陵源国家级风景区属于( )。
   A. 自然遗产　　　　　　　　　B. 文化遗产
   C. 文化与自然双重遗产　　　　D. 文化景观遗产

二、多项选择题

1. 卢云亭先生提出的"三三六"原则,其中第二个"三"指的是 ( )。
   A. 历史文化价值　　　　　　　B. 艺术观赏价值
   C. 科学考察价值　　　　　　　D. 开发利用价值
2. 魏向东将旅游资源分为三类,分别是( )。
   A. 自然旅游资源　　　　　　　B. 人文旅游资源

C. 环境旅游资源　　　　　　　　D. 社会旅游资源

3. 世界各地开发和利用旅游资源，大致分为 3 种，分别是(　　)。

　　A. 扩建　　　　B. 加工改造　　　C. 人工建造　　　D. 资源迁移

4. 下列属于旅游资源开发主要步骤的是(　　)。

　　A. 通过调查得出概念　　　　　　B. 做出草拟的项目

　　C. 做出最后的设计　　　　　　　D. 做出开发规划

三、简答题

1. 按照《旅游资源分类、调查与评价》(GB/T 18972—2007)可将旅游资源分为哪些类型？
2. 旅游资源具有哪些特征？
3. 简述旅游资源开发的原则。
4. 简述旅游资源保护的对策。

四、实训项目

小组为单位，针对自己家乡的一处旅游资源(2A 级以上)进行评价，制定旅游资源开发的方案。

目的：掌握旅游资源的评价方法，制定开发方案综合考虑开发与保护的关系。

工具：手机、摄像机、录音笔等。

要求：分组调查(不能重复)，分组进行汇报。

第五章

旅 游 业

【学习目标】

通过本章的学习,认识旅游业的含义、构成;认识旅行社的类型划分及其作用;理解和掌握旅游饭店的作用和分类;了解旅游交通的概念、类型;理解和掌握旅游景区的类型、旅游产品的生命周期以及旅游娱乐的基本类型等。

【关键词】

旅游业　旅行社　旅游交通　旅游饭店　旅游产品　旅游景区　旅游娱乐

引导案例

旅游业已成推进西藏发展的支柱产业

西藏素有"世界屋脊"之称,是重要的中华民族特色文化保护地,重要的世界旅游目的地和面向南亚开放的重要通道,但过去"进藏难、出藏难",使西藏旅游资源无法变现。

如今,西藏已经实现了公路、铁路、航空为主体的综合立体交通。据中共西藏自治区委员会副书记、西藏自治区人民政府主席齐扎拉介绍,西藏交通运输实现了历史性跨越:公路总里程达到了 10 万公里,青藏铁路、拉日铁路、拉林铁路已建成和正在建设,近期川藏铁路也即将开工建设;航空方面,已经建成机场 5 座,开通了国际国内 96 条航线,通航城市达到 50 个以上。

据了解,2018 年西藏全区接待游客 3368.7 万人次,实现旅游收入 490.14 亿元;今年 1~8 月,接待游客 3314.9 万人次,实现旅游收入 505.01 亿元,同比增长 19.6%和 25.4%,以旅游文化为重点的特色产业突飞猛进。

(资料来源:https://baijiahao.baidu.com/s?id=1644460478389157739&wfr=spider&for=pc,经整理)

【思考题】什么是旅游业?主要由哪几部分构成?

【分析】所谓旅游业,在国际上称为旅游产业,是凭借旅游资源和设施,专门或者主要从事招徕、接待游客、为其提供交通、游览、住宿、餐饮、购物、文娱六个环节的综合性行业。旅游业务要有三部分构成:旅行社、交通客运业和以饭店为代表的住宿业。它们是旅游业的三大支柱。

第一节 旅游业的概念与构成

一、旅游业的定义与特征

(一)旅游业的定义

随着中国经济的发展,旅游业也得到快速发展,旅游业的定义也随着发展在改变,角度和层面不同,概念的界定则不一样。

早在 1971 年,联合国旅游大会提出的定义为:"旅游业是为满足国际国内旅游者的消费需求,提供各种产品和服务的工商企业的总和。"

1998 年"世界旅游旅行理事会(WTTC)"发表的"旅游业对经济的影响"的报告中,使用了"旅游业(旅游行业)"和"旅游经济"两个概念。旅游业(旅游行业):指为旅游者直接提供产品和服务的行业或部门。旅游经济:指为旅游者提供产品和服务以及其他对旅游消费活动有较大依赖的行业。

日本旅游学者前田勇认为:"旅游业就是为适应旅游者的需要,由许多不同的、独立的旅游部门开展的多种多样的经营活动。"

我国学者马勇指出:旅游业是指以旅游资源为凭借,以旅游设施为基础,通过提供旅游服务满足消费者各种需要的综合性行业。

根据以上综述,我们可将旅游业定义为:旅游业是以旅游资源为依托,以旅游设施为基础,以旅游者为服务对象,通过提供产品和服务来满足旅游者需求,并取得经济效益的综合性服务业。

(二)旅游业的特征

1. 综合性

旅游业是集吃、住、行、游、购、娱等服务为一体的综合性行业,为满足旅游者在旅游过程中的需求,需由众多行业部门为其提供服务。旅游业构成的复杂性和多样性明确了这种综合性的特点。

2. 服务性

旅游业为旅游者提供的是一种可以用于交换的特殊商品,这种特殊商品同一般商品一样具有使用价值,而生产这种特殊商品的过程就是服务。包括交通服务、饭店服务、导游服务、商业服务、文化娱乐服务等。旅游服务可以使旅游者得到一定程度的物质享受和精神满足,从而消除疲劳,愉悦身心,并且得到一种体验和经历。

3. 脆弱性

旅游业容易受到多种内部和外部因素的影响,从旅游业内部看,旅游活动的各个环节紧密相连,其中一个环节出现问题,就会出现一系列连锁反应,影响旅游活动开展。从旅游业外部看,各种自然、政治、经济等因素,都可能对旅游业造成影响。

4. 涉外性

旅游业的涉外性主要体现在国际旅游上。国际旅游业务中的入境旅游业务和出境旅游业务都超越国界,伴随着人员的流动、资金的流动和文化的流动,带有涉外性质。由于各国的社会制度、政治信仰和生活方式存在较大的差异,因此,发展国际旅游的政策性特别强,若要发展国际旅游,我国的旅游企业与国外的旅游企业必然会发生经济上的交往,这就要求旅游企业在合作时要互利互惠、讲究信誉,要遵守相应的法律法规,工作人员要严格要求自己,注意维护国家的形象和民族的尊严。

二、旅游业的构成

旅游活动涉及面广,旅游者需求较宽泛,关于旅游业的构成,目前有较多的见解,可归纳为以下三种。

(一)三大支柱

在联合国的《国际产业划分标准》中,旅游业被分为旅行社、交通客运部门和以旅馆为代表的住宿业部门。在我国,人们通常将旅行社、旅游交通和旅游饭店称为旅游业的三大支柱。

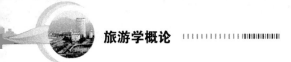

(二)五大部门

从旅游目的地的角度来划分,旅游企业主要由住宿接待部门、游览场所经营部门、交通运输部门、旅游业务组织部门、目的地旅游组织部门等五大部分组成。

可以看出,除了主要的三大支柱部分外,游览场所经营部门和各级旅游管理组织也属于旅游业的构成部分。

(三)六要素

从旅游者活动来说,旅游业由旅行社、以饭店为代表的住宿业、餐馆业、交通客运业、游览娱乐行业、旅游用品和纪念品销售行业六大行业构成。旅游业并不像工业、农业等那样是一个界限分明的行业,而是由众多部门和行业中与旅游活动相关的部分共同构成的一个复合性行业,包含直接旅游企业、间接旅游企业和各类旅游组织。

直接旅游企业:旅行社、旅游景点、交通客运业、旅馆业、旅游购物业等。

间接旅游企业:餐饮业、娱乐业等。

支持旅游业发展的目的地各种旅游组织:旅游行政组织、旅游行业组织等。

三、我国旅游业的发展趋势

(一)旅游的多样化

旅游目的的不同,使目前占统治地位的观光型旅游将向多样化发展,如休闲娱乐型、运动探险型等。旅游者多样的个性化需求对旅游基础设施的多样化提出了更高的要求,如进入老龄社会后针对老年人出游增多进行的特色旅游服务等。

(二)旅游空间扩展

科技的进步,旅游的空间活动范围更加广阔,不但可以轻易地进行环球旅行,而且可以向深海、月球或更远的宇宙太空发展,出现革命化的新的旅游方式。

(三)旅游大众化

旅游不再是高消费活动而是作为日常生活进入了千家万户。旅游有广泛的群众基础,人们的工作、生活都可能是远距离的长途旅行方式,形成空前广泛而庞大的人群交流和迁移,传统的地域观念、民族观念被进一步打破,旅游的淡旺季不再明显。

(四)文化性是旅游业发展的新亮点

就旅游业的市场运作而言,第一个层次的竞争是价格竞争,这是最低层次的也是最普遍的竞争方式;进一步是质量竞争;而最高层次则是文化的竞争。旅游本身的文化功能是内在的。旅游企业是生产文化、经营文化和销售文化的企业,旅游者进行旅游,本质上也是购买文化、消费文化、享受文化。在旅游开发、管理和经营的过程之中没有文化就没有竞争力。因此,旅游业发展首先要注重文化内涵。无论是文化性、生态性、探险性还是度假性的旅游项目,也无论是办旅行社,还是建饭店,都要充分挖掘文化内涵。可以说,对文化内涵的注重已经成为旅游业竞争的起点,起点高则发展余地大。其次要注重文化的形式。丰富的文化内涵需要恰当的文化形式来表现,文化形式必须要和文化内涵紧密地结合。最后,还要注重过程的文化性。旅游经营很大程度上是一种活文化的经营,这种活文化的经营就必须注重过程的文化性。如各地普遍组织的各类旅游文化节,从项目构思、总体框架到开展过程,都要充分体现独具本土特色的文化内涵,才能形成特品。

知识拓展

旅游产业(扫右侧二维码)

第二节 旅 行 社

一、旅行社的定义

旅行社是为旅游者提供各种服务的专业机构,在不同的国家和地区有着不同的定义。

(一)国际上关于旅行社的定义

世界旅游组织给出的定义为"零售代理机构向公众提供关于可能的旅行、居住和相关服务,包括服务酬金和条件的信息。旅行组织者或制作批发商或批发商在旅游需求提出前,以组织交通运输,预订不同的住宿和提出所有其他服务为旅行和旅居做准备"。

美洲旅行社协会的定义为:接受一个或一个以上"法人"委托,从事旅游销售业务或提供有关服务的个人或公司。

现代旅行社的起源地欧洲给出的定义为:"旅行社是一个以持久营利为目标,为旅客和游客提供有关旅行及居留服务的企业。"

(二)我国关于旅行社的定义

1996年10月国务院颁布的《旅行社管理条例》,对我国旅行社的定义做出了明确规定:旅行社"是指有营利目的,从事旅游业务的企业"。这里的旅游业务具体是指"为旅游者代办出境、入境和签证手续,招徕、接待旅游者旅游,为旅游者安排食宿等有偿服务的经营活动"。

2009年5月1日国务院出台的《旅行社条例》规定:"旅行社,是指从事招徕、组织、接待旅游者活动,为旅游者提供相关的旅游服务,开展国内旅游业务、入境旅游业务和出境旅游业务的企业法人。"

综上所述,凡是经营旅游业务的营利性企业,都属于旅行社。

二、旅行社的作用

旅行社在旅游业中犹如一个桥梁和纽带,把旅游过程中的食、宿、行、游、购、娱等环节联结起来，并通过旅游客源的组织和旅游产品的生产，将旅游业各个部门之间紧密地联系在一起，从而使旅游业内部形成了一个相互依存、相互制约的有机的整体。旅行社在现代旅游业中有以下两个方面的作用：

(一)旅游活动的组织者

从旅游者需求的角度看，旅游者在旅游活动中，需要各种旅游服务，如交通、住宿、餐饮、游览、购物、娱乐等。而提供这些服务的部门和企业分别属于不同的行业，相互之间联系比较松散。旅行社在自己的经营活动中，从分属于不同部门的企业购买各种旅游服务产品，再把这些产品组合起来系统地提供给旅游者，使旅游者的旅游活动得以顺利地开展。旅游企业之间的相互联系和衔接，有赖于旅行社的组和协调。可见，旅行社不仅为旅游者组织旅游活动，还在旅游业各个组成部门之间起着组织和协调作用。旅行社既是旅游客源的组织者，也是旅游市场的开拓者。

(二)旅游产品的销售渠道

从旅游目的地的供给角度看，旅行社是旅游产品的销售渠道。与旅游活动有关的行业和部门，如交通运输部门、住宿业、酒楼餐馆、商业购物等部门，虽然也直接向旅游者出售自己的产品，但其大多数的产品是通过旅行社销售给旅游者的，旅行社通过其产品的生产将其他相关的行业和部门的产品也销售给旅游者，成为这些企业的旅游产品的销售渠道。

三、旅行社的分类

由于各国旅行社行业发展水平和经营环境的不同，世界各国旅行社行业分工的形成机制和具体分工状况存在着较大的差异，这种差异决定了各旅行社企业的经营范围的不同。

(一)国外旅行社的分类

1. 旅游批发经营商

旅游批发经营商是指主要经营批发业务的旅行社或旅游公司。所谓批发业务是指旅行社根据自己对市场需求的了解和预测，大批量的订购交通运输公司、饭店、目的地经营接待业务的旅行社、旅游景点等有关旅游企业的产品和服务，然后将这些单向产品组合成为不同的包价旅游线路产品或包价度假集合产品，最后通过一定的销售渠道向旅游消费者出售。

2. 旅游零售商(旅游代理商)

旅游零售商主要以旅行代理商(Travel Agent)为典型代表，当然也包括其他有关的代理预订机构。一般来讲，旅行代理商的角色是代表顾客向旅游批发经营商及各有关行、宿、游、娱方面的旅游企业购买其产品。同样，也可以说旅行代理商的业务是代理上述旅游企业向顾客销售其各自的产品。旅行代理商提供的服务是不向顾客收费的，其收入主要来自被代理企业支付的佣金。

20世纪初，旅行代理商主要服务于商务旅行市场，为其代理车船票务，代理商的数目较少，规模也不大。直到20世纪五六十年代，航空交通运输的发展促进了大众旅游的发展，由此旅行代理商开始大量出现和发展。旅行代理商数量的增加是和旅游批发商急欲扩大自己占有的市场份额而自身直接销售力量不足这一背景分不开的。

很多旅游批发商和其他旅游企业不愿再因向旅行代理商支付佣金而削弱自己的产品在价格方面的竞争力，更重要的是，电子计算机和网络技术在旅游问询及预订方面的应用增强了他们自己直接销售的力量，这给旅行代理商的发展前景带来了一定的威胁。

(二)我国旅行社的分类

1. 按经营范围划分

我国的旅行社主要是按经营范围划分类型。1996年前分为三类社：一类社招徕、接待海外旅游者；二类社接待海外旅游者；三类社只能经营国内旅游业务，分管于国家旅游局和各地旅游局。根据1996年颁布的我国《旅行社管理条例》(下面简称《条例》)，我国对旅行社的分类作了新的调整。《条例》中按照不同旅行社的经营范围，将我国的旅行社划分国际旅行社和国内旅行社。在2000年以后国家旅游局不再具体管理旅行社的事务，全交由当地的旅游局。

国际旅行社的经营范围包括入境旅游业务、出境旅游业务和国内旅游业务。具体业务内容包括：①招徕外国旅游者来中国，华侨与香港、澳门、台湾同胞归国及回内地/大陆旅游，为其安排交通、游览、住宿、饮食、购物、娱乐及提供导游等相关服务；②招徕我国旅游者在国内旅游，为其安排交通、游览、住宿、饮食、购物、娱乐及提供导游等相关服务；③经国家旅游局批准，招徕、组织我国境内居民到外国和我国港澳台地区旅游，为其安排领队及委托接待服务；④经国家旅游局批准，招徕、组织我国境内居民到规定的与我国接壤国家的边境地区旅游，为其安排领队及委托接待服务；⑤经批准，接受旅游者委托，为旅游者代办入境、出境及签证手续；⑥为旅游者代购、代订国内外交通客票，提供行李服务；⑦其他经国家旅游局规定的旅游业务。

国内旅行社的经营范围仅限于国内旅游业务。具体业务内容包括：①招徕我国旅游者在国内旅游，为其安排交通、游览、住宿、饮食、购物、娱乐及提供导游等相关服务；②为我国旅游者代购、代订国内交通客票，提供行李服务；③其他经国家旅游局规定的与国内旅游有关的业务。

2. 按业务划分

目前国内各地的旅行社从业务上可分为：组团社、办事处(也可以称为：批发商、分销商、代理商、同行)、地接社。

组团社：是指在出发地并与客人签订旅游合同的旅行社。

办事处：是指地接社设在出发地城市的办事机构或者代理，此类办事机构并没有经营权不合法。

地接社：是指旅游目的地接待出发地组团社游客的旅行社。

当然还有一些俱乐部及不合法的旅游机构，他们更没有相关的资质。

案例 5-1

旅游的接待机构

小王是四川人,要去旅游,组团社推荐了一款东北6日游,成本900元,收团费1000元/人,利润100。小王报名后回家等待通知出行即可。此时,组团社把小王的信息上传给同业社,同业接到了客人信息,开始安排东北的机票、吃喝住行,以及全程的服务。客人到了东北后,会有东北的地接社派导游领着客人游览,团期满后、客人返回四川,此次旅游结束。

(资料来源:https://baijiahao.baidu.com/s?id=1611374789085158347&wfr=spider&for=pc)

【思考题】跟团旅游需要由哪些接待机构来完成?

【分析】游客的一次报团旅游,需要由组团社、同业社、地接社的共同配合,旅游活动过程中的各个环节都需要旅行社复杂的操作来实现。

四、旅行社的基本业务

(一)委托代办业务

委托代办业务主要是针对散客的需要开办的。旅行社与相关单位和企业有着良好的业务关系和从这些部门及企业得到廉价的合同价格和各项旅游服务,如客房、各类交通票等。代办业务根据游客的具体需要,提供多样化的服务,如代客订房、代办签证、代购车(船、机)票、代租汽车、接站送站等。

(二)设计、开发旅游产品

旅游产品是旅行社赖以生存的基础,设计旅游线路是旅行社最基本的业务。通过向旅游提供服务的部门或企业,如交通、住宿、餐饮、娱乐、旅游景区(点)、保险等,购买旅游要素,或直接购买接待社的旅游产品,将其包装成自己的旅游产品,并进行宣传、促销活动,出售给旅游者。

(三)接待服务

接待服务包括两个方面,即团队旅游接待服务和散客旅游接待服务。团队旅游接待服务包括组团旅游业务和接团旅游业务。

1. 组团旅游业务

组团旅游业务是指旅行社预先制定包括旅游目的地、日程、交通或住宿服务内容、旅游费用的旅游计划,通过广告等推销方式招徕旅游者,组织旅游团队,为旅游者办理签证、保险等手续,并通过接待计划的形式与接团旅游业务进行衔接。

2. 接团旅游业务

接团旅游业务是指根据旅游接待计划安排,为旅游者在某一地方或某一区域提供翻译导游，安排旅游者的旅行游览活动，并负责订房、订餐、订票、与各旅游目的地的联络等，为旅游者提供满意的综合服务。

3. 接待安排散客旅游

旅行社除组织接待团体旅游外，还承办和接待散客旅游。散客是相对于团体而言的，主要是指个人、家庭及15人以下的自行结伴旅游者。散客旅游者通常只委托旅行社购买单项旅游产品或旅游线路产品中的部分项目。但实际上，有些旅游散客也委托旅行社专门为其组织一套综合旅游产品。例如有的散客也要求有关旅行社为其安排一整套全程旅游；有的则根据自己的意愿和兴趣，提出自己的旅游线路、活动项目及食宿交通的方式和等级，要求旅行社据此协助安排；有的则要求旅行社提供部分服务，例如要求提供交通食宿安排，而不需要其他服务。

接待散客旅游者人数的多少是一个旅游目的地成熟程度的重要标志，因为同团体游客相比，散客数量的增长通常要求该旅游目的地的接待条件更加完备和更加便利，否则该旅游目的地不足以吸引大量散客前来旅游。近些年来，世界上散客旅游正呈现出一种逐渐扩大的发展趋势，在来华旅游的海外游客中，散客的数量也有了很大的增长。这主要是因为散客旅游在内容上选择余地较大，游客活动比较自由，不像随团体旅游那样受固定安排的限制，能满足旅游者的个性化需求。

五、设立旅行社

(一)设立旅行社的条件

申请设立旅行社，经营国内旅游业务和入境旅游业务的，应当具备下列条件。

1. 有固定的经营场所

即申请者拥有产权的营业用房或者申请者租用的、租期不少于一年的营业用房。

2. 有必要的营业设施

需有2部以上的直线固定电话、传真机、复印机、具备与旅游行政管理部门以及其他旅游经营者联网条件的计算机。

3. 有经营人员

有经培训并持有省、自治州、直辖市以上人民政府旅游行政管理部门颁发的资格证书的经营人员。

4. 有规定的注册资本和质量保证金

国内旅行社：有不少于30万元的注册资本，此外，还需缴纳10万元人民币质量保证金。

国际旅行社：注册资本应不少于150万人民币。此外，经营入境旅游业务者，需缴纳60万元人民币质量保证金；经营出境旅游业务者，需缴纳100万元人民币质量保证金。

(二)关于质量保证金

1. 质量保证金的适用范围

(1) 旅行社违反旅游合同约定，侵害旅游者合法权益，经旅游行政管理部门查证属实的；

(2) 旅行社因解散、破产或者其他原因造成旅游者预交旅游费用损失的。请求质量保证金赔偿的实时效期限为 90 天，从赔偿请求人受侵害事实发生时计算。

2. 质量保证金不适用情形

(1) 旅行社因不可抗力因素不能履行合同的；
(2) 旅游者在旅游期间发生人身、财物意外事故的；
(3) 适用保证金情形之外的其他经济纠纷；
(4) 超过规定的时效期限的；
(5) 司法机关已经受理的。

案例 5-2

文化和旅游部退还旅行社质量保证金，舒缓企业现金流压力

2020 年 2 月 26 日，国务院联防联控机制就加大力度帮扶住宿餐饮、文体旅游等受疫情影响严重行业工作情况举行发布会。

文化和旅游部市场管理司司长刘克智会上表示，疫情发生以来，旅游行业受到严重的影响，旅游企业也面临着经营困境，文化和旅游部高度重视，同年 2 月 5 日印发了相关的通知，决定向旅行社暂退部分旅游服务质量保证金，暂退的范围为全国已依法缴纳保证金、领取旅行社业务经营许可证的旅行社，暂退标准是现有缴纳额的 80%。各地文化和旅游行政部门按照要求确定了专人专班，建立了工作台账，主要加强与各银行联络，为旅行社提供服务。据统计，全国有 3.9 万家旅行社，截至 2 月 25 日提出暂退质保金的共 35200 家，占旅行社总数的 90%。应退保证金总额达到 80 亿人民币，现在已经退还了 34.62 亿元。从反馈的情况看，暂退保证金的政策有效地舒缓了企业现金流的压力。

(资料来源：http://news.jcrb.com/jxsw/202002/t20200227_2120384.html)

【思考题】该案例中质量保证金的退还起到了什么作用？

【分析】旅行社质量保证金(以下简称"保证金")是保障旅游者权益的专用款项。根据《旅行社质量保证金存取管理办法》第十一条的规定，旅行社因解散或破产清算、业务变更或撤减分社减交、三年内未因侵害旅游者合法权益受到行政机关罚款以上处罚而降低保证金数额 50%等原因，需要支取保证金时，旅游行政管理部门可予以支持将保证金退还给旅行社。该案例中，文化和旅游部考虑到旅行社因疫情影响，经营困难，因此退还部分保证金，不属于以上条例规定的赔偿类型。体现了质保金不单是保障旅游者权益，也保障了旅行社的权益。

(三)申请设立旅行社的程序和申报材料

1. 设立旅行社的程序

申请设立国际旅行社，应当向所在地的省、自治区、直辖市人民政府管理旅游工作的部门提出申请；省、自治区、直辖市人民政府管理旅游工作的部门审查同意后，报国务院旅游行政主管部门审核批准。

申请设立国内旅行社，应当向所在地的省、自治区、直辖市管理旅游工作的部门申请批准。

2. 申请设立旅行社的材料

(1) 设立申请书；
(2) 设立旅行社可行性研究报告；
(3) 旅行社章程；
(4) 旅行社经理、副经理履历表和本条例第六条第三项规定的资格证书；
(5) 开户银行出具的资金信用证明、注册会计师及其会计师事务所或者审计师事务所出具的验资报告；
(6) 经营场所证明；
(7) 经营设备情况证明。

3. 申请书审核原则

旅游行政管理部门收到申请书后，根据下列原则进行审核：
(1) 符合旅游业发展规划；
(2) 符合旅游市场需要；
(3) 具备本条例第六条规定的条件。

旅游行政管理部门应当自收到申请书之日起30日内，做出批准或者不批准的决定，并通知申请人。

旅游行政管理部门应当向经审核批准的申请人颁发《旅行社业务经营许可证》，申请人持《旅行社业务经营许可证》向工商行政管理机关领取营业执照。

未取得《旅行社业务经营许可证》的，不得从事旅游业务。

案例 5-3

旅行社设立服务网点"先斩后奏"未备案被罚款

来湖南旅游不得不去的最美景点就是张家界了！为推介张家界旅游，张家界新中旅国际旅行社有限公司在长沙县黄花镇机场口社区设立了一个服务网点，但是，该服务网点未在规定期限内备案。

2018年，长沙县行政执法二分局执法人员在全县范围内开展旅游专项行动，发现了该问题，立即展开调查。经调查核实，该服务网点于2017年年底开设，虽然取得了工商营业执照，但无法提供《旅行社服务网点备案登记证明》。执法人员固定证据后，依法给予该公司罚款2000元的行政处罚。

该公司负责人称，由于公司总部在张家界，相关资料还没来得及准备齐全，但又急于在长沙拓展业务，因此才会仓促开业。执法人员通过调查获悉，目前，该服务网点暂未接纳业务。

(资料来源：https://news.changsha.cn/html/187/20180423/2291485.html)

【思考题】该公司的做法错在哪里？

【分析】该公司违反了《旅行社条例实施细则》第二十三条第一款"设立社向服务网点所在地工商行政管理部门办理服务网点设立登记后，应当在3个工作日内向服务网点所在地与工商登记同级的旅游行政管理部门备案"的规定。

知识拓展

中国十大旅行社排名(扫右侧二维码)

第三节 旅 游 交 通

一、旅游交通的定义

旅游交通是指旅游者利用某种手段和途径，实现从一个地点到达另外一个地点的空间转移过程。它既是旅游者"抵达目的地的手段，同时也是在目的地内活动往来的手段"。

旅游活动一个重要的特点是具有异地性，要离开自己的常住地前往另一地区游览、参观，而要实现这种异地访问必然需要交通的连接，因此旅游交通也是旅游业的一个重要支柱，为旅游业及旅游活动本身的发展提供了重要的工具。但旅游交通不仅仅是作为一种两地之间转移的工具，有些情况下旅游交通本身也是吸引旅游者的重要资源，因为在乘坐交通工具的同时也可以欣赏沿途的风光景色。

二、旅游交通的特点

旅游交通业作为一个相对独立的产业有其自身的特点，作为一个交叉性产业，它还具有国民经济交通运输业的特征。简单来讲，旅游交通业具有如下特点。

(一)游览性

游览性是旅游交通区别于普通交通运输的最明显的特征。首先，旅游交通一般只在旅游客源地与目的地间进行直达运输，在若干旅游目的地之间进行环状运输，使旅游者迅速到达，便于游览，使一次旅行能到达尽量多的旅游景点。其次，在旅游交通的设施方面，旅游交通工具一般都装饰豪华，车窗宽大而明亮，便于人们领略沿途风光。再次，某些特殊形式的旅游交通本身就是游览工具。如羊皮筏、游船、渡船、索道、缆车、轿子、滑竿、马匹、骆驼等，因其本身具有民族特色和地方风格，这些特殊的旅游交通工具既方便了旅游者，又能满足人们求知、求乐、求异、求奇的心理，对旅游者有很大的吸引力。

(二) 季节性

由于旅游本身具有较强的季节性，使得旅游交通具有季节性变化的特点。旅游交通服务是一个过程，生产和消费同步进行，不可贮存。运输力量在一定的时期内是一个定值。当旅游旺季到来时，游客人数的变动必然导致旅游交通在运力方面的紧张，相反旅游淡季时运力还会过剩。对此旅游交通部门往往利用票价浮动的杠杆来调节旅游需求。如民航部门在旅游淡季对机票进行打折。

(三) 舒适性

旅游交通更强调舒适性。不管是飞机还是车、船，在车厢设施、服务质量、服务项目等方面，都追求舒适性。旅游交通工具如飞机、火车、汽车等，往往带有空调、音像设备、角度可调的高靠背椅等，这样游客在乘坐时能使身体得到休息，精神得以放松。这些完备的旅游交通设施可以为游客提供更舒适的旅游服务，使旅游者在完成旅游活动的同时，可以得到更好的休息。

(四) 区域性

旅游交通本身具有一定的区域性。旅游交通线路根据旅游客流的因素，集中分布在旅游客源地与目的地以及旅游目的地内各旅游集散地之间，具有明显的区域特征。旅游交通从其运送游客的区域空间及人们的旅游过程来看，可以分为大、中、小三个范围。大范围的旅游交通，指的是从旅游客源地到旅游目的地所依托的中心城市之间的交通，它的地域空间主要是跨国或跨省。交通方式主要是航空、铁路和高速公路。中范围的旅游交通，是指从旅游中心城市到旅游景点之间的交通。它的交通方式主要是铁路、公路和水路交通。小范围的旅游交通，是指风景区内部连接各景点之间的旅游交通。其交通方式主要是徒步或特种旅游交通。如索道、游船、骑马、滑竿等。

三、旅游交通的主要类型

旅游交通可以划分为航空、铁路、公路、水路和特种旅游交通等基本类型。在旅游业中，对旅游交通的基本要求是安全、快速、舒适、方便、经济。各种旅游交通类型由于运输方式的不同都存在不同的弱点和局限性。因此，各类旅游交通方式应充分发挥各自的优势，更好地为旅游业服务。

(一) 航空旅游交通

航空交通在各种交通运输方式中历史最短、发展最快。其优点是速度最快，交通线路最短，可以跨越地面上的各种自然障碍的交通工具，是远距离旅行的主要交通方式。缺点是飞机的购置费用太高，耗能大，运量相对小，受气候条件的影响大，只适合远距离、点对点之间的旅行，不适合做近距离的运输。因此航空旅游交通必须和其他交通工具相互配合、取长补短，共同完成旅游交通服务。

案例 5-4

中国将成全球航空发展最大引擎

2018 年年底，通过 9 年努力、3 年建设，岳阳三荷机场正式通航。此外，温州龙湾机场 T2 航站楼、桂林两江机场 T2 航站楼、哈尔滨太平机场 T2 和广州白云机场 T2 等各大机场的全新航站楼也在 2018 年投入使用，为旅客提供了更多的出行选择。

随着经济的发展，如今的民航与铁路、公路等交通方式一样，已成为国民出行的重要方式之一。但是由于地区发展的不均衡，许多中型城市都还没有民用机场。

据国际航协报告预测，随着中国将在未来 20 年新增旅客 10 亿人次，旅客运输总量将达 16 亿人次，中国必将成为推动全球航空运输业发展的最大引擎。

《中国民用航空发展第十三个五年规划》提出，到 2020 年民航旅客周转量比重将达到 28%，运输总周转量达到 1420 亿吨公里，旅客运输量 7.2 亿人次，货邮运输量 850 万吨。从目前的规划来看，中国的机场数量很可能在 2035 年达到 450 座。

(资料来源：https://zhuanlan.zhihu.com/p/80040558)

【思考题】中国为何要大力发展航空交通？

【分析】在当今时代，高速性具有无可替代的特殊价值。便捷的交通方式是决定旅行能否顺利完成的先决条件，在众多的交通方式当中，航空交通在远距离旅游当中最为便捷，是长途、远距离旅行的理想运输方式。

(二)铁路旅游交通

铁路交通是发展较早的一种交通，因它的出现而促进了旅游业的发展，是现代空间位移的主要形式。在我国，铁路旅游交通一直居于主要地位，是国内的长距离旅游交通的主要旅行方式。铁路旅游交通的优点是运量大、速度快、价格低、在乘客心目中安全性较强、途中可沿途观赏风景、乘客能够在车厢内自由走动和放松、途中不会遇到交通堵塞以及对环境的污染较小等。不足之处是灵活性差、建设周期长、建设投资大、耗能较大等。

(三)公路旅游交通

公路旅游交通是世界上最受欢迎的短途运输方式，该方式所占比重高达 66%～69%。其最大的优点是自由灵活、方便舒适，可以随时随地停留和任意选择旅游地点，短途旅行速度快，公路建设投资少、工期短、见效快；但运载量小，受气候变化影响较大，安全性能较差，排出的尾气对大气有污染。

目前在西方经济发达国家，高速公路密集成网，汽车普遍进入家庭，很多人喜欢驾车在国内旅游或到邻近国家旅游。随着我国高速公路网的修建，轿车越来越多地进入家庭，汽车旅游也表现出强劲的发展势头。在很多地区的旅行社已经开展了自驾游的旅游项目，一些拥有轿车的家庭也会采取驾车自助出游的方式。

(四)水路旅游交通

水路旅游交通主要包括远程定期班轮服务、海上短程渡轮服务、游船服务和内河客运服务四种。在各种旅游交通的价格中，乘坐轮船的价格最为便宜，且远远超过了大型飞机的运载量。现代水路旅游交通中，游轮是一种比较受欢迎的交通工具。旅游客轮有"流动的旅馆"之美誉，游客不仅可以在游轮上食宿，因游船活动空间大，还配有各种大众娱乐设施，游客可以在船上享受悠闲舒适的旅游生活。在巡游过程中可以在不同地点登岸游览观光，也可以在船上尽情地观赏湖光山色、两岸美景。近几年，游船又有了新的发展，许多国家开展各种特色各异的游乐项目，借助游船来实现游客的跨国旅游。

水路旅游交通具有运载力大、能耗小、成本低、舒适等优点。大型的游轮一次可以运载数百至上千名旅客。不利的方面是：行驶速度慢，受季节、气候和水域情况的影响，准时性、连续性和灵活性相对较差、时间较长。

(五)特种旅游交通

特种旅游交通主要是指为满足旅游者某种特殊需求而产生的旅游交通方式。除了为旅游者提供空间位移服务之外，还可以满足游客的娱乐需求。根据其自身的特殊性特种旅游交通可分为以下几类。

(1) 用于景点和景区内的专门交通工具，如观光游览车、电瓶车等。
(2) 在景点和景区内的某些特殊地段，为了旅客旅行安全或减少行走距离、节省体力而设置的交通工具，如缆车、索道、渡船等。
(3) 有探险娱乐及在特殊需要情况下使用的交通工具，如帆船、飞翔伞、热气球等。
(4) 带有娱乐性质，辅助旅游者游览观赏的旅游交通工具，如轿子、滑竿、马匹、骆驼等。

其优点是：因有些项目带有娱乐、观赏性质，可以提高旅游价值，进而招徕游客；还便于辅助老弱病残游客完成旅游活动。不足之处就是有些特种旅游交通会造成与风景名胜的不协调现象。

四、旅游交通的作用

旅游交通是旅游业的重要组成部分，是旅游业发展的命脉。现代大众旅游之所以迅猛发展，除了经济发展、人民收入水平提高的原因以外，交通运输的进步也是重要原因。

(一)旅游交通是旅游者完成旅游活动的先决条件

旅游者外出旅游时要解决从定居地到旅游目的地的空间位移问题，如果没有交通作为先决条件，旅游者的空间位移难以实现。早期人类的旅游活动伴随着马、牛、驴和独木舟等交通工具的出现而产生。18世纪中叶以后，工业革命导致了轮船、火车、汽车、飞机等交通工具的出现，从而为近代旅游活动的开展和近代旅游业的产生提供了必要条件。第二次世界大战之后，比较完善的现代交通运输体系在世界范围内已经形成，尤其是公路和航空运输的普及，促进了现代旅游业的诞生。良好的交通运输条件可以促进旅游业健康、稳定的发展。凡是交通运输业发达的国家和地区，其旅游业也相对发达。美、英、德、法、西班牙、日本等交通运输业发展较早、基础雄厚的国家也正是旅游业发展最早、最发达的国家。我国国际旅游业首先发源于北京、上海、广州等交通运输业发达的航空口岸城市，然后再向交通运输业较为发达的其他大、中城市蔓延。

(二)旅游交通是发展旅游业的命脉

旅游交通承担着旅游者在旅游客源地与接待地之间的运送任务，解决旅游者进出旅游接待地的对外交通问题。同时还要承担旅游者在旅游目的地内各交通站、饭店、餐馆、景点、商店、文体娱乐场所之间的交通运输任务，解决旅游者在旅游目的地内的疏散问题。旅游交通畅通，旅游者才能"进得来、散得开、出得去"，旅游服务、设施和资源才能得到充分利用，从而保证旅游业正常发展，实现良好的经济效益和社会效益。否则，便会产生"瓶颈"效应，导致旅游服务、设施和资源的闲置和浪费，从而严重制约和抑制旅游业的发展。

(三)交通运输业是旅游收入和旅游创汇的重要来源

旅游交通是旅游产品不可缺少的组成部分，其外汇收入和货币回笼额在旅游业总收入中占有相当大的比重，因此成为旅游创收的重要渠道。在旅行游览活动中，饮食、住宿和交通三项费用是旅游者最基本的旅游消费，旅游收入主要来源于此。旅游交通是旅游者在旅游活动过程中使用最为频繁的服务，交通费用产生的收入在旅游业总收入中占有相当的比重，成为旅游业收入的重要组成部分。

"交通+旅游"推动全域旅游发展(扫右侧二维码)

第四节　旅　游　饭　店

一、旅游饭店的定义

饭店一词起源于法语，原意是指法国贵族在乡下招待贵宾的别墅。在《利尔百科全书》中饭店一般地说是为公众提供住宿、膳食和服务的建筑与机构。《美利坚百科全书》中，饭店是装备完好的公共住宿设施，它一般都提供膳食、酒类以及其他服务。

中国国家标准《旅游饭店星际的划分与评定》(GB/T 14308—2010)中给出的定义是："能够以夜为时间单位向旅游客人提供配有餐饮及相关服务的住宿设施，按不同习惯它也被称为宾馆、酒店、旅馆、旅社、宾舍、度假村、俱乐部、大厦、中心等。"

综上所述，旅游饭店是以旅游接待设施为依托通过向旅游者及所在社区提供住宿、餐饮、娱乐等综合服务来实现经济效益和社会效益的企业。

二、旅游饭店的作用

旅游饭店是衡量一个国家或地区综合旅游接待能力的重要指标，是一国旅游业发展水平的重要标志。

(一)旅游饭店是发展旅游业的重要前提

旅游饭店作为旅游者住宿的必要设施,是旅游业不可或缺的重要组成部分。现代旅游饭店不仅能够为客人提供住宿服务,而且能够提供具有地区特色的餐饮、娱乐、康体、保健、商务、购物、订票、租车等多种服务,以满足现代旅游者多元化的需求。旅游者到达旅游目的地后,饭店就成为客人了解旅游目的地各种有关信息,并获得相关的旅游服务的重要渠道。饭店的规模、档次和结构是一个国家或地区旅游业发展的重要物质基础,也是其旅游业发展水平的重要标志。

(二)旅游饭店是解决就业的重要部门

饭店一方面是需要较大资金投入的企业,同时饭店的服务业性质也要求饭店业要雇用较多的人力来完成服务的提供,相对于一般的企业能够安排更多的人员就业,再加上旅游业所具有的联动作用,还可以带动其他行业增加一定数量的就业机会。一般来说,饭店每增加一间客房,就可为社会提供1~3人的直接就业岗位,3~5个间接就业机会。

案例5-5

在家门口就业——塞尚驿栈迎八方客

弥陀山下,万泉河旁,隐于青山之间,一派淳朴天然。塞尚驿栈,位于大同市新荣区郭家窑乡,曾经是一片废弃的场院。如今,作为一家集餐饮、住宿、休闲、文化交流、会议培训于一体的乡村旅游设施,塞尚驿栈正以崭新的面貌和浓郁的塞北风情喜迎八方来客。近年来,新荣区引领旅游开发走上快车道,大力推进全域旅游脱贫工程。塞尚驿栈的改造升级,无疑是其中成功的一例。

致力"旅游+精准脱贫";拓展旅游发展受益面。塞尚驿栈所打造的特色民宿,不仅盘活了村里的闲置土地,也为村民提供了家门口就业的机会。"以前在外务工,一个月休5天,只能回两次家,现在可好了,不出远门就能挣钱,照顾家人也方便……"家住郭家窑乡的李翠枝说,她以前在市里饭店打工,而现在每天只需步行7分钟,就能到位于乡政府所在地郭家窑的塞尚驿栈上班,目前她在这里从事客房保洁工作。和李翠枝一样,在塞尚驿栈找到活干的还有很多人,他们都是郭家窑村和附近的村民。能在家门口就业,是他们现在最满意的事儿。据不完全统计,2018年塞尚驿栈解决就业50多人,接待游客上万人次。

今后,塞尚驿栈将继续深入挖掘各镇村红色文化休闲农业、民俗文化等特色教育、旅游资源,依托当地人文历史,以农、文、旅结合发展为特色,把乡村旅游与精准扶贫深度结合打造旅游扶贫新模式,撬动"民宿+"战略的最大合力,打造出完整的全域旅游产业,实现就业扶贫更大效益。

(资料来源:http://epaper.sxrb.com/shtml/sxrb/20190110/239037.shtml)

【思考题】你认为上述案例中提到的客栈为百姓就业提供了怎样的便利?

【分析】乡村民宿是乡村旅游发展的重要内容,也是解决游客住宿和当地百姓就业的很好平台。该案例中的塞尚驿栈给当地百姓带来的最大便利就是解决了部分人就业的问题。以前是需要出远门才能挣钱,现在是完全可以在家门口挣钱,同时还能照顾家人。

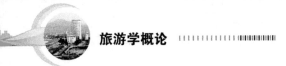

(三)旅游饭店是社交活动的重要场所

饭店能为社交活动提供良好的环境和完善的服务,尤其是现代饭店的多功能化,更加能够保证社交活动的顺利完成,因此,成为各种社交活动的重要场所。现代饭店可以提供大型的会议室、宽敞的宴会厅、典雅的咖啡厅、轻松的酒吧等良好环境,还可以提供会议服务、餐饮服务、商务服务等完善的服务,无论是文化、科技、技术交流,商务谈判和宴请,记者招待会,时装发布会等,都可以选择能提供相应环境和服务的饭店。

三、旅游饭店的兴起与发展

(一)世界饭店业发展简介

自人类的旅游活动出现起,为旅游者提供食宿的设施便应运而生。相传欧洲最初的食宿设施始于古罗马时期,此后经历了所谓的古代客栈时期、大饭店时期、商业饭店时期、现代新型饭店时期等阶段。

1. 古代客栈时期

从 11 世纪到 18 世纪,是古代客栈时期。最早期的客栈,可以追溯到人类原始社会末期和奴隶社会初期,是为适应古代国家的外交交往、宗教和商业旅行、帝王和贵族巡游等活动的要求而产生的。15 世纪至 18 世纪为客栈盛行时期,这一时期英国和法国的客栈业最为发达。客栈的特点是:一般规模都很小,设备简易,价格低廉;仅提供简单的食宿、休息的场所或车马等交通工具;以官办为主,也有部分民间经营的小店。

2. 大饭店时期

18 世纪末至 19 世纪末,是饭店业发展史上的大饭店时期。18 世纪末,美国的饭店业有了较快的发展。以 1794 年在美国纽约建成的第一座经过专门设计、由股份公司建设经营的饭店——都市饭店为标志,美国饭店业进入了大饭店时期。1829 年,伴随着大量的殖民地商业活动的开展,在波士顿落成了一座现代化的大饭店——特莱门饭店,该饭店拥有 170 套客房,是当时美国有史以来规模最大、造价最高的大楼。特莱门饭店开创了现代饭店业的先河,推动了美国乃至欧洲饭店业的蓬勃发展。

3. 商业饭店时期

19 世纪末至 20 世纪 50 年代,是商业饭店时期。1908 年,当时世界上最大的饭店业主,美国的埃尔斯沃思·弥尔顿·斯塔特勒(1863—1928)。在美国纽约水牛城建造了斯塔特勒饭店,其特点是每套客房都有浴室,而且房价仅 1 美元 50 美分。开创了现代饭店管理的先河。商业饭店时期是世界各国饭店最为活跃的时代,是饭店业发展的重要阶段,它使饭店业最终成为以一般平民为服务对象的产业,它从各个方面奠定了现代饭店业的基础。

4. 现代新型饭店时期

从 20 世纪 50 年代开始,饭店业发展进入了现代新型饭店时期。第二次世界大战以后,北美洲的饭店集团得到了极大的发展,并逐步扩展到了世界其他地方,国际性饭店集团开始崛起。20 世纪 40 年代末,隶属于美国泛美航空公司的洲际酒店公司成立,随即在拉美国家建立几家饭店。

这一时期的主要特点：世界上出现了国际性的大众化旅游，旅游市场结构的多元化促使饭店类型多样化，出现了度假型饭店、观光型饭店、商务型饭店、会员制俱乐部饭店、公寓饭店等；市场需求的多样化促使饭店设施不断更新，经营方式也变得灵活；饭店产业的高利润加剧了市场竞争，促使饭店与其他行业的企业联合或走向连锁经营、集团化经营的道路；科学技术革命和科学管理理论的发展，使现代饭店管理日益科学化和现代化。

(二)中国饭店业发展简介

在中国，饭店设施的最早出现可追溯到春秋战国甚至更久远的时期，而唐、宋、明、清代则被认为是饭店业得到较大发展的时期。19世纪末，中国饭店业进入近代饭店业阶段，但此后一直发展缓慢。改革开放后，中国饭店业有了长足发展，但与世界水平相比仍有不小的差距。

截止到2017年1月1日，我国有限服务酒店总数已达到24150家，同比增加2669家，客房总数为2134690间，同比增加165545间，增长幅度为8.41%，其中中端酒店2342家，增长幅度为33.91%；经济型酒店21808家，增长幅度为10.52%。

2007—2016年，中国旅游饭店业发展处于持续高速增长状态，有限服务酒店数量从2007年的1698家增长到2016年24150家，年均复合增长率达30.93%，有限服务酒店客房数量从2007年的188788间增长到2016年的2134690间，年均复合增长率达34.31%。

四、旅游饭店的类型

(一)根据饭店的经营特色分类

根据饭店的经营特色分类，可分为商务型饭店、度假型饭店、会议型饭店、汽车饭店、公寓饭店和精品特色饭店。

1. 商务型饭店

商务型饭店(Commercial Hotel)一般位于城区，靠近商业中心，以接待商务旅游者为主。这类饭店适应性广，在饭店业中占的比例较大。商务型饭店除了讲求外观的时尚外，对内部的设施也要求堂皇舒适。为了满足客人的需要，必须要有完整的通信系统，如总机服务、电脑及互联网等；客房、餐厅、公共场所、会议室要有音响设备装置；整个饭店要有空调设备，有宽敞的大厅、走廊、洗手间等公共场所；餐厅要分宴会厅、小餐厅、音乐厅或夜总会厅；会议室要有各种类型，并配备全套会议设备；有训练有素、服务周到的员工，以及精通专业的各级管理人员。由于商务型饭店建在市内，地产和房产造价昂贵，而且饭店设备优良，管理完善，因此投资额也比其他类型的饭店投资额高。

2. 度假型饭店

度假型饭店(Resort Hotel)一般位于海滨、山区、温泉、海岛等自然环境优美、气候宜人并且交通便利的地区。由于度假型饭店的主题是为客人提供休闲娱乐、放松心情的地方，因此度假型饭店除了尽量营造悠闲的环境之外，还应因地制宜地开设各种娱乐体育项目，并配备完善的康乐设施，提供相关专业服务。

尽管度假型饭店的目标对象是度假类游客，但迫于竞争压力，也开始接待各种会议及会议团体，以求得在竞争中生存并盈利。有些大的度假型饭店配备了适宜各种会议的成套设施，将会议与度假融为一体，相辅相成。

3. 会议型饭店

会议型饭店(Convention Hotel)通常设在大都市或交通方便的游览胜地。由于其主要接待对象是各种会议团体，所以要求饭店设置不同类型和规格的会议厅、展览厅、贸易洽谈室等设施和配备相应的会议设备，如投影仪、录放像设备、扩音设备和先进的通信、视听设备，接待国际会议的饭店还需要配备同声传译装备。为了有效地帮助会议组织者协调和组织会议各项事务，饭店还应提供专业的维修服务和高效的接待服务。

从 20 世纪 60 年代中期开始，会议型饭店受到重视，并有了较快的发展。近年来，商业型饭店和度假型饭店打入会议型饭店的市场，也开始接待会议客人，这三类饭店已难以严格划分。

4. 汽车饭店

汽车饭店(Motor Hotel；Motel)是为自驾旅行的游客提供食宿等服务的饭店，常见于欧美国家公路干线上，以美国最多。汽车饭店在 20 世纪 50 年代后期有了较大的发展，在 20 世纪 60 年代继续发展，在 20 世纪 70 年代便达到了顶峰，现在已走下坡路。早期此类饭店设施简单，规模较小，有相当一部分仅有客房而无餐厅、酒吧，以接待驾车旅行者投宿为主。现在，汽车饭店不仅设施方面大有改善，而且提供现代化的综合服务。汽车饭店的特色在于建有大规模的停车场，提供免费或低价的停车服务。

案例 5-6

全国首家高端汽车酒店落户张家界

高山绝壁藏秘境，索溪河畔添新景。全国首家高端汽车酒店落户旅游胜地张家界，正敞开大门拥抱来自全球各地前来休闲度假的游客。

张家界路上汽车酒店，位于慈利县三官寺土家族乡罗潭村索溪河畔，临近 S306 省道，交通十分便利，地理位置优越，距离世界自然遗产地武陵源黄龙洞和张家界大峡谷玻璃桥景区均只需 5 分钟车程。酒店自然环境优美，背靠绿绿葱葱的高山，面朝索溪河畔的潺潺流水，近眺百丈绝壁，放眼悬崖顶上的茂密森林，时而有猴群攀岩爬壁，空气特别新鲜清新，且又闹中取静，堪称张家界旅游的一处秘境。

"每一个阳台都是风景，每一个客人都是家人……"张家界路上汽车酒店总经理侯宪平介绍，酒店由深圳万豪投资集团 2016 年投资修建，规划占地面积 16842 平方米，总建筑面积 16108 平方米，拥有各具特色亲水别墅式客房 188 间/套，159 个停车位，10 个房车户外汽车露营地。该酒店不仅能提供完善的自驾游相关设备和设施及租赁、销售、汽车美容、检测维修等配套服务，而且还有两栋高档会所，为高端自驾车队开展联谊活动提供优质服务。

（资料来源：https://baijiahao.baidu.com/s?id=1603804092035774663&wfr=spider&for=pc）

【思考题】张家界路上汽车酒店的建立带来了怎样的作用？

【分析】在这之前，湖南并无规格较好的汽车酒店，张家界路上汽车酒店的建立，填补了全国为自驾游车队和个人提供多种与自驾游出行相关的个性定制服务的空白，助推了全国汽车自驾游出行服务行业的健康发展。

5. 公寓饭店

公寓饭店(Apartment；Apart Hotel)主要向顾客提供长期或经常性居住服务，所以饭店有整套的生活设施及一些公用的健身娱乐设施，适宜家庭居住。公寓饭店的主要市场是那些因学习、工作以及其他原因需长期住在异地的人员。公寓饭店的单元或套房既可以出租，也可以出售，客人付租金也可以，购买也可以，比较灵活。

6. 精品、特色饭店

精品、特色饭店(Boutique Hotel)以提供独特、个性化的居住和服务水平作为自己与大型连锁酒店的区分。在酒店的设置和环境上，其强调"小而精致"；在服务方面，其采用的是管家式服务；在顾客群方面，其针对的是"有钱又有闲"的极少部分人群。

(二)根据饭店的规模分类

按照饭店规模大小，国际上通常将饭店划分为大型饭店、中型饭店和小型饭店三类。

1. 大型饭店

大型饭店一般指拥有 500 间以上标准客房，服务项目较齐全，设施比较豪华的饭店。通常大型饭店都是豪华饭店。随着世界旅游业的快速发展，许多中小型饭店也不断扩大规模而成为大型饭店。

2. 中型饭店

中型饭店一般指拥有300~500间标准客房的饭店。这类饭店设施齐备、精良，服务项目齐全，价格适中、合理，是一般旅游者较喜欢选择的饭店。

3. 小型饭店

小型饭店通常指拥有标准客房数在 300 间以下的饭店。但不同地区、不同国家也常有不同标准，如在美国，通常认为客房数不足 100 间的才算是小型饭店，也有地区认为客房数在 50 间以下的才是小型饭店。

(三)根据星级分类

根据《中华人民共和国星级酒店评定标准》将酒店按等级标准是以星级划分，分为一星级到五星级 5 个标准。星级以镀金五角星为符号，五颗白金五角星表示白金五星级。最低为一星级，最高为白金五星级。星级越高，表示旅游饭店的档次越高。

1. 一星级酒店

一星级酒店要有适应所在地气候的采暖、制冷设备；16 小时供应热水；至少有15 间可供出租的客房；客房、卫生间每天要全面整理一次，隔日或应客人要求更换床单、被单及枕套，并做到每客必换；能够用英语提供服务。

2. 二星级酒店

二星级酒店在上述基础上还需要有叫醒服务；18 小时供应热水；至少有 20 间可供出租的客房；有可拨通或使用预付费电信卡拨打国际、国内长途的电话；有彩色电视机；每日或应客人要求更换床单、被单及枕套；提供洗衣服务；应客人要求提供送餐服务；4 层以上的楼房有客用电梯。

3. 三星级酒店

三星级以上酒店需设专职行李员，有专用行李车，18 小时为客人提供行李服务；有小件行李存放处；提供信用卡结算服务；至少有 30 间可供出租的客房；电视频道不少于 16 个；24 小时提供热水、饮用水，免费提供茶叶或咖啡，70%客房有小冰箱；提供留言和叫醒服务；提供衣装湿洗、干洗和熨烫服务；提供擦鞋服务；服务人员有专门的更衣室、公共卫生间、浴室、餐厅、宿舍等设施。

4. 四星级酒店

四星级饭店需要有中央空调；有背景音乐系统；18 小时提供外币兑换服务；至少有 40 间(套)可供出租的客房；70%客房的面积(不含卫生间)不小于 20 平方米；提供国际互联网接入服务；卫生间有电话副机、吹风机；客房内设微型酒吧；餐厅餐具按中西餐习惯成套配置、无破损；3 层以上建筑物有数量充足的高质量客用电梯，轿厢装修高雅；代购交通、影剧、参观等票务；提供市内观光服务；能用普通话和英语提供服务，必要时能用第二种外国语提供服务。四星级分准四星级和四星级。

5. 五星级酒店

五星级指的是酒店综合水平达五星的酒店。综合以上的服务都有，设备十分豪华，设施更加完善，除了房间设施豪华外，服务设施齐全。各种各样的餐厅，较大规模的宴会厅、会议厅、综合服务比较齐全，有社交、会议、娱乐、购物、消遣、保健等活动中心。

五、饭店行业发展趋势

(一)中高端酒店发展仍有极大空间，未来将成为行业结构主体

根据对中国饭店协会数据整理，目前我国酒店行业豪华、中高端、经济型的比例约为 8%、27%、65%，目前国内酒店市场由低端经济型酒店占主导。而欧美等发达国家成熟的酒店市场通常呈现两边小中间大的"橄榄型"结构，目前欧美酒店业豪华、中高端、经济型的比例约为 20%、50%、30%，未来我国酒店行业结构布局将向欧美等发达国家酒店行业结构靠近，呈现中高端酒店为主体的特征。从目前国内酒店市场结构，中端酒店的发展仍有极大发展空间，未来中国的中高端酒店将迎来中长期的快速发展阶段。

(二)酒店行业轻资产化经营模式兴起

随着国家出台一系列"去杠杆"调控措施，坚定不移地将"解决资金空转、遏制资产泡沫、扭转脱实向虚"作为调控的目标，重资产类酒店转型升级迫在眉睫，必须通过出售

资产、降低杠杆以达到增加现金流、降低财务成本的目的。同时由于我国地产投资周期原因，现有存量物业规模较大，酒店自持物业成本过高。

酒店业从过去的重视资产运营转向重视管理品牌运营，从过去的不可持续的、消耗资源的重资产模式转向可持续的、租赁物业、重管理输出与品牌输出的轻资产模式。

(三)产品、文化与服务的精选化

随着酒店市场需求特点的不断转变、客源市场的逐步细分，客人除对酒店的硬件设施有较高的要求外，对服务的感受也变得更为细致，在消费过程中得到新奇、知识、艺术等体验成为住宿的目标，而目前市场主体经济型酒店"标准化、规范化、程序化"的产品及服务很难适应当前消费者的需求。因此，在酒店产品的设计上充分挖掘历史文化元素、打造特色主题酒店是产品走差异化发展的有效途径，也是酒店企业形成核心竞争力的关键，随着中产阶级的崛起，对产品、文化与服务的精选将逐渐成为酒店行业下一阶段的发展趋势。

知识拓展

中国旅游饭店业协会(扫右侧二维码)

第五节 旅游景区

一、旅游景区的概念

旅游景区(Tourist Attraction)是旅游业的核心要素，是旅游产品的主体成分，是旅游产业链中的中心环节，是旅游消费的吸引中心，是旅游产业面的辐射中心，作为旅游者的终极目的和核心，旅游景区的概念一直以来尚未形成一致的意见。

英美大学旅游专业给出的定义是：广义的旅游景区几乎等同于旅游目的地；狭义的旅游景区则是一个吸引游客休闲和游览的经营实体。

我国根据《旅游景区质量等级的划分与评定》(修订)(GB/T 17775)，给出的定义：旅游景区是以旅游及其相关活动为主要功能或主要功能之一的空间或地域。本标准中旅游景区是指具有参观游览、休闲度假、康乐健身等功能，具备相应旅游服务设施并提供相应旅游服务的独立管理区。该管理区应有统一的经营管理机构和明确的地域范围。包括风景区、文博院馆、寺庙观堂、旅游度假区、自然保护区、主题公园、森林公园、地质公园、游乐园、动物园、植物园及工业、农业、经贸、科教、军事、体育、文化艺术等各类旅游景区。

综上所述，我们可将旅游景区定义为：以旅游及其相关活动为主要功能或主要功能之一的区域场所，能够满足游客参观游览、休闲度假、康乐健身等旅游需求，具备相应的旅游设施并提供相应的旅游服务的独立管理区。

本定义的几个基本含义是：①是一个有明确地域范围的区域；②以旅游吸引物为依托；③有相应的服务设施和基础设施，能为旅游者提供服务；④从事旅游休闲活动；⑤有统一的管理机构。

二、旅游景区的特征

(一)整体性

旅游景区的整体性是建立在旅游资源整体性基础上的。旅游资源的整体性就是指一种旅游资源与另一种旅游资源之间，旅游资源与社会自然环境之间，都存在着内在的深刻联系，它们相互依存、相互作用、互为条件、彼此影响，构成了一个有机整体。自然旅游资源的整体性是通过共同的地学基础进行表露，而人文旅游资源则都凝结着不同时期社会文明的各种产物和积淀。

(二)可创造性

旅游景区的可创性是指旅游景区并不是一成不变的、呆板的，而是可以根据人们的意愿和自然的规律进行创造、制作而再生、再现的。可创造性是旅游景区的重要特征。比如古人建造的古典园林、现代的主题公园及一些著名的现代建筑等都是典型的再创旅游景区。旅游景区的这种特点也说明，随着时间的推移，人们的兴趣、需要以及时尚也随之在发生变化，这使得旅游产品的创新成为必要和可能；在传统旅游资源贫乏的地区，也可以根据当地的经济实力人为创造一些旅游资源。

(三)地域性

地域性是指任何形式的旅游景区必须受到当地的自然、社会、文化、历史、环境的影响和制约。景观特色、饮食风格、宗教色彩、民族特性等都体现了地域的差异，这种差异形成了不同地域的特色。苏州园林是以苏州的自然条件、经济条件和居民的闲适心态为基础的，具有园林城市的地方性特点。

三、旅游景区的分类

(一)按旅游资源类型分类

(1) 自然景观类景区：以自然资源为依托的观赏景区。
(2) 人文景观类景区：指由各种社会环境、人民生活、历史文物、文化艺术、民族风情和物质生产构成为人文景观。

其类型和范例见表 5-1。

表 5-1　旅游资源类型和范例

类型	范例
自然景观类景区	泰山，五台山，黄河，峨眉山，西湖，珠穆朗玛，昆明石林等一系列自然景观
人文景观类景区	敦煌石窟，白马寺，圆明园，都江堰，西安鼓楼，茶马古道，秦始皇兵马俑等

(二) 按自然资源细分

(1) 地文景观类景区：主要是在自然环境的影响下，地球内力作用和外力作用共同作用形成的，直接受地层和岩石、地质构造、地质动力等因素的影响而产生的景观。

(2) 水域风光类景区：属于自然景观但重点突出江河、湖海、飞瀑流泉等水域景观。

(3) 生物景观类景区：指各类由动植物为主体所组成的景观。

(4) 天象与气候类景区：主要指千变万化的气象景观、天气现象以及不同地区的气候资源所构成的丰富多彩的气候天象景观。

其类型和分类见表5-2。

表5-2 自然资源类型和范例

类　型	范　例
地文景观类景区	五台山，华山，广东肇庆七星岩，云南路南石林风景区，贵州的织金洞，黔灵山麒麟洞，鄱阳湖口石钟山景区等
水域风光类景区	西湖，洞庭湖，黄果树瀑布，长江三峡，黄河，新疆天山天池，青海湖等
生物景观类景区	新疆巴音布鲁克草原，东北长白山原始森林，云南西双版纳原始森林景观，四川九寨白河自然保护区，可可西里保护区等
天象与气候类景区	在漠河和新疆阿尔泰看极光，沙漠上的海市蜃楼，峨眉山佛光，东北的雾凇等

(三) 按人文资源细分

(1) 历史遗址景区：依托由古代流传，保存至今，具有历史意义的资源而产生的景区。

(2) 建筑物景区：指设计具有独创性，唯一性，具有纪念意义等重要意义的建筑物。

(3) 博物馆景区。

(4) 民族民俗景区：具有民族文化和民族生活氛围以及能体现各个民族传统风尚、礼节、习性的景区。

(5) 关于宗教的景区。

(6) 关于节事节气的景区：由重要的节日庆典或特别的节日活动而独树一帜的景区。

其类型和范例见表5-3。

表5-3 人文资源类型和范例

类　型	范　例
历史遗址景区	敦煌石窟，都江堰水利工程，长城，颐和园，圆明园，紫禁城，秦始皇兵马俑，布达拉宫等
建筑物景区	台北101大厦，东方明珠，广东电视塔，央视演播大厦，埃菲尔铁塔，天坛，迪拜帆船酒店等
博物馆景区	首都博物馆，大英帝国博物馆，国家博物馆，上海博物馆，巴黎卢浮宫等
民族民俗景区	云南丽江纳西族，西藏拉萨，新疆乌鲁木齐，内蒙古等
关于宗教的景区	圣城麦加，耶路撒冷，梵蒂冈等
关于节事节气的景区	傣族泼水节，彝族火把节，巴西狂欢节等

(四)以开发类型分类

(1) 主题公园,是根据某个特定的主题,采用现代科学技术和多层次活动设置方式,集诸多娱乐活动、休闲要素和服务接待设施于一体的现代旅游目的地。

(2) 旅游度假区,是指符合国际度假旅游要求、接待海内外旅游者为主的综合性旅游区,有明确的地域界限,适于集中设配套旅游设施,所在地区旅游度假资源丰富,客源基础较好,交通便捷,对外开放工作已有较好基础。

其类型和范例见表5-4。

表5-4 开发类型和范例

类型	范例
主题公园	迪士尼,欢乐谷,海洋公园等
旅游度假区	北海银滩国家旅游度假区,三亚亚龙湾旅游度假区等

(五)按旅游景区质量等级划分

旅游景区质量等级类型和范例见表5-5。

表5-5 旅游景区质量等级类型和范例

类型	范例
5A级景区	故宫博物院北京,天坛公园北京,颐和园,九寨沟,九华山等
4A级景区	孔子庙,平遥县镇国寺,滕王阁,江西凤凰沟景区等
3A级景区	北京中华文化园,天津戏剧博物馆(广东会馆),洛阳花果山等
2A级景区	巴州金海湾疗养培训中,心乌鲁木齐燕尔窝风景区,西藏昌都地区然乌湖,昆明岩泉风景区等
1A级景区	汉中秦巴民俗园,西安鸿门宴遗址,西藏拉萨市热堆寺卓玛拉康,敦煌白马塔景区等

(六)按世界遗产的种类来分类

世界遗产,根据形态和性质,世界遗产分为文化遗产、自然遗产、文化和自然双重遗产、人类口述和非物质遗产(简称非物质文化遗产)、文化景观遗产,因此景区也可以根据此来分类,其类型和范例见表5-6。

表5-6 世界遗产的种类类型和范例

类型	范例
文化遗产	山西平遥古镇,北京颐和园,天坛,洛阳龙门石窟等
自然遗产	云南省三江并流,中国南方喀斯特地貌等
文化和自然双重遗产	泰山,黄山,乐山大佛等
非物质文化遗产	古琴艺术,苏州昆区,蒙古长调,新疆维吾尔木卡姆艺术等
文化景观遗产	新西兰的汤加里罗国家公园等

四、国内景区旅游发展趋势

目前,国内旅游景区逐渐呈现观光旅和休闲旅并重、传统业态和新业态齐升,旅游景区深耕细分市场,通过时空转换延伸产业链、不断培育新的市场需求等态势凸显。随着游客需求升级,信息、通信技术突飞猛进的发展,景区旅游和旅游景区开始呈现新的发展趋势。

(一)游客需求升级带动景区旅游升级

1. 旅游模式发生根本变化

随着旅游客群主体的变化,观光旅游客的比重开始下降。人们逐渐从"大巴、拍照、奔波"式的传统旅游模式向"休闲、体验、慢生活"式的度假旅行模式过渡。同时,从参与形式上,游客从偶发的组团旅游形式,开始向常态化的散客自由行方式转变。这种模式下游客减少了因参团对目的地的"捆绑",对景区选择有更多的自主权。

这种变化不仅仅意味着游客对景区产品质量及新型业态产品的新需求,更深层次的影响是游客在做旅游决策时整个模式发生了根本的变化。比较传统观光游需求,休闲度假游需求的关注点更加广泛,这将根本地影响着景区旅游未来的发展趋势。

案例 5-7

国家 5A 级景区被摘牌,面临升级问题

2019 年 7 月 31 日,有两条和旅游相关的消息,一条是山西乔家大院国家 5A 级景区的牌子被文化旅游部摘掉,二是国务院鼓励景区门票减免、淡季免费开放。

看似没有联系的两条消息,其实一个是问题的表象,另一个是解决问题的办法。

这个问题就是,传统景区何如升级?再具体一些就是,什么样的景区,什么样的旅游产品,能够适应未来游客的需求,并因此获得自己应得的利益?

据《中国经营报》报道,一位接近乔家大院的权威人士表示"商业氛围浓厚、服务和设备不达标可能是此次被摘牌的主要原因"。

但是我们知道,中国大多数景区包括国家 5A 级景区,都是被承包运营、公司化运作的。从运营角度讲,赚钱或者说营造好的商业氛围是天经地义的事情。

对于地方政府来说,发展旅游的着眼点也是发展经济。服务和配套都是需要资金投入的,而商业化是回收资金的主要途径,甚至是唯一途径。

据《山西晚报》报道,乔家大院所在地祁县将开展整治行动,并同步启动调查问责程序,对相关责任人严肃问责。但是商业化和更好地服务游客在单一景点看来,就是一个无解的矛盾。

除了乔家大院被摘牌,还有 6 家国家 5A 级景区被通报批评,其中包括口碑还不错的河南焦作云台山,四川老牌景区峨眉山等,说明这是传统景区普遍面临的问题。

(资料来源:https://baijiahao.baidu.com/s?id=1640838710662147087&wfr=spider&for=pc)

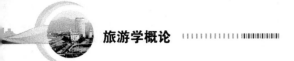

【思考题】为何说传统旅游景区面临升级？

【分析】从目前的旅游市场来看，游客需求已经在提升和改变，但景区运营模式还停留在以前，新需求不能匹配进旧供给，传统模式已经面临很大压力。这也是旅游部门启动审核机制，国家5A级景区动态调整的原因。

2. 互联网影响客户选择

游客选择目的地及景区时习惯性在各种网络旅游平台撒网收集信息，旅行结束后在网络上评价产品分享体验。携程、马蜂窝、去哪儿、大众点评、途牛这些国内热门旅游信息平台为客户提供了海量的旅游信息及景区的评价，且平台相对成熟稳定，数据可以有效呈现景区真实情况，成为游客选择目的地的重要依据。互联网还提供了更为便捷的景区管理服务，线上售票、移动支付、自助导览、自助验票减少入园时间等都在一定程度上影响着客户体验。

3. 重视品质文化、消费升级

游客除了对产品自身质量的要求提升外，对出游各环节的品质要求都有所提高。携程旅游数据显示，2018年国庆期间预订高端跟团游产品的用户比例高达88%，高频搜索词"纯玩无购物、高星级酒店、专属导游、精致小团、定制游"也正体现了游客对高品质的追求。客群整体消费升级，由原来"单纯追求低价"的选择模式转变为"高性价比"的模式，愿意为高品质支付合理的相对高的价格。

此外游客在选择目的地时也越来越重视景区自身的文化内涵，2019年8月1日，中国旅游研究院首次发布了国民文化消费报告，并在报告中指出"民众对文化的消费诉求已经超过了对物质的消费诉求，愿意对文化需求付费的比例在增长，但是尚未形成有效的文化消费市场和现代文化产业"。

(二)市场供给升级驱动，旅游景区提质

我国旅游行业近10年得到了长足发展，但是并非所有旅游景区都是"水涨船高"，除了行业内部整改约束外，内外部竞争的压力也不断升级。

1. 差异化景区定位，提高发展质量

提升景区产品质量依然是景区立身之本，"突出特色、优质服务"依旧是景区进一步精耕细作的主要方向。尽管影响客户选择目的地景区的因素很多，而且在不断的外延，但是游客始终将景区风景特色放在首位。旅游景区是旅游活动中的核心要素，是旅游产品的主体成分，因此旅游景区是旅游者拥有满意的感知体验的关键所在。

2. 升级产品结构，探索新业态发展

摆脱对单一景区门票、景区内交通等收入的依赖，发掘IP衍生品、景区内合理二次消费促进产业结构升级。IP衍生品由来已久，但传统的文创产品大多因低质、雷同、实用性差等逐渐沦为旅行纪念品并失去其文化价值。但是并非所有的文创产品都被打入"冷宫"。故宫口红去年一上市引起了抢购热潮，随后又涌现了颐和园睡衣、故宫文具等。不止故宫，很多景区都有自己热销的文创产品。由此看出有实用价值，且有文化内涵的文创产品依然

有很广阔的消费市场。

3. 延伸产业链条，打造战略联盟

景区企业自身经营项目可向产业链其他方向延伸，最普遍的产业链延伸是酒店和餐饮，尤其随着景区"夜游"项目的开展，景区内外的饮食和住宿需求规模也随之上涨。景区统一规范管理下的餐饮由于其质量保证和合理的价格，逐渐成为游客出行就餐的首选。同时越来越多的景区经营符合自身景区特色的主题酒店可以带给游客融入式的体验，也是很多游客青睐的住宿选择。

4. 合理借助新兴技术，提升服务质量

目前互联网及信息技术在景区的应用已经相对成熟，并已为游客广泛接受。电子支付、线上购票、电子导览、电子验票已成景区"标配"，并将进一步得到推广升级。同时 VR、AR 技术也成为博物馆、主题乐园等的基本配置，虚拟景区给游客提供更加丰富的交互式体验。

随着 5G 技术的发展，将会为景区游览带来更便利的服务，如刷脸入园、自动的限流措施、更为流畅的虚拟体验等，同时 5G 为景区项目的全面升级提供了技术基础。

第六节　旅游产品

一、旅游产品的定义

旅游产品是旅游学中的一个基本概念，但目前为止，该概念在学术界还没有统一的定论。

从需求者的角度，旅游产品是指旅游者支付一定的金钱、时间和精力所获得满足其旅游欲望的经历。旅游者通过对旅游产品的购买和消费，获得心理上和精神上的满足。旅游者眼中的旅游产品，不只是其在旅游过程中所购买的酒店的一个床位，飞机或火车的一个座位，或是一个旅游景点的参观游览，一次接送和陪同服务等，而是旅游者对所有这些方面的总体感受，是一次经历。

从供给者角度，旅游产品是指旅游经营者凭借一定的旅游资源和旅游设施，向旅游者提供的满足其在旅游过程中综合需求的服务。通过旅游产品的生产与销售，旅游经营者达到营利的目的。这里，旅游产品最终表现为劳动的消耗，即旅游服务的提供。从该角度的定义有狭义与广义之分。

狭义的旅游产品是指旅游商品，是由物质生产部门所生产，由商业劳动者所销售的物品，它包括旅游者旅游期间购买的生活用品、纪念品等各种实物商品。这种旅游产品仅满足旅游者出外旅游时购物的需求。

广义的旅游产品是指旅游企业经营者在旅游市场上销售的物质产品和劳动提供的各种服务的总和。它又可分为整体旅游产品和单项旅游产品。整体旅游产品是满足旅游者旅游活动中全部需要的产品(或服务)，如一条旅游线路、一个专项旅游项目。单项旅游产品则指住宿产品、饮食产品及交通、游览娱乐等方面的产品(或服务)，整体旅游产品由单项旅游产品构成。

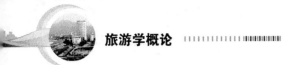

综上所述，我们可将旅游产品定义为：由实物和服务构成，即旅行商集合景点、交通、食宿、娱乐等设施设备、项目及相应服务出售给旅游者的旅游线路类产品，以及旅游景区、旅游饭店等单个企业提供给旅游者的活动项目类产品，亦可将其称为旅游服务产品。

二、旅游产品的构成

从旅游经营者的角度看，旅游产品一般由旅游资源、旅游设施、旅游服务等多种要素构成。

(一)旅游资源

旅游资源是指在自然和人类社会中一切能够吸引旅游者进行旅游活动，并为旅游业所利用而产生经济、社会、生态效益的事物。它是一个地区旅游开发的前提条件，也是吸引旅游者的决定性因素。

(二)旅游设施

旅游设施是为实现旅游活动而必须具备的各种设施、设备和相关的物质条件，也是构成旅游产品的必备要素。旅游设施一般分为专门设施和基础设施两大类。它们之间紧密依靠，专门设施是建立在基础设施之上并有效发挥作用的。

(三)旅游服务

旅游服务是旅游产品的核心，旅游经营者除向旅游者提供餐饮和旅游商品等少量有形物质外，还大量提供各种各样的接待、导游等服务。旅游服务的内容主要包括服务观念、服务态度、服务项目、服务价格、服务技术等无形性产品。

由此可知，任何一种旅游产品都是一个整体系统，不单用于满足某种需求，还能得到与此有关的一切辅助利益，并且产品的外形部分、延伸部分诸因素决定了旅游者对旅游产品的评价。这种从理论上对旅游产品内涵的界定，对旅游企业的营销具有重要意义。

三、旅游产品的特点

旅游产品作为一种商品，它同样具有价值和使用价值二重性质。它的价值不仅包含人们过去的物化劳动，还包含人们的实时劳动。其使用价值体现在满足人们的旅游及相伴产生的其他需求上。旅游产品具有一般商品的基本属性，但它又有自身的特殊性。这种特殊性主要体现在以下几个方面。

(一)综合性

从旅游者角度看，一个旅游目的地的旅游产品是一种总体性产品，是各有关旅游企业为满足旅游者的各种需求而提供设施和服务的总和。大多数旅游者前往某一目的地旅游做出购买决定时，都不仅仅考虑一项服务或产品，而是将多项服务或产品结合起来进行考虑。例如，一个度假旅游者在选择度假目的地的游览点或参观点的同时，还考虑该地的住宿、交通、饮食等一系列的设施和服务情况。在这个意义上，旅游产品是一种综合性的群体产品或集合产品。

(二)无形性

旅游产品的无形性首先表现在旅游产品的主体内容是旅游服务。只有当旅游者到达旅游目的地享受到旅游服务时，才能感受到旅游产品的使用价值。而当旅游者在作旅游目的地的选择时，一般见不到旅游产品的形体，在旅游者心目中只有一个通过媒介宣传和相关渠道介绍所得到的印象。其次，旅游产品的无形性还表现在旅游产品的价值和使用价值不是凝结在具体的实物上，而是凝结在无形的服务中。只有当旅游者在旅游活动中享受到交通、住宿、餐饮和游览娱乐的服务时，才认识到旅游产品使用价值的大小。也只有当旅游者消费这些服务时，旅游产品的价值才真正得以实现。

旅游产品的这一特性表明，在大体相同的旅游基础设施条件下，旅游产品的生产及供应可以具有很大差异，因此旅游产品的深层开发和对市场需求助满足较多地依赖于"软开发"，即无形产品的开发，也就是提高旅游服务的质量和水平。

(三)不可转移性

旅游产品进入流通领域后，其商品仍固定在原来的定位上。旅游者只能到旅游产品的生产所在地进行消费，这一点，一方面，补充和完善了传统的国际贸易理论，同时也是交通运输成为实现旅游活动的重要因素。另一方面，旅游者在购买旅游产品后，这种买卖交易并不发生所有权的转移，而只是使用权的转移。换言之，只是准许买方在某一特定的时间和地点得到或使用有关的服务。

(四)时间性

旅游者购买旅游产品后，旅游企业只是在规定的时间内交付有关产品的使用权。一旦买方未能按时使用，便须重新购买并承担因不能按时使用而给卖方带来的损失。对旅游企业来讲，旅游产品的效用是不能积存起来留待日后出售的。随着时间的推移，其价值将自然消失，而且永远不复存在。因为新的一天来临时，它将表现新的价值。所以旅游产品的效用和价值不仅固定在地点上，而且固定在时间上。无论是航空公司的舱位还是饭店的床位，只要有一定闲置，所造成的损失将永远无法弥补回来。因此，旅游产品表现出较强时间性的特点。

(五)生产与消费的同步性

旅游产品一般都是在旅游者来到生产地点时，才生产并交付其使用权。服务活动的完成需要由生产者和消费者双方共同参与。在这个意义上，旅游产品的生产和消费是同时发生的，并在同地发生的，在同一时间内，旅游者消费旅游产品的过程，也就是旅游企业生产和交付旅游产品的过程。这种生产和消费的同步性或不可分割性是旅游产品市场营销中一个至关重要的特点。但这并不意味着旅游产品的消费与购买不可分离，事实上，在包价旅游中，绝大部分旅游产品都是提前定购的。

(六)脆弱性

旅游产品的脆弱性是指旅游产品价值的实现要受到多种因素的影响和制约。这是由旅游产品的综合性、无形性和不可贮存的特点决定的。旅游产品各组成部分之间要保持一定的质和量的比例，提供各组成部分产品的部门或行业之间也必须协调发展，否则，就会对整体旅游产品产生不利影响。此外，各种自然、政治、经济、社会等外部因素，也会对旅游产品的供给与需求产生影响，从而影响旅游产品价值的实现。旅游企业应对这些不可控制因素进行周密的调研，进行市场环境分析，以便做出正确的旅游产品经营决策。

四、旅游产品的类型

(一)按产品性质划分

1. 观光旅游产品

观光旅游产品的类型一般可以分为山水风光、城市景观、名胜古迹、国家公园、主题公园及森林海洋等旅游产品。观光旅游产品是一种传统旅游产品，其构成了现代旅游产品的主体部分。

2. 度假旅游产品

现代度假旅游产品一般有海滨旅游、乡村旅游、森林旅游、野营旅游等产品类型。度假旅游产品的特点是强调休闲和消遣，其要求自然景色优美、气候良好适宜、住宿设施令人满意，并且有较为完善的文体娱乐设施及便捷的交通和通信条件等。

3. 专项旅游产品

专项旅游产品是通过开发、利用旅游资源提供给旅游者的旅游吸引物与服务的组合，人们对于旅游行为具有明显的指向性，是为了满足自身某一特殊的需要，主要形式有文化旅游、艺术旅游、民俗旅游、修学旅游、乡村旅游、探险旅游、生态旅游、红色旅游、工业旅游、农业旅游、自驾车旅游、社会旅游等。

4. 生态旅游产品

生态旅游产品是指以注重生态环境保护为基础进行的旅游活动，以保护环境，回归自然变革以往的旅游发展模式。其主要特点是知识性要求较高、参与体验性强、客源市场面广、细分市场多，如森林旅游、农业旅游、乡村旅游、野营旅游、探险旅游、民俗旅游及环保科普旅游等。

案例 5-8

保护生态环境，提供更多优质生态产品，做好生态旅游发展

根据 10 月 18 日—20 日在江苏南通举办的 2019 中国森林旅游节的信息，今年上半年全国森林旅游游客量达 9 亿人次，同比增长 14%，约占国内旅游人数的 30%。

2019 中国森林旅游节由国家林业和草原局、文化和旅游部、江苏省人民政府主办，主题为"绿水青山就是金山银山——江海之约森林之旅"。

国家林业和草原局副局长刘东生在开幕式上说，我国生态旅游迎来了更加难得的发展机遇，国家林业和草原局将切实履行好保护生态环境、提供更多优质生态产品的神圣职责，进一步下力气做好生态旅游发展这篇大文章。继续利用好"中国森林旅游节"等平台，深化交流合作，开创我国生态旅游事业发展的新局面。

近年来，我国森林旅游不断开拓创新，森林体验、森林康养、生态休闲、生态露营、自然游憩、自然教育等新产品、新业态百花齐放，不断吸引更多社会公众走进生态，走进自然，森林旅游的游客量年增长率保持在15%以上。2018年，全国森林旅游游客量达到16亿人次，占国内旅游人数的约30%，创造社会综合产值约为1.5万亿元。

我国森林旅游事业从1982年我国第一个森林公园——张家界国家森林公园建立开始，经过近40年的发展，已由单一依托森林资源逐渐拓展为以森林、草原、湿地、荒漠和野生动植物资源及其外部物质环境为主体，利用国家公园、森林公园、湿地公园、沙漠公园、自然保护区、风景名胜区、地质公园、海洋公园、自然文化遗产地及国有林区、国有林场、草原等自然资源开展的生态旅游活动。

森林公园作为我国森林资源和生物多样性保护的重要阵地，已成为社会公众回归自然、享受自然的最佳场所。2018年，国家林业和草原局新批准建立了河北坝上沽源、辽宁铁岭麒麟湖、浙江绍兴会稽山、安徽相山、江西洪岩、河南金顶山、湖南腾云岭、广西凤山根旦和山西仙堂山、二郎山、西口古道11处国家级森林公园。

(资料来源：http://ex.cssn.cn/jjx_yyjjx/yyjjx_gdxw/201910/t20191021_5017727.html?COLLCC=1851745680&)

【思考题】森林旅游在生态旅游中的发展地位如何？

【分析】从该案例中体现的数据可以看出，森林旅游人数在国内旅游总人数中占了较大的比例。在经济快速发展的今天，人们对森林旅游更加感兴趣，我国有得天独厚的森林旅游资源，旅游者同时还能够满足使旅游者尽情观察和享受旖旎的自然风光和野生动植物。

5. 旅游安全产品

旅游安全产品包含旅游保护用品、旅游意外保险产品、旅游防护用品等保障旅游游客安全的工具产品。

(二)按旅游产品组成状况划分

1. 整体旅游产品

整体旅游产品是指某一旅游目的地能够提供并满足旅游者需求的全部物质产品和服务，又称为旅游目的地产品，其包括了若干个单项旅游产品和若干条旅游线路产品。

2. 单项旅游产品

单项旅游产品是指旅游者在旅游活动中所购买和消费的有关住宿、餐饮、交通、娱乐、游览等某一方面或几方面的物质产品或服务。例如订购一间客房、享用一顿美餐、游览一次景点等都属于购买和消费单项旅游产品。

(三)按产品形态分类

旅游产品按产品形态分类，可分为团体包价旅游、散客包价旅游、半包价旅游、小包价旅游、零包价旅游、组合旅游和单项服务。

此外，旅游还可以按距离、计价形式、费用来源、旅游方式来分类。

五、旅游产品的生命周期

同其他产品一样，旅游产品也有其发生、发展、衰退和消亡的过程。一个旅游产品从它进入市场开始到最后撤出市场的全过程，就是旅游产品的生命周期。它一般包括投放期、成长期、成熟期、衰退期四个生命周期阶段。如果把旅游产品从进入市场到退出市场的整个历程按销售额和时间绘制成图，更能看出旅游产品生命周期的动态全貌，如图5-1所示。

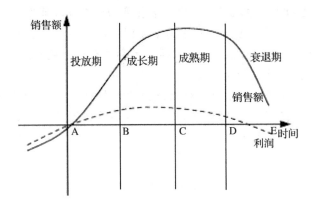

图5-1 旅游产品生命周期图

(一)投放期

在图5-3中，A—B为投放期。这一时期旅游企业将组合的新产品投入到旅游市场进行试销，并根据市场反应，确定新产品。只能是试探性购买，因此销售量较小。而同期企业投入的开发费用和广告宣传费用较大，因此企业的利润极小，甚至是零或亏损。此时，市场上的竞争者还不多，甚至没有竞争对手。

(二)成长期

在图5-3中，B—C为成长期。成长期的旅游产品已为广大用户所熟知，因此已经有所需求，并且购买，甚至重复购买，旅游市场需求量迅速增加。这一阶段的旅游产品已经历了试验阶段而基本成形，并且由于前一阶段的宣传促销而在市场上有一定的知名度。此时，由于广告费用相对减少以及销量的增加，因而成本费降低，旅游企业开始赢利。市场上也出现了模仿者，从而产生了竞争。

(三)成熟期

在图5-3中，C—D为成熟期。这一时期旅游产品的销售量最大，旅游市场处于饱和相对稳定阶段。旅游产品的销售量虽然有所增加，但速度缓慢，甚至增长率趋于零。此时，由于旅游产品利润较高，因而吸引了大批的企业参与竞争，使竞争更加激烈，促进了旅游产品质量的提高。同时，旅游企业极力降低成本，增强竞力。企业利润也增长到最高点，并有逐渐下降的趋势。

(四) 衰退期

在图 5-3 中，D—E 为衰退期。这一时期旅游产品已经陈旧，新的旅游产品已经进入市场替代老产品。旅游者对老产品的兴趣日趋逐渐降低，因而需求降低，产品的销售量下降，并逐渐被市场所淘汰。由于需求减少，因而价格开始下跌，使得利润迅速减少，甚至亏损，许多企业被迫退出竞争。

案例 5-9

多产业融合　推动旅游产品升级

2019 年 4 月 10 日起，由云南网和"游云南"共同打造的《大话滇游》栏目全新改版上线。首季推出《大话滇游之大话云南旅游进化论》，各行业协会大咖共话云南智慧旅游。

云南省旅游业协会会长袁兵认为，云南旅游统计数据不能局限于旅游收入和旅游人数，云南应建立第三方数据平台，真正服务于云南旅游供给侧改革。

袁兵指出，旅游线路生命周期与旅游需求正相关，旅游发展分几个阶段，第一个阶段是粗放式的发展阶段，即以观光为主、到此一游的初期旅游方式，目前不少国人的旅游已脱离这一阶段。

在他看来，目前游客更注重旅游过程的体验感以及旅行对生活的启示。因此旅游产业也要根据游客的需求提升到更高层次。"现在不少旅行社开发了旅游精品，但是线路的生命力强弱与否要有多重考量"。

袁兵进一步解释，一个地区的旅游要发展就要有旅游产业发展的基础和条件，这包含几个方面：首先是资源条件，即是否有核心吸引力，旅游是伴随着地区性独特资源发展起来的；其次是旅游产业基础性条件，交通通达等基础设施要能满足消费者要求；最后是旅游体验的质量和水平是否达到游客的满意度。能适应旅游需求的，旅游线路生命周期都比较长。

(资料来源：http://yn.yunnan.cn/system/2019/04/10/030249605.shtml)

【思考题】上述材料建议如何延长旅游产品的生命周期？

【分析】该案例从旅游资源是否有核心吸引力、旅游产业中交通通达等基础设施是否满足消费者需求、旅游体验的质量和水平是否达到游客的满意度等三个方面来入手延长旅游产品的生命周期，总的原则来说，只要是能适应旅游需求的，旅游产品的生命周期就能延长。

第七节　旅游娱乐

一、旅游娱乐的概念

旅游娱乐是指旅游者在旅游活动中所观赏和参与的文娱活动。它是构成旅游活动的六大基本要素之一。游、娱是旅游者的目的性需求，而食、宿、行、购则是为达到目的所必备的日常生活性质的需求。旅游者的需求是变化的，"求乐"正在变成旅游动机的主流。旅

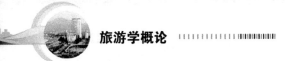

游娱乐活动属精神产品，横跨文学、艺术、娱乐、音乐、体育等领域。

旅游娱乐是社会生产发展到一定阶段的产物，在社会生产水平较低的情况下，旅游和娱乐都受到限制。20世纪以来，由于西方私人汽车的普及和野营基地的建设，旅游娱乐的范围不断扩大，并且受旅游者的推动，旅游娱乐服务走上了产业化的道路，逐步与日常休闲活动接近、融合，成为人们生活的必需内容。如今，旅游娱乐的地位越来越重要，个性化、多样化、等级化成为旅游娱乐的基本特征。

旅游娱乐与娱乐消遣型旅游是有所区别的。娱乐消遣型旅游是指以娱乐消遣为主要动机的旅游活动，是一次独立的旅游活动；旅游娱乐指的只是一次旅游活动中的一种旅游行为，其旅游活动并不一定以娱乐为主要动机，也可能是其他类型旅游活动过程中穿插一种文娱活动项目。两者共同之处是都注重旅游活动的娱乐性和参与性。

二、旅游娱乐的特点

(一)多样性

多样性是指提供给旅游者的娱乐项目种类繁多，等级悬殊，适合于不同需求的顾客选择。我国民族种数之多、分布地域之广举世无双，每一个民族都有自己独具特色的娱乐产品，不同民族有不同的戏曲、歌舞，这些都是受异地游客欢迎的节目。

(二)分散性

旅游者经常驻足的地方，都会相应地设置娱乐设施，导致了它在地域上的分散性。如中国独有的曲艺具有明显的地方性，东北的二人转、凤阳的花鼓、北京的相声、苏州的评弹、上海的独角戏等地方娱乐产品比比皆是，而且很受欢迎。

(三)可塑性

可塑性指：一是投资的可塑性大，资金不足可因陋就简，以"土"取胜，有条件的可以锦上添花；二是活动的内容可塑性强，转向快，尤其是文娱节目可以随时更换。

(四)可转移性

许多娱乐活动可以进行地点上的转移。如：一些文娱节目的演出；灯会的举行等。

三、旅游娱乐的类型

(一)文化类旅游娱乐设施

一般都是由政府支持修建的国家和地区标志性、象征性建筑或者历史文化保护遗址，举办思想性、科学性、艺术性、时代性强的精神文化性的旅游娱乐活动。

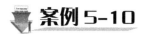

案例 5-10

中国文化娱乐行业协会旅游娱乐分会在常州成立

中国文化娱乐行业协会旅游娱乐分会在江苏常州正式成立。成立大会上，中国文化娱乐行业协会会长刘金华宣读了中国文化娱乐行业协会旅游娱乐分会成立的决定。

分会作为中娱协的第七个分会，将整合行业优质资源，搭建行业平台，展示行业新风貌，探索发展新模式。分会成立后，将致力于建立行业科学、规范地经营秩序，维护行业合法权益，搭建行业与多元领域合作的桥梁，推动我国旅游娱乐行业繁荣健康发展。

作为旅游娱乐分会首届会长单位，恐龙园文化旅游集团成立于2000年，专注于文化旅游产业投资运营和整体解决方案供应，也是中国模块娱乐产业的倡导者和开拓者。多年来，恐龙园集团致力于"文化、科技、创意"的相互融合，从最初的中华恐龙馆，到中华恐龙园，再到创想未来的恐龙人模块娱乐全新篇章，历经近二十年的发展，依托"恐龙"这一文化母题，形成了新颖独特、生机盎然的庞大恐龙娱乐帝国。

旅游娱乐分会选择在江苏常州成立，也是因为常州在旅游与娱乐融合的先行示范效应。以制造闻名的常州旅游资源相对匮乏，正是经过多年的发展培育，已成为拥有中华恐龙园等旅游名片的"乐园之都"。而这座曾经被华东旅游线遗忘的城市现已跃入江苏省旅游四强。

常州市委书记汪泉表示："常州旅游要实现新一轮大发展，必须转变观念，更新旅游资源的定义，做到匠心独运、点石成金。"把过去不成为资源的转变为资源、把过去不看重的打造成亮点，常州将旅游发展上升到城市发展高度，在"无中生有"的创新中实现旅游与城市资源深度融合的新突破。

(资料来源：https://baijiahao.baidu.com/s?id=1653405288267069720&wfr=spider&for=pc)

【思考题】旅游娱乐分会的成立能为当地娱乐业带来怎样的效益？

【分析】首先，作为当地的民间组织机构，旅游娱乐分会能积聚众多国内知名的室内外主题公园、旅游娱乐产品运营商、内容及设备供应商，通过资源的联合互通，能够联合形成一系列全新产业链，推动文化娱乐产业的持续发展和不断创新。其次，通过协会能够组织企业高层的高端对话，众多行业专家能在一起探讨旅游娱乐产业融合，共谋行业发展未来。

(二) 消闲类旅游娱乐设施

消闲类旅游娱乐设施主要是指电影院、游乐场、游艺厅、公园等，具有参与性、趣味性的特点，消费水平适中。

(三) 体育类旅游娱乐设施

由于体育项目具有竞争性、规则性的特点，这类旅游娱乐设施及设备条件直接影响旅游者的练习、比赛效果和成绩，所以场地、设备水平比较高，并提供裁判、教练、陪练服务。

(四) 娱乐类旅游娱乐设施

娱乐类旅游娱乐设施主要是指歌舞厅、夜总会、KTV、组织大型娱乐或游乐节目的主

题公园等,具有组织性、享乐性和国际性的特点。它们的项目更新快、产品档次高,专业技术性强,经营管理比较复杂;强调演出的组织、主持、策划,文艺节目的新颖、专业,娱乐企业服务和管理的规范化、标准化、现代化、国际化,树立娱乐品牌形象。

四、旅游娱乐的作用

(一)实现劳动力再生产,创造新型工作方式

人们在一段工作以后,为了恢复体力、摆脱精神上的压力,选择参加旅游娱乐,不但可以获得欢乐、恢复精力,提高工作效率,还可以获得知识和灵感,完善和发展自我,增强工作创造力,提高职业素养。

(二)完善旅游产业结构,丰富旅游文化生活

在生活质量受到高度重视和世界旅游产业结构加速调整的今天,旅游活动的内涵已经大大延伸,单纯经营观光旅游产品型的旅游产业结构面临严峻挑战,完善旅游娱乐设施、提高旅游娱乐服务质量已经成为旅游接待国家和地区的重要任务。另外,旅游娱乐业在满足旅游者观光以外的文化精神需求的同时,还可以丰富当地居民的社会文化生活。

(三)发挥行业带动作用,推动地区经济发展

几乎所有的现代旅游娱乐活动都需要专门的设备和服务。在市场经济条件下,这些旅游市场需求为许多经济行业提供了难得的市场机遇,产生出良好的经济和社会效益,充分体现了旅游娱乐业社会化、专业化的特点。

案例 5-11

实景娱乐带动地方经济发展

2018 年 9 月,亚洲旅游产业年会在上海举行,年会以"文旅融合·亚洲机遇"为主题,聚焦产业发展和机遇的更深层次议题,关注文旅融合战略下亚洲及全球旅游产业合作发展的新方向、新机遇。华谊兄弟副董事长、CEO 王中磊出席了本届年会。

华谊兄弟自 2011 年起涉足实景娱乐,经过不断的尝试与摸索,打造出了具有中国特色的电影文化旅游业态。2014 年正式开街的观澜湖华谊冯小刚电影公社,是华谊兄弟第一个投入运营的项目,据数据统计,该项目自 2016 年以来连续两年游客数突破两百万,已成为海口市旅游第一目的地。7 月 23 日,华谊兄弟首个电影主题公园、国内首个以自持华语电影 IP 为主题的文化体验项目——华谊兄弟电影世界(苏州)正式开业。王中磊谈到该项目营业后的表现,不仅收获了良好的游客口碑,游客数量也在不断增长,自 8 月中旬以来,周末接待游客数量已达近两万人次。

从经济角度,王中磊表达了华谊兄弟为何在传统商业大都在谋求从线下到线上转移的当下,却依然坚持参与这种投入成本高、建设周期长的大型线下项目。他表示:"正是因为实景娱乐项目对实体经济具有强力且健康长效的拉动作用,可以为实体经济注入新动能、开辟新的增长点。"他以华谊兄弟电影世界(苏州)举例,该项目不仅为当地创造了更多就业

机会，而且随着项目影响力升级、政府大力支持和周边商业生态的不断完善，商业聚集效应带动区块价值的不断提升，该区域将有望成为苏州的又一经济发展中心。

(资料来源：http://www.ceweekly.cn/2018/0917/234716.shtml)

【思考题】该案例中的实景娱乐是如何带动地方经济发展的？

【分析】将文化娱乐业打造成实景，并与旅游将结合，形成具有中国特色的实景娱乐业。不仅收获了良好的游客口碑，游客数量也在不断增长，从而拉动了当地的实体经济，使得当地经济能够得到强有力且健康长效的发展。

(四)旅游娱乐业是地区经济的标志

旅游娱乐在社会消费结构中属于非必需性消费，旅游娱乐行业的经营状况是地区经济发展的晴雨表。当该地区经济发展、居民生活水平提高时，人们的娱乐消费就会增加，并且在其消费支出中所占的比例就会增大；相反，当该地区经济衰退时，人们则首先压缩娱乐消费的支出，使旅游娱乐业成为率先下滑的行业。

(五)旅游娱乐业是国家和地区旅游业发展水平的标志

现代旅游业不但能够满足旅游者的各种需求，而且会引导和创造他们的期望。拥有旅游娱乐设施的综合性旅游企业对旅游者和当地各界人士构成极大的吸引力，成为该地区政治、经济、文化的活动中心和旅游业充满活力的象征。

本章小结

本章介绍了旅游业的性质及其构成；旅行社的类型划分及其作用；旅游饭店的作用、类型划分及现代的发展趋势；旅游产品的性质及类型；旅游景区的分类等。其中，旅游业的性质及构成，旅行社的类型划分及其作用；旅游饭店的作用、类型划分及现代的发展趋势；影响旅游者选择交通方式的主要因素是本章学习中应重点掌握的内容。

习 题

一、单项选择题

1. 根据 1996 年颁布的《旅行社管理条例》，经营范围包括入境旅游业务，出境旅游业务和国内旅游业务的旅行社是(　　)。
   A. 国内旅行社　　B. 国际旅行社　　C. 一类社　　D. 二类社
2. 公路交通服务最大的优点是(　　)。
   A. 载客多　　B. 快速省时　　C. 方便　　D. 价格便宜
3. 旅游产品的核心是(　　)。
   A. 旅游吸引物　　B. 旅游设施　　C. 旅游服务　　D. 可进入性

4. 旅游零售商主要以( )为典型代表。
   A. 旅游批发商　　B. 旅游经营商　　C. 旅行代理商　　D. 旅行社
5. 任何旅游地都会经历由盛至衰的演变过程，旅游专用概念称其为旅游地的( )。
   A. 生命周期　　B. 发展周期　　C. 历史周期　　D. 循环周期

二、多项选择题

1. 铁路客运具有的优点有( )。
   A. 运输量大　　B. 行止自由　　C. 费用低廉　　D. 污染较小
   E. 比较安全
2. 旅游业是第三产业的重要组成部分，又称为( )。
   A. 无烟工业　　B. 朝阳产业　　C. 无形贸易　　D. 创汇行业。
3. 传统观点认为，旅游业的三大支柱是指( )。
   A. 旅行社业　　B. 旅游饭店业　　C. 旅游交通业　　D. 旅游商品业
4. 下列属于旅游设施的有( )。
   A. 宾馆饭店　　B. 游乐场所　　C. 公园　　D. 旅游商店
5. 导游服务在旅游服务中的纽带作用主要表现在( )。
   A. 承上启下　　B. 连接内外　　C. 协调左右　　D. 标志作用

三、简答题

1. 简述旅游业在国民经济中的作用。
2. 旅游交通在旅游业的发展中起到什么样的作用？
3. 什么是一个旅游地的生命周期？如何延长旅游地的生命周期？

四、论述题

旅游产品有何特点并分析这些特点对旅游企业经营的影响。

五、案例分析题

那些在疫情影响之下，没熬过去的旅游企业！

2020年注定是不平凡的一年，对旅游企业来说更是刻骨铭心的一年。在新冠肺炎疫情影响之下，所有旅游企业停止经营活动，整个旅游业受到了强烈的冲击，旅游企业都在负重前行！疫情也许成为压垮一些旅游企业的最后一根稻草？

因受疫情影响，日本爱知县蒲郡市的老字号旅馆"富士见庄"已于2月中旬向名古屋地方法院丰桥支部申请破产。日本神户夜光邮轮公司2日宣布，受疫情影响，自1月份以来，一系列订单被迫取消，目前公司已提交破产申请。由该公司经营的"夜光神户2号"邮轮是日本最大的美食邮轮之一，能为多达1000名乘客提供日间和夜间巡游。游客乘坐"夜光神户2号"邮轮，可欣赏到神户市、神户机场、六甲山以及世界上最长的悬索桥明石海峡大桥的美景。

近日，旅游业界流传出一份来自百程旅行网的《关于公司决定关闭公司启动清算准备的通知》，根据该通知显示，受新冠疫情影响，百程资金不能维持公司继续运转。为此，公司将进行全面善后处理，请员工给予理解和支持，并提前做好自谋出路的准备。请所有员工在 3 月 9 日 16：00 点前完成公司财产归还等事宜和手续。目前其主页上依然显示该公司"暂定休假至 3 月 1 日，3 月 2 日正常上班，休假期间不再接受新的订单。"

不少人说，疫情将对旅游业进行一轮洗牌。大浪淘沙之下，适应不了变化的旅游企业终将会被淘汰。而不断创新发展方式，稳中求进的旅游企业可能会是最后的胜利者。

(资料来源：https://baijiahao.baidu.com/s?id=1660149270098521127&wfr=spider&for=pc)

问题：

请根据旅游业的性质，谈谈疫情为何会对旅游业造成如此大的影响？

第六章

旅游的就业平台——旅游市场

【学习目标】

通过本章的学习,理解和掌握旅游市场的基本概念;掌握旅游市场细分的概念、标准及意义;熟悉我国和全球旅游市场的发展历程、构成及现状。

【关键词】

旅游市场　旅游市场细分　中国旅游市场　全球旅游市场

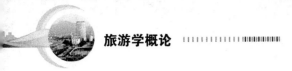

激发旅游市场主体活力，不断释放旅游消费潜力

2019年的政府工作报告(以下简称报告)将"发展壮大旅游产业"作为释放内需潜力，形成强大国内市场的重要内容。市场主体的活力和竞争力是旅游产业发展壮大的基础，没有强大的市场主体，就不可能有强大的旅游产业。因此，营造良好的营商环境，鼓励旅游市场主体创新发展，培育多元化旅游市场主体，是激发旅游市场主体活力和国民旅游消费潜力、实现旅游消费稳定增长的重要手段，也是实现旅游产业不断发展壮大、增强产业竞争力的重要路径。

改革开放以来，我国旅游产业在国民经济中战略地位的不断提升，很大程度上得益于旅游市场主体的发展壮大和市场主体活力的不断增强。报告中多次提到"市场主体"，提出市场主体是国民经济内生发展动力，也是促进经济平稳增长的关键所在。当前，我国星级酒店超万家，住宿类企业超45万家，旅行社超3.6万家，景区景点超3万家，再加上以旅游集团20强为代表的大型综合性旅游企业，我国以旅游企业为代表的市场主体在几十年来获得了快速发展，并成为旅游产业做大做强、提质升级的核心支撑力。

未来，旅游产业发展壮大，同样离不开市场主体活力的释放和竞争力的提升。要进一步优化旅游市场主体的发展环境，增强旅游市场主体的创新能力，丰富旅游市场主体的构成，不断提升旅游市场主体的发展质量和国内外竞争力，培育形成强大的旅游市场主体。

(资料来源：http://kns.cnki.net/KXReader/Detail?TIMESTAMP=637176360840917500&DBCODE=CCND&TABLEName=CCNDLAST2019&FileName=CLYB201903180031&RESULT=1&SIGN=TAv0rV1RzqU5p%2fN4kHBezH8%2fVaY%3d)

【思考题】关于旅游市场你了解多少？旅游市场在社会经济运行中的作用是什么？

【分析】旅游市场是市场经济发展的产物，是旅游业赖以生存和发展的条件，是旅游经济运行的基础和实现旅游供需平衡的重要保证。

第一节　旅游市场的概念

一、市场与旅游市场的概念

(一)市场的概念

市场是商品经济发展的产物，是与商品交换紧密联系的。对于市场(market)这一词，人们有多种不同的认知和解释。以我国出版的《简明社会科学词典》和西方国家出版的《管理学词典》为例，其中对"市场"一词的释义有以下几种。

(1) 市场是商品买卖的场所。

(2) 市场是商品交换关系的总和，是不同的生产资料所有者之间经济关系的体现。它反映了社会生产和社会需求之间、商品供求量和有支付能力的需求之间、生产者和消费者之间及国民经济各部门之间的关系。

(3) 市场是在一定时间、地点以及在一定的人群或企业之间决定商品交易数量与性质的条件。这种条件包括：可供商品量(或可供的服务能力)、可供商品的需求、价格，以及有政府或其他组织机构参与的管理。

(4) 市场指某一特定产品的经常购买者或潜在购买者。

(5) 市场指具有某些相同特点，被认为是某些特定产品的潜在购买者的人群或企业。

上述几种释义中，第一种突出"场所"的概念，相对而言比较狭义，也是比较原始的说法，把市场仅看成是商品交换的场合，对市场的解释不够透彻。

第二种释义突出了"交换"的概念，这是从无形的"关系"角度对市场进行的描述。

第三、第四和第五种突出了"顾客"的概念，强调市场是要建立在"消费主体"即"人"的基础之上。

(二)旅游市场的概念

旅游市场是市场的一个组成部分，它是在商品经济的条件下随着旅游经济活动的产生和发展而形成和发展起来的。

1. 旅游市场的广义概念

广义的旅游市场，是指旅游者与旅游经营者在旅游产品交换过程中所反映的各种经济行为和经济关系的总和。它由三部分构成：一是旅游市场交换的主体双方，即旅游者和旅游经营者，也就是旅游需求方和旅游供给方；二是供旅游市场交换的对象，即旅游产品；三是有助于旅游产品交换的手段和媒介，如货币、信息、中介人及必需的市场设施条件等。随着旅游经济的发展，在现代旅游市场中，旅游产品的价格和汇率的变化、旅游信息的充足程度、旅游中介人的信誉，以及进行交易的手段、交易设施的现代化程度等，都直接对旅游产品的交换产生着重要的影响作用。旅游者和旅游经营者之间就是通过市场交换联结起来的，而旅游市场上的各种行为和现象，就反映着双方之间的经济行为和经济关系，可见，旅游市场是由"旅游需求市场"和"旅游供应市场"所构成的。

2. 旅游市场的狭义概念

狭义的旅游市场是指在一定时间、一定地点和条件下对旅游产品具有消费意愿和支付能力的消费者群体，也就是通常所说的旅游需求市场或旅游客源市场。狭义的旅游市场一般是由旅游者、旅游购买力和旅游购买欲望所构成。

在国内外学术界的大多数旅游研究中，以及在实业界的旅游管理工作中，人们在讨论旅游市场时，通常都是指旅游需求市场或旅游客源市场，即旅游市场的狭义概念。但需要说明的是，在某些特定情况下，特别是在讨论旅游经济问题时，旅游市场一词有时也指旅游供给市场，但这种用法并不普遍。

二、旅游市场的构成要素

从经济学角度看，旅游市场包括旅游产品消费者、旅游产品提供者、旅游市场客体和旅游市场中介四个部分组成。

(一)旅游产品消费者

旅游产品消费者是指参与旅游产品交换的买方，即具有旅游意愿和出游条件，有能力实现旅游活动的游客，也就是旅游产品的最终使用者。

(二)旅游产品提供者

旅游产品提供者是指旅游产品的卖方，指具有独立的经济利益和自主决策权的经济法人。在市场经济条件下，它包括提供旅游产品和服务的企业、个人和其他社会组织，即旅游产品的生产者和供应者。在市场交换中，旅游中间商或其他中介机构也是卖方或者代表卖方。

(三)旅游市场客体

旅游市场客体是指可供交换的旅游产品，包括各种有形的和无形的旅游资源、旅游设施、旅游服务以及旅游商品等，能满足游客吃、住、行、游、购、娱的需求，使游客获得一种体验和经历。

(四)旅游市场中介

旅游市场中介是指通过营销和交换活动，连接旅游市场各主体之间的所有有形的和无形的媒介和桥梁。如营销价格、竞争、旅游信息、旅游服务、政策法规等，它们组成了旅游产品供应者之间、旅游产品消费者之间以及旅游产品供应者和旅游产品消费者之间的媒介体系，在旅游市场中起到促进和保障交换的作用。

以上四个要素是相互制约、缺一不可的，它们共同构成了旅游市场。

三、旅游市场的特点

(一)全球性

早期人们的旅游活动是在国内不同地区间进行的，所以旅游市场最初是在一个国家的范围内形成的。第二次世界大战之前，邻近国家间经济贸易关系的发展，促进一定区域内的国际性旅游市场的出现，如西欧、北美之间的旅游活动。第二次世界大战之后，随着社会生产力的发展，旅游活动扩展到世界各国，区域性旅游市场发展成为世界旅游市场。因此，现代旅游市场是一个以全球为活动范围的统一的国际旅游市场，具体表现在两个方面：一是旅游者的旅游活动范围遍布世界各地，这些地区便成了旅游市场上需求的对象；二是世界各国或各地区都已经认识到发展旅游的益处，积极制定政策支持和鼓励旅游业的发展。旅游供给遍布全世界，市场对产品的选择有全球性的自由，不受地域、政治、民族等的局限。

(二)异地性

旅游市场的异地性主要表现为旅游产品的生产地(旅游目的地)往往远离旅游产品的需求者(客源地)。虽然本地居民也会光顾，但按照世界旅游组织关于旅游是人们离开常住地，前往惯常环境以外的某地进行旅行的规定，本地居民在当地的休闲活动不属于旅游的范围。这样，与其他行业的产品在当地生产、当地销售、当地消费不同，旅游产品的购买、消费的对象是异地居民。旅游市场的这种异地性源于旅游活动的跨空间性。旅游市场的这一特点必然会增加旅游产品供给者掌握市场信息、适应市场环境和开辟市场的难度。

(三)季节性

旅游市场的季节性表现得特别明显。天气温暖的春天和秋天最适合出游，夏天也可以出去避暑，冬季的户外旅游相对要受到一些限制。另外，某些与气候有关的旅游资源会因季节不同而造成资源本身体验价值的不同，产生淡旺季的差别，如吉林雾凇冰挂只能在冬天观赏。旅游者纷纷利用带薪假日外出，也是造成旅游淡旺季的主要原因。

案例 6-1

张掖丹霞大景区冬春季旅游市场开发

长期以来，由于受传统认知等因素的影响，冬春季旅游一直是甘肃张掖旅游的短板。但近年来，旅游相关部门深入开展冬春季旅游市场开发，推进张掖冬春季旅游不断升温。

张掖丹霞大景区冬春季旅游资源丰富、市场开发潜力巨大，其旅游资源不受季节限制。冬春之际，张掖山林银装素裹，冰瀑晶莹剔透，姿态万千，分外妖娆，令人心旷神怡。雪后的张掖丹霞，斑斓的土地与洁白的积雪交相辉映，丹霞奇观在冬雪的映衬下颜色更加鲜艳。冬日的张掖国家湿地公园、高台大湖湾湿地公园水域广阔，水草丰茂，是东北亚候鸟迁徙的重要通道和中转站之一，每年冬春之际，天鹅、黑鹳、白鹭等候鸟迁徙于此，数量达到20多种30多万只，是观鸟摄影爱好者的天堂。

张掖地理区位优越，兰新铁路和兰新高铁、G30 高速公路、G312 国道、S213 省道横贯全境；张掖机场开通北京、上海、西安、成都等航班，可中转全国各地；2019年，开通上海等城市的旅游直航包机，全国18个铁路局开通到张掖旅游专列300多趟。兰新高铁、兰渝铁路的开通和兰州至成都高铁开通，张掖旅游的交通更加便捷通畅。此外，在冬春季，张掖各景区景点门票、机票、车票、宾馆饭店房价大幅度优惠，超值优惠的冬春季旅游消费可使游客享受和夏秋季一样的体验。

(资料来源：袁得平. 张掖丹霞大景区冬春季旅游市场开发的分析与思考)

【思考题】应该如何扭转人们传统认知中"冬春季不适合出游"这一观念？

【分析】第一，通过持续不断地宣传引导，改变冬春季旅游淡的惯性思维，冬春季旅游市场将大有作为；第二，要统筹做好夏秋季、冬春季旅游宣传，并把宣传重心向冬春季旅游转变，促进冬春季旅游不断升温；第三，张掖当地要坚持开发冬春季旅游产品，积极策划开展一批具有重大影响力的冬春季节会赛事活动，必定能推进张掖旅游四季均衡发展，从而达到扭转人们传统认知的目的。

(四)波动性

旅游市场是非常敏感的，因为影响旅游需求的因素多种多样，任何一个因素的变化都会引起旅游市场的波动。对于某一具体旅游市场而言，某些意外事件或者重大活动都会在

一段时间内改变游客的流向，使旅游市场呈现出较大的波动性。如 2001 年美国"9·11"恐怖主义袭击事件的发生，严重打击了北美的旅游市场；2003 年非典型性肺炎及 2020 年新冠病毒的流行使亚洲，尤其是中国旅游市场出现大滑坡，而 2008 年北京奥运会和 2010 年上海世博会的举办都吸引了大批游客蜂拥而来。2011 年日本核泄漏事件使中国到日本旅游的游客数量锐减，2016 年韩国部署萨德反导系统导致中国赴韩旅游客的大幅减少。

"疫情之下，旅游业遭遇重创"

2020 年，在新型冠状肺炎疫情肆虐的影响下，各行各业受到了严重的影响。而由于正值春节假期期间，旅游业首当其冲。除拜年串门之外，这次突如其来的疫情让不少人不得不临时取消了自己的春节旅行计划，也正是因此，全中国乃至全球的旅游业都遭受重创。

据了解，这次疫情发生后，除却国内大部分旅行社计划被限制活动之外，国外很多中国旅行团活动也都被取消。一位在昆士兰州经营旅行社的负责人表示，他所负责的旅行项目在 2 月份失去了十几个旅行团，且原定的所有中国旅行团也被全部取消。此外，柬埔寨、曼谷、日本、越南、韩国和澳大利亚等多个国家的旅游景点也没有了原本游人如织的热闹景象，由于中国游客的行程大量取消，这些景点倒更显得空旷冷清。出入境游也受到重创，主要因各国出于安全考虑，限制疫情目的地国家公民入境，以及各国到达目的地国家意愿减弱等影响，导致客流量减少。

（资料来源：https://www.meadin.com/ly/210104.html）

【思考题】应对疫情，旅游业面临哪些机遇与挑战？

【分析】旅游业将面临如下挑战：旅游合同纠纷或将成为焦点问题，文化和旅游部要求妥善处理好游客行程调整和退团退费等合理诉求；企业经营及业务的恢复或将更加艰难，受经济下行等因素的影响，近年来旅行社企业经营遇到了前所未有的困难。疫情的发生令原本就处于"严冬"的旅行社企业雪上加霜。旅游业将迎来如下机遇：预防疫情知识或将成为研学旅行的重点课程，因为安全、健康成长事关每一个家庭，疫情防护知识也是每个学校、每名学生及学生家长都非常关注的头等大事；数字科技的应用或将改变未来的出行方式，5G 时代的通信速度所带来的红利将催生旅游行业无限的想象力，以数字科技为核心的消费模式有望带动在线旅游行业实现新一轮的高速增长。

(五)高度竞争性

旅游市场是一个高度竞争的市场，这主要是受到旅游供需关系的影响。从旅游供给角度而言，由于旅游资源分布的广泛性、地域性特色以及旅游资源内容的不断丰富，从而形成不同类型、不同特点的旅游产品。同时在某些地区又有许多类似的景区聚集，旅游供给呈现严重同质化，旅游企业只能推出更丰富多彩的旅游产品，大力开展手段多样的营销宣传，吸引来自各地的旅游者。

从旅游需求角度而言，旅游者由于兴趣爱好、社会地位、文化素质和收入水平等方面的差异，其需求具有多样性和复杂性的特点，他们只会挑选有限的满意景区去旅游。因此，为了吸引更多的旅游者，旅游供给者不断完善旅游产品辅助设施、提高旅游服务质量、加强旅游产品的对外宣传力度以及实施多种优惠政策，从而使市场呈现多方面的竞争。

第二节　旅游市场细分

一、旅游市场细分的概念和意义

不论是一个旅游企业还是一个旅游目的地，如果不清楚自己客源市场的所在和规模，不了解目标消费者的需求及其变化，那么经营和管理工作的开展，难免会盲目进行。当然，我们并不排除这种盲目行为也有其成功的可能，因为某种天时地利的巧合，也有可能会给该企业或该旅游目的地带来一时的成功。但是，在市场竞争日益激烈的今天，获得这种运气的可能性已经是微乎其微。然而在另一方面，在有可能获得这种机遇的情况下，旅游企业和旅游目的地的管理者如果清楚自己的目标市场，能够顺应旅游者的需求及其变化来开展自己的营销工作，那么获得成功的可能性以及实现成功的程度都将会因此而增大。

(一)旅游市场细分的概念

市场细分，也称市场划分或市场细分化。通常是指某一产品的生产者或经营者依据消费者的某些特点，将整体的购买者市场分为若干不同消费者人群的过程。作为这一过程的结果，所划分出来的每一个消费者群，便构成一个市场部分，通常称之为细分市场。结合旅游业来说，所谓旅游市场细分，即是旅游经营者依据旅游消费者的某些特点，将整体旅游市场划分为若干不同细分市场的工作过程。

对旅游市场进行细分的必要性在于，不论是一个旅游企业还是一个旅游目的地都难以有足够的实力去满足所有各类旅游消费者的需要，因而有必要在众多类别的旅游消费者中，选择适合自己经营的某一类人群或某些人群作为自己的目标市场。此外，对于有些旅游企业或旅游目的地来说，即便是有能力满足各类旅游消费者的需要，但出于优化经营的考虑，主观上也无意面向所有的旅游消费者人群提供服务。为了能够有效地选定自己的目标市场，旅游企业和旅游目的地首先需要在市场调研的基础上，对整体旅游消费者市场进行细分，然后根据自己的供给实力和营销能力，从中选择适合自己经营的那些细分市场。也就是说，只有在对整体旅游市场进行细分这一基础之上，旅游企业和旅游目的地才能有效地选择和确定自己的目标市场。所以，市场细分的直接目的是将整体市场划分为多个不同的细分市场，最终目的则在于从所划分出来的细分市场中，选定适合自己经营的目标市场。

(二)旅游市场细分的意义

市场细分工作的开展有其多方面的意义，其中主要的意义表现在以下三个方面。

(1) 有助于选择合适的目标市场。旅游企业或旅游目的地在对市场进行细分的基础上，通过分析各个细分市场的规模、销售潜力和需求特点，并根据自己的供给实力和营销能力，从而能够有效地选定适合自己经营的目标客源市场。

(2) 有助于有针对性地开发产品。在明确了自己的目标客源市场的基础上，旅游企业或旅游目的地便可根据这些目标人群的需要，有针对性地开发适销对路的产品，从而有助于避免因盲目开发产品而造成的失误和浪费。

(3) 有助于有针对性地开展营销传播。不论是旅游企业还是旅游目的地，在争取客源市场方面，营销传播工作的有效开展都是至关重要的。原因在于，其一，即使是再理想的产品，如果不为目标消费者所知晓，则无异于客观上不存在；其二，面对激烈的竞争，如果促销活动的开展不能做到有的放矢，不能针对影响旅游消费者购买的决定性因素去进行，那么不仅难以去争取更多的市场份额，甚至，自己原有的市场份额也有可能会为竞争者所蚕食；其三，不论是旅游企业还是旅游目的地，其营销预算毕竟有限。因此，在使有限的营销预算最大限度地发挥其效用方面，营销传播活动的开展是否具有针对性，将成为成功的关键。

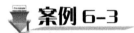

案例 6-3

从泰国开发"女士之旅"看细分市场

《2017 年女性出游报告》显示，58%的女性更愿意自己单独出行或是和闺蜜出去玩，而驴妈妈旅游网发布的《空巢青年旅游报告 2017》则表明，超过六成的空巢女性选择独自旅行。

重视女性游客、挖掘高端旅游人群、打造高品质旅游目的地，是泰国旅游市场战略的基本要点。泰国拥有丰富的旅游资源、完善的旅游设施、优秀的服务人员，为给全球女性游客提供独特的旅行体验奠定了基础。同时，女性在泰国的社会、政治、经济生活中占有重要的地位，在旅游业中发挥着举足轻重的作用，给外界留下了温柔、美丽、优雅、独立、自信的印象。这与泰国的自然环境、宗教文化、生活节奏、饮食习惯等因素密切相关，而上述因素构成了泰国的核心旅游吸引力。女性游客赴泰人数逐年增长。据统计，2007 年至 2014 年，赴泰女性游客人数年均增长 11.4%，其中大部分来自中国、马来西亚、韩国、老挝、新加坡、俄罗斯、越南、日本及美国；2016 年，赴泰国旅游的女性人数高达 3200 万人次，占比为 52%，首次超过了男性。

由于上述原因，泰国国家旅游局非常重视女性游客这一购买力较高、出游频率呈现增长趋势且掌握着家庭出游选择决定权的消费群体。此外，泰国在 2016 年以后将 8 月作为女性旅游月。

(资料来源：李庆雷. 从泰国开发"女士之旅"看细分市场的深耕策略)

【思考题】泰国开发的"女士之旅"对中国旅游市场开发的启示？

【分析】各地应根据资源禀赋、优势产品和核心能力进行市场细分,在深入调查研究的基础上确定重点细分市场,并采取切实措施开拓目标市场。应提升旅游资源的整合能力,强化创新。新时期旅游产品开发不仅需要传统旅游资源,更需要非传统旅游资源,根据市场需求发现、创造新的旅游资源。学习借鉴泰国女性之旅的经验,根据市场需求来整合旅游要素及其他涉及旅游的跨行业资源,更好地满足细分市场不断变化的旅游需求。

二、旅游市场的细分方法

在为数众多的旅游消费者中,有些人因在某一或在某些方面特点相同,而会形成某些有着共同需求的群体。这些相同的特点或共同之处,会成为旅游经营者借以对客源市场进行细分的依据或标准。不难想象,可用于对旅游市场进行细分的标准会有很多。常见的旅游市场细分方法有:依据地理因素进行细分、依据人口特征进行细分、依据旅游心理特征细分以及依据旅游消费者的行为特点进行细分。

(一)以地理因素为标准进行细分

人们常常以旅游客源产生的地理或行政区域这类地理因素为标准,对旅游市场进行细分。

1. 按地区细分

按地区细分可分为以下几种。

(1) 从洲际细分。从洲际旅游市场看,世界旅游组织将世界旅游市场分为六大旅游区域,即东亚及太平洋旅游市场、南亚旅游市场、中东旅游市场、欧洲旅游市场美洲旅游市场、非洲旅游市场。在这六大旅游市场中,欧洲旅游市场与美洲旅游市场最为繁荣,欧美旅游业起步早,旅游经济发展较为成熟,长期占据了国际旅游市场的大多数份额。20 世纪 80 年代后,东亚及太平洋地区旅游市场的发展速度最快,在六大市场中位居前列,旅游市场份额不断增加,这不仅仅表现在作为旅游目的地东亚及太平洋地区发展迅速,而且由于该地区经济的腾飞,作为旅游客源地出境旅游市场被十分看好。

(2) 按照距离细分。从客源国或地区和接待国或地区之间的距离看,可以将旅游市场细分为近距离旅游市场、中距离旅游市场和远距离旅游市场。近距离旅游市场是指以满足一日游旅游者为主的旅游市场,包括相邻国家或地区之间的边境旅游市场,城市周边的城郊旅游市场等,由于旅途时间短、旅游花费少,已成为世界旅游市场中最为活跃的旅游市场。中距离旅游市场是指以满足旅游者周末休闲和短期休假需求的旅游市场,通常距离旅游客源市场不远,一般能够在 2~4 天内往返。远距离旅游市场是指距离旅游客源市场较远且可以满足旅游者在较长一段时间内游览观光、休闲度假等的需求的全球范围的旅游市场。需要指出的是,按照旅游距离进行的旅游市场划分是相对的,在实践中往往还需要结合旅游路途通畅条件、使用交通方式及旅游便捷性等进行具体划分。

(3) 按国境细分。按国境划分,一般将旅游市场划分为国内旅游市场和国际旅游市场两大块。国内旅游市场是指一个国家国境线以内的市场,即主要是本国居民在境内各地进行旅游。国际旅游市场是指国境线以外的市场,即指某一个国家接待境外的旅游者到本国各地旅游和组织本国居民到境外旅游。因此国际旅游市场又可以分为入境旅游市场和出境旅游市场。在国际旅游市场中，就入境旅游来说，由于旅游者是其他国家或地区的居民，使用其他国家的货币支付旅游消费，往往涉及货币兑换、旅游证件和出国护照，以及进入目的地国家的签证许可等问题，因此国际旅游市场与国内旅游市场相比较要复杂得多。国内旅游市场与国际旅游市场是相互联系、相互制约的统一市场。国内旅游市场是国际旅游市场的基础，国际旅游市场是国内旅游市场的延伸。

(4) 从旅游者流量和流向细分。从旅游者流量和流向划分，可分为一级市场、二级市场和机会市场。一级市场是指一个目的地国家接待的旅游者人数在接待总人数中所占比例最大的两三个国家或地区的旅游市场；二级市场是指在目的地国家所接待总人数中占相当比例的旅游市场；机会市场是指目前到某目的地国家的人数很少，但潜力很大，有待于进一步开发的旅游市场。

2. 按气候环境因素细分

构成自然旅游资源的重要因素中，地形地貌与气候起主导作用。通常，以气候为主导因素的自然旅游资源最具有吸引力。许多地处寒冷地带的国家或地区的旅游者，把寻找阳光、温暖和湿润空气作为旅游主要目的，如地中海地区、加勒比海地区、夏威夷等地每年都吸引着成千上万的旅游者，主要是因为那里气候宜人，并能为旅游者提供海滩、阳光等良好的自然条件；相反，生长在南方的旅游者则对北方的冰雪风光更感兴趣。

3. 按人口密度和城乡差别细分

世界各国人口密度悬殊，即使是同一国家和地区的人口密度也不均衡。一般来说，人口众多、空间狭小、人口密度大的地区的居民外出旅游的可能性要大得多。旅游市场按城乡差别可以分为城市旅游市场和乡村旅游市场。城市居民要求旅游的人数比乡村多，其旅游者占城市总人口的比例也比乡村大。主要因素有三：第一，城市居民收入水平高，出游经济条件较好；第二，城市交通发达，信息灵通；第三，城市环境质量差，迫使人们外出调节身心。

(二) 按人口特征细分

人口特征因素细分是根据旅游者的年龄、性别、家庭规模、婚姻状况、家庭生命周期、收入水平、职业、文化程度、宗教、民族、种族、宗教信仰、社会阶层等因素进行细分。

1. 按年龄细分

根据旅游者年龄结构，可将旅游市场细分为老年旅游市场、中年旅游市场、青年旅游市场、儿童旅游市场。

案例 6-4

关于中国老年人旅游市场

第一，老年市场发展迅速。根据旅游统计年鉴对城镇居民、农村居民调查的统计，从年龄上分析，我国 60 岁以上出游的人群，城镇居民高于 10%，约为 11%；农村居民低于 10%，约 9%，总体市场规模是一年 3 亿人次。

第二,老年旅游市场增速快、前景好。首先,我国整体社会环境、发展环境都在改善,个人的理念也在更新,也就是说现在是 40 后、50 后在出游,将来是 60 后出游,这个年代的所谓老年人出游可能会比 50 后进步一些。其次,随着人类寿命的延长,老龄人口的数量在不断扩大。根据联合国的一项调查,中国 65 岁及以上的人口,占的比例在 2032 年将突破总人口数量的 20%,2049 年将突破 30%。这个发展速度远远高于俄罗斯和美国,也比老龄化程度最严重的日本的速度还快,这方面也说明未来中国老年旅游的发展前景是好的。

第三,现在老年旅游还没有从根本上纳入国家和政府提升老年人生活质量的发展战略。2013 年的 35 号文件提到了老年旅游,在这之前没有有关老年人旅游的相关政策,老年人权益保障法中没有提到老年旅游、银发旅游,只是提到一些基本的生活权利、老有所养等。

(资料来源:陈富刚. 银发旅游与休闲养老)

【思考题】旅游管理部门和相关企业应该如何发展老年旅游市场?

【分析】第一,产品要注重人性化设计,从线路设计来讲,要"慢"一些,老年人时间较充足,需要放缓旅游节奏;第二,要进行客户细分,满足不同层次人的需求,提供相应层次的服务;第三,提供多元化产品,当前老年人旅游市场的产品还较单一,对于一些小众产品,相应提供优质服务。

2. 按性别细分

按性别可细分为男性旅游市场和女性旅游市场。男性旅游者与女性旅游者对旅游服务和项目的需求表现出一定的差别,女性喜欢结伴出游,喜好购物,价格较敏感。女性旅游者将成为旅游市场的重要客源目标。

3. 按照收入、职业、受教育程度细分

可自由支配收入是旅游的必要条件。从这一点来看,对于旅游者,收入在很大程度上决定其旅游活动的最终实现,同时也会影响其对于旅游目的地和消费水平的选择。职业对旅游需求的影响也较大,主要影响着旅游时间和方式的选择。如教师、学生一般会利用寒暑假旅游,管理人员、技术人员、商务人员则多具有公务和商务旅游的需求。个人受教育程度对旅游的需求也有影响,受教育的程度越高,旅游需求的层次越高。

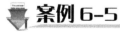

案例 6-5

大学生旅游市场发展潜力巨大

近年来,随着高校扩招,大学生群体人数不断攀升,根据教育部发布的报告——《中国高等教育质量报告》,全面分析了目前中国高等教育发展情况,2018 年中国大学生在校人数达到 3700 万,位居全世界第一。全国各类高校达到了 2852 所,位居世界第二。并且随着社会经济的发展,当代大学生的经济能力也相应提高,具有一定的旅游消费能力,很多大学生都会通过兼职或者努力学习获得奖学金来作为自己的旅游经费。

一方面,大学生有较强的旅行意愿。大学生作为社会中高知识水平群体,更加注重自身的全面发展和对知识的实践探索,古语云"读万卷书,行万里路""纸上得来终觉浅,绝知此事要躬行"等,无不激励着大学生群体去探索校园以外的世界,不断地发现探索去践

行自己书本中学来的知识。另一方面,当代大学生多为思维活跃、个性鲜明的95后、00后,他们更具冒险和求知精神,也更倾向于用自己的方式去探索发现新鲜事物。而且大学生的时间相对宽裕,每年有一百多天的假期,出行旅游的时间选择也可以比较随性。越来越多的大学生在学习之余或者压力过大时,会选择外出旅游作为自己的放松方式,通过暂时逃离熟悉的环境去发现和探索更多美好有趣的事物,不仅是一种很好地开阔视野、释放压力的休闲放松活动,也可以带来更加新鲜的生活体验,丰富自己的生活。

(资料来源:程雨竹. 大学生旅游市场的前景分析及研究)

【思考题】试分析当前大学生旅游市场发展潜力巨大的原因?

【分析】随着经济的快速发展、社会节奏的日益加快,旅游成为一种很好的缓解压力和放松调整的方式。大学生有着强烈的求知、求新、求奇、求美的心理需求,不甘于墨守成规,渴望了解"象牙塔"外的世界,对旅游有着极大的兴趣。与此同时,大学生的课余闲暇时间相对较多,有机会参与各类旅游活动。

4. 按家庭结构细分

家庭是消费的基本单位,家庭结构、规模和总收入等状况都会直接影响旅游者的旅游需求。

5. 按社会阶层细分

各社会阶层的区别主要表现在各自具有不同的心理行为,也就是说,每一阶层的成员都具有类似的价值观、兴趣和行为,不同的阶层对旅游活动、旅游消费水平和档次的选择也有所不同。

(三)按旅游心理特征细分

按旅游心理特征细分是指按消费者心理动机细分市场。此类划分的依据主要是旅游者的目的、生活方式、性格等。

1. 按旅游者的目的细分

按旅游者出游的主要目的,将旅游市场细分为以下4个部分。①观光旅游市场。这类旅游者的旅游动机主要是了解异国他乡的历史、文化、风俗民情以及参观游览当地的自然景观。观光旅游市场是传统的旅游市场。②会议、展览、商务旅游市场。这类旅游者的需求量受价格影响较小,消费水平高,目的地以大城市为主。③休闲度假旅游市场。休闲度假旅游是当今旅游市场中的主流旅游活动方式,主要的是休养身心,这一市场的旅游者停留时间长,重复旅游者占很大比例。④探亲访友旅游市场。这类市场的旅游者其目的是探亲访友或寻根问祖,不太受各种营销活动的影响。

此外,旅游形式和内容的多样化是当今旅游业的一大特点,除了上述的传统旅游市场外,又出现了一些新兴的旅游市场,如满足旅游者健康需求的体育旅游市场、疗养保健旅游市场和狩猎旅游市场等;满足旅游者业务发展需求的修学旅游市场、学艺旅游市场等;满足旅游者享受需求的豪华(邮轮、火车、汽车)旅游市场、美食旅游市场等;满足旅游者寻求刺激心理需求的探险旅游市场、秘境旅游市场、惊险游艺旅游市场等。

2. 按生活方式细分

按生活方式来细分旅游市场，主要根据人们的不同生活习惯、消费倾向，对周围事物的看法及人们所处生命周期来决定。由于人们生活方式的不同，必然带来旅游需求的差异性。因此，把生活方式雷同的旅游者作为一个市场群体，有计划地提供符合该市场需求的旅游产品和服务，有针对性地满足其需求，从而可以扩大市场占有率。

3. 按性格细分

性格也是影响旅游动机的重要因素之一。在划分市场时，按性格划分是很有必要的，有助于我们根据旅游者的不同需求来开发新的旅游项目，如针对部分性格刚强、敢于冒险的旅游者，可以开发探险与猎奇旅游项目，以满足这部分旅游者的需要。

(四)按旅游消费行为和方式细分

1. 按旅游购买方式划分

旅游市场分成团体和散客两种。购买方式是指旅游者购买旅游产品过程的组织形式和所通过的渠道形式，依此可分为团队旅游市场和散客旅游市场。团队旅游市场是指以组团形式参加旅游活动的旅游者群体。一般来说，旅游团人数在15人以上，大多数由旅行社负责组织接待。团体旅游的优点是节省旅游者时间、节省旅游者精力，并且比较安全。但是团体旅游缺乏个性，不能满足旅游者个人的兴趣和爱好。散客旅游市场是指以非团队形式参加旅游活动的旅游者群体。散客旅游市场是目前旅游市场发展的一大趋势。但与团体旅游相比，散客旅游某些单项的支付价格较贵。

散客旅游市场是否发达已成为衡量一个国家或地区旅游业是否成熟与发达的重要标志。在现代旅游市场中，团队旅游市场的比例有下降的趋势，散客旅游市场迅速增长，散客旅游已发展成为世界旅游市场的主体。这一市场的旅游形式也日益复杂多样，包括独自旅游、结伴同游、家庭旅游、小组旅游、驾车旅游、徒步旅游等。

2. 按购买时间和方式细分

由于旅游活动的时间性、季节性非常突出，按购买时机、频率、数量等可以分为淡季旅游市场、旺季旅游市场和平季旅游市场。还可分为寒暑假旅游市场以及节假日旅游市场(如春节、元旦、双休日等)。

3. 按旅游者消费水平划分

根据消费者消费水平，一般可将旅游市场划分为豪华旅游市场、标准旅游市场和经济旅游市场。豪华旅游市场主要是由社会上级阶层组成，这部分人群不大关心旅游产品和服务的价格；标准旅游市场主要是由中产阶级组成，他们既关心旅游产品和服务的价格，又关心旅游产品和服务的质量；经济旅游市场主要由低收入者组成，他们尤其关心旅游产品和服务的价格。针对这三类旅游市场，旅游产品的经营者可以设计生产出不同的旅游产品以满足不同市场的旅游需求。

第三节　中国旅游市场

我国的旅游市场包括国际旅游市场和国内旅游市场，其中国际旅游市场又分为入境旅游市场和出境旅游市场。当前，我国旅游业已经进入全面转型提升发展时期，国内游、入境游、出境游三大市场全面繁荣，形成了三足鼎立、活跃发展的新格局。大力提振入境旅游，规范发展出境旅游，稳定发展国内旅游是当前旅游市场发展的总体思路。

一、国内旅游市场

(一)国内旅游市场的定义

国内旅游市场是指我国大陆居民和在我国常住一年以上的外国人、华侨、港澳台同胞离开常住地到中国大陆境内的其他地方进行旅游活动所构成的市场。

随着我国改革开放以来的经济发展和社会进步，国民对外出旅游的需求，首先是对国内旅游的需求呈现出快速上升的势头，参与人数、消费水平和经济效益都迅猛提升。从20世纪80年代起，国内旅游市场的规模开始迅速扩大。据我国国家旅游局的调查和统计，1985年全国国内旅游人数为2.4亿人次，国内旅游收入为80亿元人民币；2004年国内旅游人数首次突破10亿人次；2010年达到21.03亿人次，实现国内旅游收入1.26万亿元人民币；2015年全年接待国内游客40亿人次，旅游总收入3.42万亿元；2018年全年国内旅游人数55.39亿人次，实现旅游总收入5.97万亿元；2019年全年国内旅游人数60.06亿人次，实现旅游总收入6.63万亿元，同比分别增长8.4%和11%。如今，我国的国内旅游市场已连续多年成为世界最大的国内旅游市场。

案例 6-6

我国旅游市场引人瞩目

2019年12月19日，中国旅游研究院武汉分院研究团队历时一年编写的《2019年中国旅游业发展报告》在武汉发布。报告主要结论如下。

文旅机构改革顺利推进，产业发展政策环境良好。今年，文旅机构改革在市县层级全面落地。同时，一系列政策的发布与出台，涉及旅游扶贫、景区门票、特色小镇高质量发展、旅游失信等多个领域，为产业运行创造了良好的政策环境。

三大市场运行持续向好，入境市场持续回温。2018年，中国国内游客、出境游客、入境游客量人数分别为55.4亿人次、1.497亿人次、1.412亿人次；国内旅游收入、出境旅游花费、入境旅游收入分别为5.13万亿元、2773亿美元、1271亿美元。从近三年数据来看，我国出境旅游人次呈快速增长态势，年均增长率为9.1%，入境旅游人次自2014年起持续回暖，年均增长率为1.8%，而国内旅游人次增长率相对走低，年均增长率为11.5%。

投资规模稳居世界第二，投资主体日渐多元。根据世界旅游及旅行理事会数据统计显示，2018年中国的旅游投资额为1615亿美元，同比增加了4.40%，稳居世界第二。"十三

第六章 旅游的就业平台——旅游市场

五"以来,旅游投资规模保持年均 6.82%的增速,吸引了包括政府投融资平台、民营企业、非旅企业等的多元资本进入。

综合贡献保持世界第二,但增速有所放缓。在国内贡献方面,据文化和旅游部公布数据显示,2018 年全年实现旅游总收入 5.97 万亿元,同比增长 10.5%;旅游业对 GDP 的综合贡献为 9.94 万亿元,占 GDP 总量的 11.04%。在国际贡献方面,根据世界旅游及旅行理事会数据统计,2018 年中国旅游业对全球 GDP 的综合贡献高达 15090 亿美元,居世界第二位。旅游业贡献的就业岗位数为 7991 万个,数量稳居世界第一。

(资料来源:http://www.cntour.cn/news/9684/)

【思考题】我国旅游市场的发展现状及特点?

【分析】旅游业具有"无烟产业"和"永远的朝阳产业"的美称,发展前景广阔,我国正在从旅游行业大国向全球旅游行业强国转变,国家在大力推动文化旅游产业的发展。当前我国旅游市场规模稳步扩大,运行持续向好,投资规模稳定,投资主体趋于多元化。

(二)国内旅游市场的特点

随着改革开放以来我国经济的持续快速增长,居民收入水平与教育水平的持续提升,人民的生活水平和生活质量的不断提高,国内旅游市场规模也不断扩大。综观我国近些年来国内旅游市场的表现,可发现如下一些主要特点。

1. 市场规模大,发展潜力足

近年来我国国内旅游需求的发展,无论是从人次规模上,还是从旅游消费总额上去衡量,都已经远远超过入境旅游市场。以 2018 年的情况为例,该年接待国内游客高达 55.39 亿人次,是同年入境旅游接待量 2.91 亿人次的 19 倍。2018 年我国实现的国内旅游收入总额为 59700 亿元人民币,相当于同年我国旅游外汇收入 1271 亿美元的 6.75 倍。

2. 游客主体类型多样化,以城镇居民为主

我国众多的名山大川、各地的奇风异俗历来对国人就有莫大的吸引力。不同类型的群体都在寻找合适的机会出游。职工可以借出差机会兼顾旅游;青年学生可以进行求学旅游和假期旅游;农民可以在农闲时间或者外出经商时顺便旅游;其他还有商务旅游和奖励旅游。所以中国有经济能力的人很多都有外出旅游的经历,但从中国近年来旅游业的发展情况来看,农村出游的人次多于城镇居民出游人次,但农村居民旅游消费少,出游率低,目前我国国内旅游市场城镇居民占据主要市场份额。

3. 国内旅游以短途旅游为主

目前我国国民中多数人的旅游支付能力仍比较有限,加之带薪年假制度在我国尚未普遍实行,多数人拥有的闲暇时间仍很分散。所有这些情况都使得我国国民国内旅游活动的开展多表现为短程旅游。据上海、成都、西安、长春等城市的市政研究表明,城市客源市场随距离分配的基本规律是:城市一级客源市场,即本城居民,出游空间的 80%集中在距离城市 500 千米的范围内;二级客源市场,即来本城的非本城居民,出游的范围集中在距离城市 250 千米的范围内。根据数据统计,我国每年 30 多亿人次的旅游者中,1~3 日周边短途游的比例占七成以上,一些符合当季、比较有节日气氛又适合家庭出游的主题,如乐

园、古镇、祈福、温泉等最受周边游市民的青睐。以2018年"十一"黄金周为例，选择短途周边游放松身心的游客不在少数。

4. 旅游者中散客比重较大

在国内旅游活动中，绝大多数旅游者都不使用旅行社提供的商业性服务。根据中国旅游研究院分析，2016年国内、入境、出境旅游三大市场的自助游客比例分别为93%、82%、61%，国内自驾游等自助旅游形式成为出游常态。

5. 消费总额增长速度快，但人均消费水平仍显较低

从全国国内旅游消费开支总额看，2000年为3175.54亿元，2005年增至5285.86亿元，2010年增至12579.77亿元，2015年旅游总收入达到34195亿元，2018年国内旅游总收入达到59700亿元，由此可见，增长速度很快。但就国内游客的人均花费而言，2000年为426.6元，2005年为436.1元，2010年为598.2元，2015年为857元，2018年为925元，特别是与同年入境游客的人均消费额相比，明显较低。这在某种程度上反映出，目前我国内旅游市场的发展仍处在人次规模扩张阶段，在质量上仍显较低。

(三)国内旅游市场的发展趋势

1. 国内旅游持续向大众化转变，仍将处于持续快速发展的黄金期

改革开放以来，随着我国经济的发展、国民收入和生活水平的提高以及拥有闲暇时间的增多，国民对旅游和休闲的需求无疑将会继续增长。这决定了国内旅游市场的规模将会继续增长和扩大。国民人均出游从1984年的0.2次增长到2018年的4次，增长了20倍。国内游客数量从1984年约2亿人次扩大到2018年55.39亿人次，增长了27倍。特别是自2000年以来，国内游客数量呈现持续高位增长，推动中国步入了大众旅游时代，成为世界上拥有国内游客数量最多的国家。国内旅游收入也从1985年的约80亿元增加到2018年的59700亿元，增长了746.25倍。2019年，旅游经济继续保持高于GDP增速的较快增长，国内旅游市场稳步增长，全年国内旅游人数60.06亿人次，全年实现旅游总收入6.63万亿元，同比增长11%。

2. 国内旅游市场消费水平将不断提升

伴随着国内旅游市场规模的进步增大，特别是近年来居民收入水平的提升以及大众旅游热潮的涌起，人们对旅游生活质量的追求不断增强，随着人们收入水平的提高，国内游客的旅游消费水平也将会不断提升。同时随着我国国内旅游的需求规模不断增大，我国很多旅游服务企业已经开始重视对国内市场的开发和经营。更重要的是，由于2008年世界性"金融海啸"的影响和入境旅游需求的萎缩，国家旅游政策的制定者将会进一步认识国内旅游市场的重要性，并会将国内旅游作为国家旅游经济发展的基点。

二、入境旅游市场

(一)我国入境旅游市场的发展历程

旅游业由于自身行业的特点决定了其容易受到外在因素的影响，而入境旅游的发展与

外界各种复杂因素的关联更紧密。总体来说，中国入境旅游市场的发展经历了以下五个阶段。

1. 入境旅游的起步和发展阶段(1978—1988年)

这是由于当时中国政治稳定，经济快速发展，再加上中国的改革开放刚刚开始，吸引了积聚很长时间、带着强烈探秘心理的海外客人来到这个文明古国。入境旅游者人数以每年 36%以上的速度高速增长。但由于当时我国几乎没有进行正规的、大规模的海外促销活动和有目的的客源市场分析工作，国内具有国际水准的旅游服务接待能力还很欠缺，海外入境旅游人数属于未加规范状态下的随机增长。

2. 入境旅游的下降和恢复增长阶段(1989—1991年)

1989年，入境旅游人数比上年下降22.7%，中国入境旅游进入一个发展的低谷期。此后两年，中国入境旅游开始恢复性增长。

3. 入境旅游的平稳增长阶段(1992—2002年)

经过11年的稳定增长，相应的餐饮、住宿、交通等旅游业包括的各个链接都能得到快速的发展，供给能力不断地提高，接待海外游客的能力也得到了相应的提高，从而使发展入境旅游有了稳定可靠的硬件基础，入境旅游得到了较大发展，世界排名也迅速攀升到第五位，中国已经成为世界旅游大国。但是，由于受到1997年亚洲金融危机的影响，该年的入境旅游也受到了一定的负面影响。

4. 入境旅游恢复性增长阶段(2003年至今)

2003年年初，非典型肺炎(SARS)在中国的广东、北京、山西等地，以至全球许多国家和地区相继爆发，覆盖面相当广泛。自世界卫生组织宣布中国的多个省市属于重度SARS疫区后，100多个国家与中国取消了彼此间的出入境旅游业务。其中，2003年和2004年相较同期中国入境旅游人数共减少3117.03万人次。SARS在6月中旬得到有效控制后，旅游人数的下降幅度在一定程度上有所减小，旅游业逐渐进入恢复阶段，并以缓慢的速度增长。但是，由于受入境旅游的宏观环境与国内旅游服务能力等发展瓶颈的制约，自2007年以来，入境旅游持续出现了增长乏力的局面，自2012年起，我国入境旅游人数出现了连续下跌，跌幅分别为2.5%、2.2%和0.45%。随着我国影响力和国际地位的提升，以及国内旅游服务的升级，2015年至今，中国入境旅游人数摆脱多年下滑态势，连续两年实现正增长，入境旅游市场进入持续增长通道。至2015年，中国入境旅游市场仅次于法国、美国、西班牙，达5689万人次，成为世界第四大入境接待国，旅游国际收入1137亿美元，仅次于美国，居世界第二。

(二)我国入境旅游主要客源市场

根据我国目前对来华旅游者的定义，我国入境旅游市场的游客主要有外国人(含外籍华人)、海外华侨、港澳台同胞。

1. 港澳台市场

据《中国入境旅游发展年度报告2018》指出，2017年，中国香港、中国澳门、中国台湾仍然是内地(大陆)入境旅游市场主力,占全部入境旅游市场份额的 79.09%。其中,香港市场保持着一种低速增长的态势,未来香港市场开发需要加强的重点应该是促进香港同胞过夜旅游人次的增加,并努力扩大香港同胞到我国广东以外地区旅游的比重;中国澳门尽管只有 60 多万人口,但在过去几年中澳门市场一直保持着较高的增长速度。

2. 外国客源市场

整个 20 世纪 80 年代,位居我国入境旅游前 10 位的客源国构成:其中亚洲国家有 4 个(日本、菲律宾、新加坡、泰国),大洋洲国家 1 个(澳大利亚),欧洲国家 3 个(英国、德国、法国),美洲国家 2 个(美国、加拿大)。换言之,在这十大国际客源国中,近距离的周边国家和远距离的欧美国家各占一半。

进入 20 世纪 90 年代后,我国旅游业的主要国际客源国构成及其排序情况陆续出现了一些明显的变化,主要反映在以下几点。

俄罗斯、韩国、马来西亚和蒙古国这 4 个周边国家的来华旅游人数迅速增加,并使得这些国家进入了我国旅游业十大国际客源国的行列。

日本和美国虽然维持了其作为我国旅游业主要国际客源国的地位,但在整个国际来华旅游市场中所占的份额,开始有所下降。特别是美国,在十大国际客源国中的排序由 20 世纪 80 年代中的第二位,降至目前的第四位。

欧洲来华旅游的规模虽然一直在不断增长,但增速相对缓慢,从而在外国人来华旅游市场中所占的份额也呈下降趋势。其中的英、德、法这三个国家在 20 世纪 80 年代一直位居我国旅游业的十大国际客源国之列,然而自 20 世纪 90 年代以来,随着其份额的逐渐下降,目前皆已被淘汰出十大客源国之列。

进入 21 世纪后,中国旅游业主要国际旅游客源国的构成及其排序情况基本上已趋稳定。以 2017 年情况为例,全年中国接待入境游客 13948.24 万人次,同比增长 0.80%,规模总量创下历史新高。其中,外国人入境旅游市场的规模和增速分别为 2916.53 万人次和 3.60%,规模总量同样创下历史新高。在外国人入境旅游市场中,排名前十的旅华客源国分别是:缅甸、越南、韩国、日本、俄罗斯、美国、蒙古国、马来西亚、菲律宾、印度。综合来看,入境客源市场结构已显露出优化趋势,"一带一路"沿线国家在入境旅游市场中的活跃度正持续上升。在这十大国际旅游客源国中,有 8 个是在亚洲,1 个在欧洲(实为横跨欧亚的俄罗斯),1 个在美洲(美国)。也就是说,在中国旅游业目前的十大国际客源国构成中,近距离的周边国家由过去的 5 个增加到了 9 个,远距离的客源国则由过去的 5 个缩减为 1 个美洲国家。

上述情况反映出,我国旅游业主要国际客源市场的构成,呈现出明显的近程化趋势。这意味着,我国旅游业的国际客源今后将会更加集中于亚洲。这一趋势的出现,在很大程度上也意味着中国旅游业的国际客源市场已经趋于成熟,因为这一趋势的出现符合国际旅游客源市场构成的普遍规律。

(三)入境旅游市场发展现状

1. 我国入境旅游市场持续增长

中国旅游研究院发布的《中国入境旅游发展年度报告 2018》指出:中国入境旅游市场

特别是外国人入境旅游市场，进入恢复增长的新通道和总体回升的新阶段；港澳台客源市场主力地位依然稳固，"一带一路"沿线国家活跃度上升。2017年，中国入境旅游市场规模与消费均平稳增长，整体进入恢复增长的新通道和总体回升的新阶段。2017年，接待入境游客13948.24万人次，同比增长0.80%，规模总量创下历史新高。2017年中国入境旅游外汇收入1234.17亿美元，同比增长2.90%，继续保持平稳增长的良好态势。其中，外国游客在华消费695.47亿美元，同比增长4.1%，保持平稳增长的良好态势。

2. 入境客流扩散的等级性与近程性特征显著，客流扩散的路径持续多样化

入境客流扩散的等级性与近程性特征依然显著。由于受到旅游资源、地方知名度、空间距离、旅行费用等多重因素的影响，入境客流的扩散依然呈现出典型的"等级性"与"近程性"特征。北京市超过89.3%的入境游客扩散至上海、西安、沈阳、天津、重庆、成都、杭州、昆明、承德、大连等旅游资源同样丰富的城市或者邻近城市，入境游客以北京为节点向其他城市扩散主要集中在五个方向：东南向、西向、东北向、西南向、南向。上海市超过53.97%的入境游客扩散至杭州、南京、苏州、无锡等具有丰富旅游资源的邻近城市，入境游客以上海为节点向其他城市扩散主要集中在五个方向：南向、西向、北向、西南向、西北向。广州市超过67.74%的入境游客扩散至北京、上海、深圳、杭州、西安、成都等一线城市或旅游资源十分丰富的城市，入境游客以广州为节点向其他城市扩散主要集中在四个方向：省内、北向、东北向、西北向。

3. 入境旅游的消费水平依然偏低，游客综合满意度处于"满意"水平

从入境游客人均消费的总体结构来看，消费水平依旧偏低。《中国入境旅游发展年度报告2018》显示，超过80%的入境游客消费集中在1001美元到5000美元之间；从消费项目来看，22.88%的游客表示旅游交通是其最大的消费项目，其次是购物消费，占总消费支出的20.94%。

从入境游客的消费评价来看，入境游客的消费评价整体较好，综合满意度处于"满意"水平。无论目的地总体形象、城市建设、城市管理、公共行业服务还是窗口服务，游客对其评价均值基本皆在8分以上。但仍有部分服务短板存在。

4. 入境旅游市场需求方面，主要旅行目的是游览观光以及休闲度假

入境游客中首次到访中国的游客居大多数；游览观光和休闲度假是入境游客访华的主要目的，网站论坛和亲友介绍是最主要的信息来源；旅游交通、天气等生活信息，旅游景区接待情况，旅游产品和服务介绍，特色文化娱乐活动等是入境游客最为关注的出行决策参考要素；文物古迹、山水风光、文化艺术、美食烹调是入境游客最为喜爱的旅游项目。

三、出境旅游市场

(一)我国出境旅游市场发展历程

我国出境旅游是从20世纪80年代中期的港澳探亲旅游发展起来的，由于仅限于探亲旅游，出境旅游人数很少。中国真正的出境旅游市场的形成，是从开放东南亚旅游市场开始的。1988年，除中国香港和中国澳门地区外，泰国成为中国出境旅游的第一个目的地国

家，中国公民出境旅游自此起步。自 1990 年起，中国政府陆续允许新加坡、马来西亚、泰国、菲律宾为中国公民探亲旅游目的地国家，1997 年起，根据新的原则与程序，中国政府又陆续批准开放了一些中国公民可以自费出境旅游的目的地国家，使出境探亲旅游正式转变为中国公民自费出国旅游。

进入 21 世纪，随着我国经济的稳步发展，国民收入水平大幅度提高，以及交通出行方式更加便利，外加国际性大战略的实施，国人的旅游生活也发生了重大变化，中国公民出境旅游需求十分强劲。我国出境旅游人数和境外旅游支出已多年稳居世界第一位，是全球规模最大、最有消费吸引力的重要客源市场。我国出境旅游人数稳居世界第 1 位。1995—2017 年，我国出境旅游人数由 0.05 亿人次增至 1.43 亿人次，年均增长 17%。我国出境旅游人数居世界位次不断提升，1995 年居世界第 17 位，2013 年首次跃居世界第 1 位，2014—2017 年稳居世界第 1 位，是全球最大的出境游市场。我国出境旅游支出跃居世界第 1 位。1995—2017 年，随着人民生活水平改善，我国出境旅游支出也大幅提高。1995 年我国出境旅游支出居世界第 25 位，2013 年居世界第 2 位，2014—2016 年稳居世界第 1 位。2017 年，我国出境旅游支出额为 2577 亿美元，比 1995 年的 37 亿美元增加了 2540 亿美元，增长 68.6 倍，居世界第 1 位，比 1995 年提高 24 位。当前，我国出境旅游正在从高速增长期转入稳定发展期。

案例 6-7

全球同过中国年

中国国家移民管理局通报，2019 年春节期间出境人员 631.1 万人次，同比增长 12.48%。携程发布的跟团游和自由行订单数据显示，赴泰游客人数近 10 万人；赴日本体验冰雪旅游等的游客超过 5 万人；赴北欧的游客人数同比翻番；同时，中国游客开始把目光转向南美洲，如赴阿根廷的中国游客增长 128%。

中国旅游研究院副院长李仲广表示，我国春节出境旅游市场繁荣发展，是大众旅游向中高级阶段演化的重要表现，是改革开放不断扩大深化的必然趋势。春节假期有力推进了我国旅游的全球化进程，"欢乐春节"等品牌活动与我国全球旅行服务体系建设相互促进、相得益彰。就像《流浪地球》开启我国 "科幻电影元年"、激发国民 "仰望星空" 一样，"春节全球游" 突显了中国旅游发展全新课题，引导更多国民走向世界、融入世界。北京大学战略研究所副所长窦文章表示，大量走出国门的中国游客惊喜地发现，从亚洲到大洋洲、从欧洲到美洲，处处可见 "中国年" 的喜庆元素，备感亲切。中国出境旅游潮极大带动了世界旅游经济发展，中国出境游消费稳居全球第一，已经成为世界旅游经济发展强劲动力之一。

中国旅游研究院国际所副研究员杨劲松博士介绍，节日出境旅游增速依然强劲，出境目的地依然以近程为主，前10位目的地中近程占据大部分，远程目的地更加多元化，出现了一些新的境外远程目的地。不少目的地在春节假期提供了更加细致周到的服务，在签证、航班、语言环境、支付手段等方面下工夫，便利化程度明显提升。值得注意的是，很多目的地针对中国游客的文化需求安排旅游项目，与"欢乐春节"密切相关的"文化便利化"活动也开始成为重点。

(资料来源：李志刚. 全球同过中国年、出境游现新趋势)

【思考题】通过案例，谈谈我国出境旅游市场的发展情况。

【分析】春节期间，我国出境游人数平稳增长，出境游市场日趋成熟。海岛游、冰雪游等具有深层体验感的境外游憩形式火热，中国游客不再只是满足于境外购物，体现出我国游客旅游品位的提高。国外旅游行业从业者为开拓中国客源努力将中国春节元素融入旅游产品，提升了游客体验。同时，作为中国春节市场分工体系的参与者，境外旅游从业者自发地进一步了解中国年俗文化，有利于中国传统文化的海外传播。

(二)出境旅游市场的发展特点

尽管我国出境游已经进入"亿人次"时代，但从客源产出、空间流向、市场规模、消费结构等方面来看，中国出境市场仍处于与国情相适应的初级阶段。

1. 我国出境旅游市场处于初级阶段

《旅游绿皮书：2016—2017年中国旅游发展分析与预测》认为，相比世界其他客源地，中国的出境潜力不容低估，发展动力强劲，但是我国出境旅游市场仍处于初级阶段，主要表现为：出境人数占人口总数的比例仍然偏低，启蒙教育还是长期的基础工作；缓解出境游客与目的地居民的文化冲突，促进相互理解和认识还有很长的路要走；中国公民的出境旅游形象塑造仍然任重道远。

出境市场的发展很快，但是大部分市场普遍存在简单粗糙，不精细、低频次、低毛利和长链条等难以控制的情况普遍存在。在包机、包船(邮轮)上容易陷入低价竞争的泥沼，销售压力和风险难以控制。

此外，供应商单纯追求规模效应和标准化运作，在产品组合上过于简单，在新产品开发上缺乏动力。与境外目的地的合作依然处于初级阶段，公共服务提供、市场监管、旅游安全、风险管理和产业合作还需要进一步深化。

2. 空间非均衡性明显

从客源产出来看，中国出境旅游的发展并不是一个整齐划一的整体渐进过程，由于区域社会经济发展的差异，使出境客源呈现出显著的空间非均衡特征。长期以来，东部地区占据着中国出境旅游客源产出的主要位置，而中部与西部地区的客源产出能力梯次下降，出境旅游还没有成为一种普遍的大众化消费活动。

从空间流向来看，约70%的出境游客流向港澳台地区，表明中国内地的出境旅游行为仍呈现出以短途旅游为主的特点。

3. 出境旅游消费趋于理性化

《中国出境旅游发展年度报告2018》显示：2017年中国出境旅游市场达到1.31亿人次，出境旅游消费达1152.9亿美元，同比增长6.9%和5.0%，人均消费886美元(约合6200元人民币)，增速有所放缓。出境游市场已经从早期"走走走"即观光看景为主，到"买买买"即购物为主，发展到"慢慢慢"的休闲度假的目的地生活体验阶段。

第四节 全球旅游市场

一、全球旅游市场迅速发展的原因

旅游业早在20世纪90年代初就已发展成为超过石油工业、汽车工业的世界第一大产业，也是世界经济中持续高速稳定增长的重要战略性、支柱性综合性产业。近年来，相对稳定的和平环境、高速发展的社会经济以及突飞猛进的科学技术，促进了世界旅游业的快速发展。在世界经济全球化和一体化的作用下，世界旅游业已经进入飞速发展的黄金时期，推动全球旅游业迅速发展的关键原因主要有以下三点。

(1) 各国经济快速增长及与其相关的国民收入稳步提高，使人们有能力支付价格不菲的旅游旅行费用。例如，目前在欧洲，一个月收入4000～6000欧元的中等收入家庭，这一波群体到亚洲或非洲旅行是一件非常容易的事情，每人每次旅行的平均费用大约为2000欧元，比月收入还低。现在，欧美有些家庭每年的出境旅游已成为习惯。

(2) 交通运输技术的巨大进步，使长途旅行发生了革命性的变化，大大缩短了国家与国家之间的距离，使"地球村"的理念成为现实。其中特别值得一提的是，宽体喷气式飞机的发明、家用小汽车的普及和高速铁路的广泛运用，为旅行提供了极大的便利。

(3) 劳动生产效率的大幅提高和民生状况的不断改善，使人们可以有大量的闲暇时间用于外出旅游。以发达国家中每周工时最短、一年带薪假期最长的国家法国为例，从1919年起每周法定劳动时间为48小时，1936年起减为40小时，2000年起实行每周35小时工作制；除了每年法定的节假日，一年带薪假期1936年是两周，1956年增加到3周，1968年是4周，1981年起增加到5周。也就是说，法国人每年大约有5个月不用工作。北欧的一些国家也是大同小异。美国人已有1/3的休闲时间，2/3的收入用于休闲，1/3的土地面积用于休闲。休闲度假已成为现代社会人们的重要生活方式，休闲经济成为经济社会发展的重要经济形态。

二、全球旅游市场发展现状

近代旅游的开端是1841年托马斯·库克组织的大批人到洛赫巴勒参加禁酒大会，从那时起，一个多世纪以来，全球旅游业期间发展虽然也有波动，但总体上呈现高速增长态势。从20世纪40年代开始，全球旅游市场呈现繁荣的景象。

(一)全球旅游市场逐渐分化

纵观近70年来全球旅游市场的发展，很容易发现全球旅游市场在逐步出现分化，呈现

"三足鼎立"新格局。由于各国各地区政治、经济、历史以及旅游资源状况等诸多因素的差异，旅游业发展水平也呈现明显的地域性差异。以往，从旅游目的地的区域板块划分来看，欧洲和北美长期以来一直是世界上最受欢迎的两大旅游胜地，是全球旅游市场的"双雄"，但最近20年来，情况正发生快速变化。经济全球化和区域经济一体化的进程深刻地影响着世界旅游业的发展轨迹，也打破了原有的旅游市场格局。国际旅游者对于旅游目的地的选择出现多样化，东亚及太平洋地区已经成为排名第三的首选目的地，从而形成欧洲、北美、东亚及太平洋地区"三足鼎立"的新格局。早在1950年，东亚及太平洋地区所接待的国际游客量不足19万人，到2000年接待的游客量达到了1.12亿人，2010年接近2.0亿人，占全球份额约20%。根据预测，到2020年，东亚及太平洋地区接待国际旅游人数占全球份额将上升至27.3%，超过北美(届时为17.8%)，位居世界第二，进一步巩固"三足鼎立"新格局。经济全球化和区域经济一体化的进程深刻影响着世界旅游业的发展轨迹，使得世界旅游市场出现新格局，打破了原有的旅游市场格局。

(二)全球旅游市场由单纯观光向度假娱乐过渡

传统的旅游活动是以参观名胜古迹，游览山水风光为主。近年来，人们消费活动越来越个性化，除了一般的参观游览以外，主要转向了通过旅游达到休息和娱乐的目的。由于出国旅游已逐渐成为种生活方式，越来越多的游客已不满足于在各个旅游点之间长途跋涉、走马观花、奔波疲惫的单一观光旅游方式。在未来的旅游市场中，观光旅游虽不会完全失去市场，但将从主体地位退而成为旅游项目的一个组成部分。在国际旅游市场中，如度假旅游等非观光型旅游已经盛行，并取代观光旅游成为国际旅游市场的主体。所以，休闲娱乐旅游将会是未来旅游业发展的潮流。

从世界旅游业发展来看，休闲娱乐旅游的发展历程已经走过了半个多世纪。随着世界各国经济的发展和生活水平的提高，众多旅游者旅游的目的也从传统的开阔眼界、增长见识向通过旅游使身心得到放松休息、陶冶生活情操等转变，休闲娱乐旅游活动成为现代人的重要组成部分。随着旅游者中度假人数比例的不断增大，现在休闲娱乐旅游已经成为重要的市场方向，世界旅游强国在很大程度上都是休闲娱乐度假旅游比较发达的国家。而海岛、滨海旅游度假则是旅游业的大支柱，在一些国家和地区成为主要的经济收入来源，如在百慕大、巴哈马、开曼群岛、新加坡，旅游业发展统计收入占其国民收入的50%以上。目前，地中海沿岸、加勒比海地区、波罗的海及大西洋沿岸的海滨、海滩成为极负盛名的旅游度假胜地。

(三)全球旅游客源由集中走向分散

长期以来，欧洲和北美既是国际旅游的两大客源市场，又是国际旅游市场的两大传统接待市场。这两个地区作为现代国际旅游的发源地，其出国旅游人数几乎占国际旅游总人数的3/4。目前，世界上最重要的客源国中，除亚太地区的日本和澳大利亚外，其余大都集中在欧洲和北美洲，其中德国和美国两个国家占国际旅游消费总支出的1/3以上。在20世纪80年代以前，它们几乎垄断了国际旅游市场。20世纪80年代后，随着东欧、南美、非洲许多国家经济实力的不断增强，直接影响各地区国际旅游客源的发生、发展和转移。随着其他各大洲旅游业的发展，世界旅游客源市场畸形集中的局面逐渐发生了变化。亚洲、非洲、南美洲和大洋洲等地区旅游业的较快发展，特别是发展中国家和地区经济的持续增长，将使这些国家和地区的居民去邻国旅游的人数迅速增加，正逐渐取代传统的旅游客源国，而成为国际旅游的重要市场，客源市场分布格局将由目前的集中走向分散，区域性国际旅游将快速发展，世界各个地区的旅游市场份额将出现新的格局。

(四)全球旅游客流由集中走向分散

随着全球经济重心逐渐从欧美地区转移到亚太地区，国际旅游市场的重心也将相应转移，亚太地区将成为未来国际旅游市场的"热点"区域。

在东亚、太平洋地区、夏威夷及具有丰富海滩资源的泰国、印度尼西亚、中国大陆沿海区域将是旅游者热衷的目标。而主要吸引商务和购物客人的城市型旅游地，如中国香港、中国台湾、新加坡、韩国将会在度假旅游浪潮中失去部分市场。现如今泰国、夏威夷、中国海南基本已经取代了中国香港、新加坡、印度尼西亚，并成为东亚太平洋地区第一位、第二位和第三位的旅游度假目的地。国际客流的流向由区域集中逐渐趋于分散，洲际旅游也在迅速兴起。

案例 6-8

旅游业正处于一个拐点

2019 年 9 月，世界经济论坛(WEF)发布了主题为"旅游业处于一个拐点"的《2019 年世界旅游竞争力报告》(以下简称《报告》)。"拐点"，也可以说"转折点"或"十字路口"。《报告》推出这一主题颇耐人寻味，旨在提醒世界各地旅游发展决策者、业界和所有利益相关者审时度势，看清当前旅游业发展所面临的形势和受到的影响，选择与规划未来发展方向——是追求短期无限制增长，还是努力遵循可持续发展道路，实现长期持久健康发展。

《报告》提出，当前全球旅游业发展态势良好，在世界各地促进经济发展和增加就业机会等方面发挥着积极作用。无论是当代新兴经济体，还是老牌发达国家，均对旅游业发展给予了无限希望，不遗余力地增加游客数量、刺激消费，旅游业对全球 GDP 和就业贡献率均保持在 10%以上。到 2018 年，国际旅游发展速度连续 7 年超过货物出口贸易增长速度。依据这一趋势，联合国世界旅游组织确定的 2030 年旅游人数指标则显得有些保守了，这无疑值得庆贺。

这一走势又表明，随着旅游越来越大众化，对全球旅游业与不同国家和地区发展来说，其潜力也是巨大的。新兴经济体为这一全球发展趋势贡献着更大的游客份额，而对许多目的地来说，旅游业显示出更强的竞争力。

《报告》提出，自《2017 年全球旅游竞争力报告》发布以来，"过度旅游"已经变成一个常用语，即旅游业可能对目的地、居民和游客产生负面影响，且往往把拥挤和人满为患归咎于旅游业管理不善。"过度旅游"被认为是旅游目的地接待量超出其承载力的结果。正是在这种巨大的增长潜力、旅游基础设施和服务设施面临越来越大压力的背景下，旅游竞争力被视为一种强大的经济增长驱动力。与此同时，如果管理不当，也会成为影响旅游业持续发展的不利因素。为增加旅游竞争力而采取的措施，则可能制约行业发展。正是出于这个原因，世界经济论坛将本年度《报告》主题确定为"旅游业正处于一个拐点"。

(资料来源：http://kns.cnki.net/kcms/detail/detail.aspx?dbcode=CCND&filename=CLYB201909250031&dbname=CCNDLAST2019&uid=WEEvREcwSlJHSldRa1FhcEFLUmVhaTI4T2tLbEU0b3RoM0ZBZkhoSEtUbz0%3D%249A4hF_YAuvQ5obgVAqNKPCYcEjKensW4IQMovwHtwkF4VYPoHbKxJw!!)

【思考题】通过阅读以上案例,思考未来旅游市场的发展方向?

【分析】各国政府以及联合国世界旅游组织等国际机构都非常关注当前世界旅游发展面临的机遇和挑战,积极倡导和努力在这个"十字路口"上做出正确的选择,适时地制定应对旅游规模持续激增所带来负面影响的战略及具体措施,以保证旅游业沿着可持续发展的道路前进。作为旅游大国,中国旅游业发展在世界上发挥着越来越重要的示范作用。在这一全球旅游业发展的"十字路口"上,我们必须保持清醒的头脑,要保证旅游发展能够促进社会整体健康发展,必须关注经济、社会和环境等多重效益。

三、全球旅游市场的发展趋势

(一)度假旅游将成为世界旅游业的主流产品和重要支柱

在未来的旅游市场中,观光型旅游并不会完全失去市场,但在传统的旅游客源国家中,度假旅游将更为盛行,并将逐步取代观光旅游成为国际旅游的主体。度假旅游产品、专项旅游产品、个性化旅游产品将会是发展的主流。一些旅游度假胜地,如地中海沿岸、加勒比海地区仍将是国际旅游者集中的旅游胜地。在东亚、太平洋地区、夏威夷及具有丰富海滩资源的泰国、印度尼西亚将是旅游者青睐的目的地。

(二)旅游产品市场将更加细分化

全球旅游市场进一步细分化。未来旅游者的旅游目的越来越个性化,旅游机构也越来越重视从更深层次开发人们的旅游消费需求,旅游市场更加细化,旅游产品更加丰富多彩。除了传统的观光旅游、度假旅游和商务旅游这三大主导项目和产品外,特殊旅游、专题旅游更有发展潜力,如宗教旅游、探险旅游、考古旅游、修学旅游、蜜月旅游、民族风俗旅游等,将会形成特色突出的旅游细分化市场。而且,观光、度假、商务三大传统旅游项目也将进一步升级。观光旅游在中低收入国家仍将占据主导地位,并逐步普及、大众化;在高收入国家的市场则会逐步萎缩。度假旅游方面,彰显区域文化特色和以生态、绿色、低碳的自然资源环境为支撑的这两类度假胜地,将成为旅游市场的主流产品。商务旅游方面,则会随着世界经济多极化和经济增长中心、商务热点转移而出现多极化、多元化,欧洲、北美、日本等传统商务旅游重点目的地的地位一时还难以撼动,但也会增加东亚、中东以及新兴经济体等新的商务旅游热点地区。

(三)"银发市场"不断扩大

按照世界现行的标准,一个国家老年人口比例超过总人口比例的7%,即为老年型国家,而超过这个比例的国家近年来一直在增加。西方主要客源国大都进入了老年型国家,其中英国、德国、瑞士等国老年人比例已超过总人口的14%。现代的老年人是一个有钱、有闲、健康活跃的阶层,退休后开始了他们人生的第二春,对异国的古老传统文化比年轻人更感兴趣,对旅游休闲度假更有兴趣。"银发市场"越来越被各旅游接待国所重视,将成为重要的旅游市场。

(四)区域旅游市场势头不减

由于地缘和文化的原因,对大部分国家来说,邻近市场仍将是本国旅游客源的主体市场。区域经济一体化以其"地利、人和"的优势,推动区域旅游业以更快的速度增长。在不久的将来,东南亚海域将成为世界滨海游乐业蓬勃发展的地区之一。

(五)旅游目的地将更加注重切身体验和感受

随着世界各地旅游设施的建立与健全,世界性预订服务网络的普及与完善,以及旅游市场安全越来越被世界各国所重视,散客旅游将越来越方便,在追求个性化的浪潮下,旅游者将更加注重追求那些富有活力、情趣、具有鲜明特点的旅游市场,喜欢那些轻松活泼、丰富多彩、寓游于乐、游娱结合的旅游方式,亲身体验当地人民的生活,直接感受异国他乡的民族文化风情,通过参与和交流得到感情的慰藉和心灵的撞击。

"维护旅游市场秩序,完善机制是关键"(扫右侧二维码)

本章小结

本章主要介绍了旅游市场的概念、构成要素和特点,旅游市场细分的概念、标准及意义。同时,介绍了我国国内、入境、出境三大旅游市场的特点和发展趋势。在掌握我国旅游市场的基础上,放眼世界,了解全球旅游市场,展望未来发展趋势。其中,旅游市场的概念、特点、旅游市场细分的意义及旅游市场未来发展趋势,是本章学习中应重点掌握的内容。

习　题

一、单项选择题

1. 某些意外事件或者重大活动都会在一段时间内改变游客的流向,使旅游市场呈现出较大的变动。这体现了旅游市场的(　　)特点。
   A. 全球性　　　B. 异地性　　　C. 波动性　　　D. 高度竞争性
2. 目前,中国海外客源市场主体为(　　),其次为欧洲和北美市场,这种格局自1979年一直延续至今。
   A. 中东地区　　B. 亚太地区　　C. 南美地区　　D. 北极地区
3. 旅游市场的特点不包括(　　)。
   A. 全球性　　　B. 异地性　　　C. 稳定性　　　D. 高度竞争性
4. 以下哪项是我国出境旅游市场的发展特点(　　)。
   A. 我国出境旅游市场处于中级阶段　B. 空间均衡性明显

        C. 以中短途旅游为主　　　　　D. 出境旅游消费趋于理性化
5. (　　)不属于全球旅游市场迅速发展的原因。
        A. 各国经济快速增长　　　　　B. 国民娱乐方式增多
        C. 交通运输技术进步　　　　　D. 劳动生产效率提高

二、多项选择题

1. 根据旅游者年龄结构，可将旅游市场细分为(　　)。
        A. 老年旅游市场　　　　　　　B. 中年旅游市场
        C. 青年旅游市场　　　　　　　D. 儿童旅游市场
2. 根据旅游者性别，可将旅游市场细分为(　　)。
        A. 男性旅游市场　　　　　　　B. 女性旅游市场
        C. 家庭旅游市场　　　　　　　D. 高消费旅游市场
3. 根据购买方式，可将旅游市场细分为(　　)。
        A. 观光旅游市场　　　　　　　B. 团队旅游市场
        C. 散客旅游市场　　　　　　　D. 探亲访友旅游市场
4. 从经济学角度看，旅游市场由(　　)组成。
        A. 旅游产品消费者　　　　　　B. 旅游产品提供者
        C. 旅游市场客体　　　　　　　D. 旅游市场接受者
5. 全球旅游市场的发展趋势包含了(　　)。
        A. 深度旅游将成为世界旅游业的主流产品和重要支柱
        B. 旅游产品市场将更加细分化
        C. "金色市场"不断扩大
        D. 旅游目的地将更加注重切身体验和感受

三、简答题

1. 旅游市场的特点有哪些？
2. 旅游市场细分的意义是什么？
3. 简述全球旅游市场的发展趋势。

四、论述题

结合当前中国旅游市场现状，谈谈应如何促进我国旅游市场的发展。

五、案例分析题

新型冠状病毒感染的肺炎疫情，是横在全国文旅行业面前的一道坎。由于今年采取的各种应对措施均比"非典"期间广泛且严厉，因此预计本次旅游业营收受冲击影响将显著大于2003年同比下降13%的程度，属于行业重灾区。经相关专业机构初步测算，预计非冠疫情下全年旅游业总收入约7万多亿元，疫情造成的损失额度约相当于疫情前预测总值的22%至25%，损失额度约在1.6万亿至1.8万亿元之间，导致全年预期从同比增长10%变为负增长14%至18%。总体判断，旅游经济深受重创，冲击全面，需要救助。

1. 国内旅游——国内游近期全面阻断，断崖式下降。

受新型疫情冲击，居民纷纷终止出行计划，各主要景点关闭，大型文娱活动取消。文化和旅游系统防控措施很及时，1月20日起各景点、场馆等陆续叫停，1月24日，文化和旅游部办公厅要求全国旅行社及在线旅游企业暂停经营团队旅游及"机票+酒店"旅游产品。无疑对全国一季度乃至二季度的国内旅游造成大面积影响，全年国内旅游人数下降将超过两成以上。

2. 入境旅游——入境游基本停顿，这是受影响最深远的一块。

1月29日起，多家外国航空暂停了往来中国的航班；1月30日晚，世界卫生组织宣布，将新型疫情列为国际关注的突发公共卫生事件，导致团队形式的入境旅游几乎停摆，散客形式的入境旅游大受冲击。参考2003年"非典"期间的表现来看，对入境旅游冲击将非常大，其苦日子长，恢复的周期也更长，预计会比出境游恢复滞后3~6个月。

3. 出境旅游——出境游也将受到重创，对于全球的旅游市场也将是一个巨大的打击。

主要因各国出于安全考虑，会限制新型疫情所在地国家公民入境，以及各国到达目的地国家意愿减弱等影响，致客流量减少。"非典"期间，中美、中日的客流量损失平均达到20.2%，其中"非典"导致的赴美客流减少高达38.9%。

中国是全球最大的出境旅游市场，增长速度非常快，从2000年的450万人次猛增至2019年的1.68亿人次。亚太地区通常要接待75%的中国农历新年游客，受到的打击最大。根据泰国旅游业统计，1000万的游客当中，有四分之一来自中国。截至2月3日，对中国采取入境管制措施的国家已高达84个，可以想象未来的影响有多大。

(资料来源：http://www.ce.cn/culture/gd/202002/10/t20200210_34241322.shtml)

问题：

(1) 受新型冠状病毒的影响，旅游业当前面临哪些困难？

(2) 疫情之下，旅游业是重灾区，如何在危机之后谋求行业新发展？

第七章

旅游的影响——旅游对经济、文化、环境的影响

【学习目标】

通过本章的学习,理解旅游业对于经济、社会文化和环境产生的一系列积极影响以及旅游业在发展过程中对经济、社会和环境造成的消极影响;掌握旅游可持续发展的含义及内容以及实现旅游可持续发展的途径。

【关键词】

旅游对经济的影响　旅游对文化的影响　旅游对环境的影响

引导案例

不堪日常修缮重负　威尼斯拟向全球游客收进城费

由于游客过多，威尼斯一些重要景点的维护和保养所需开支已出现问题。每天约有5万游客涌入此地，威尼斯一年接待的游客数就超过1600万人次。游客们不仅使用公共设施，而且还把它们搞得很脏。威尼斯正在陷入无数的麻烦之中。如果政府的津贴无法支持这些日常修缮所需费用的话，不得不考虑征收一种新的进城税，或者类似的收费。也许不久以后，威尼斯将成为意大利第一座向游人收费的城市。届时，威尼斯可能会向每位游客征收高达50欧元(约合450元人民币)的"进城费"。

【思考题】旅游业对水城威尼斯造成了什么样的影响？

【分析】水城威尼斯在发展旅游业的过程中对威尼斯的环境造成了一定的影响。虽然威尼斯每年要接待众多的游客，为水城威尼斯带来一笔不小的收入，但与此同时，游客也增加了水城威尼斯的负担。威尼斯政府无力负担由于游客众多所造成的景点维护和保养费用、公共设施的维修费用以及城市环境的维护工作，因此试图通过收取"进城费"的方式来解决旅游业发展所带来的环境影响问题。

旅游是人们离开常住地到异国他乡访问的旅行和暂时停留所引起的各种现象和关系的总和。人们在旅游过程中的行为实质是一种角色转换行为，暂时"忘却"了工作、生活，以一个旅游者的角色融入旅游目的地，这种融入不仅会对旅游者自身产生影响，而且必然对旅游目的地地区或国家产生影响。本章主要围绕旅游者对旅游目的地地区或国家产生的影响展开探讨。旅游活动过程中对目的地地区或国家所带来的影响主要表现在对经济的影响、对社会文化的影响和对环境的影响，而这些影响既有积极的影响，又有消极的影响。

第一节　旅游的经济影响

一、对经济的积极影响

旅游业作为一个新兴的产业，是国民经济的重要组成部分。旅游业是具有很强生命力的产业，许多研究工作者和旅游业界人士都将旅游业称之为朝阳产业。现代旅游业从第二次世界大战后兴起，但它一直保持着较快的发展速度，其产业规模不断扩大，对世界经济发展所起的作用日益增加。1992年，众多专家经过研究和评估发现，旅游业已经超过了钢铁、石油、汽车等传统产业，成为世界第一大产业，被誉为20世纪的经济巨人。正是由于旅游业的重要性和其对于国民经济的拉动效益，世界上大多数国家都很重视旅游业的发展，如瑞士、法国、西班牙、新加坡、日本、美国，其旅游收入占国民收入的比重相当大。西班牙素有"旅游王国"的美誉，其旅游业产值占国内生产总值的比重在2019年达16%。

就我国而言，截至2019年年底，已有24个省、市、自治区把旅游业列为本地区的支柱产业。所谓支柱产业就是能支撑国民经济发展的产业。按照国际惯例，一般认为，某一产业的产值超过社会全部产值的5%，就可视为支柱产业。如目前的上海、湖南、黑龙江等

第七章 旅游的影响——旅游对经济、文化、环境的影响

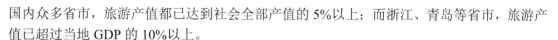

国内众多省市，旅游产值都已达到社会全部产值的5%以上；而浙江、青岛等省市，旅游产值已超过当地GDP的10%以上。

旅游业对经济的积极影响正是从它在国民经济中的作用中体现出来的，它在国民经济中的作用主要表现在以下几个方面。

1. 增加外汇收入，平衡国际收支

外汇是用于国际经济结算的以外国货币表示的一种支付手段。一个国家外汇储备的多少体现了其经济实力的大小和国际支付能力的强弱。对旅游目的地地区和国家而言，发展入境旅游最大的好处是获取旅游外汇收入，对平衡国际收支也具有重要作用。一般来讲，旅游者到另一国家后，就必须将本国的货币兑换成目的地国家的货币，才能流通。例如：湖南的一名游客，离开中国去英国旅游，在抵达英国后，就需要将所持的人民币兑换成英镑，然后用英镑支付在旅游活动中的所有费用。这样，就形成不同国家的外汇的流出和流入。

一个国家的外汇收入通常由三部分组成：贸易收入、非贸易收入和资本往来收入。贸易收入即通过出口商品带来的外汇收入。非贸易收入指有关国际保险、运输、旅游、利息、居民汇款、外交人员费用等方面的外汇收入。资本往来收入指对外投资和贷款折收带来的外汇收入。旅游外汇收入是非贸易收入的重要组成部分，较之出口商品的贸易换汇，有较大的优势。

(1) "就地出口"：国际旅游赚取的外汇是由旅游者旅游活动中各种支出构成的，通过入境旅游者消费旅游产品必须到旅游产品的生产地进行消费，所以这种出口节省了一般商品出口过程中的运输费用、仓储费用、保险费用、有关税金等开支以及外贸进出口有关的各种手续。

(2) "即时结算"：一般外贸商品出口从发货到结算支付往往要等候很长一段时间，而在旅游出口中，按照国际惯例，买方即旅游者往往要采用预付或先付的方式结算，因此，卖方即目的地国能立即获得外汇收入。

(3) "免受关税"：在对外贸易中商品输入过对进口商品要征收一定的关税，甚至对商品的种类和数量进行控制，而旅游出口方面不存在客源国实行类似关税壁垒的问题。

国际收支是指一个国家在一定时期内(通常为一年)，同其他国家发生经济往来的全部收入和支出。当一个国家的国际收入大于国际支出时，其国际收支账户便会出现顺差或剩余，相反则出现逆差或赤字。旅游外汇收入对平衡国际收支的作用可通过弥补外贸收支逆差来体现。例如，随着我国经济的高速发展，我国的国际贸易已出现巨额顺差，成为全球外汇储备最多的国家之一，与此同时，我国出境旅游的爆炸式发展，使我国国际旅游中的出境旅游的外汇支出远远高于入境旅游的外汇收入，已经出现了巨额逆差，这对于平衡我国国际收支发挥了一定的作用。日本也曾通过鼓励本国国民到贸易伙伴国旅游的方式来平衡日本的国际收支顺差问题。

2. 扩大内需，促进货币回笼

一个国家经济的发展，最终取决于有效需求。当全球的金融危机冲击着我国的经济的时候，通过贸易出口已很难解决我国目前经济的压力，唯一的途径就是通过扩大内需、促进消费，使货币回笼的方式来缓解我国经济发展的压力。任何实行商品经济的国家都需要

有计划地投放货币和回笼货币,从而使整个社会经济得以正常运转。货币的投放值和回笼值大致应有一定的比例,即货币投放于社会之后,必须有一定数量的回笼。由于流通的货币数量必须与流通的商品数量相适应,所以如果在商品投放量不变或增加不大的情况下,社会上流通的货币量过多,则会出现通货膨胀,产生货币贬值的可能,因为随着人们手中货币量的增加,他们的购买需求也会相应提高。这种购买能力的增加将对有限的商品市场构成威胁,鉴于此,国家投放货币后都要设法将其回笼。回笼货币的渠道主要有四条:一是商品回笼,即通过组织生产各种商品投放市场换回货币;二是服务回笼,即通过各种服务行业的收费回笼货币;三是财政回笼,即通过国家征收各种税款来回收货币;四是信用回笼,即通过吸收居民存款、收回农业贷款、发放国库券等手段回笼货币。旅游业,尤其是国内旅游业,通过向旅游消费者提供各类旅游商品和服务,能有效地刺激人们对物质产品需求不足的问题,是扩大内需,回笼货币的一个重要途径。2019年全年国内游客60.1亿人次,比上年增长8.4%;国内旅游收入57251亿元,增长11.7%。国际旅游收入1313亿美元,增长3.3%。可见,国内旅游的发展加速了全国的商品流转,从而也加速了货币的流通,加快了货币的回笼。而国内旅游对于扩大内需的作用在2019年各地出台的刺激内需政策中体现得淋漓尽致。

3. 带动相关行业和部门的发展

旅游业是综合性产业,它的发展有赖于目的地众多部门和行业的配合和支持,同时它的关联带动功能很强,不仅能带动物质生产部门的发展,而且能带动第三产业的迅速发展。因为旅游的发展需要为游客提供其消费所要求的设施、设备和物资,从而使旅游业成为相关行业产品和服务的消费市场。旅游业作为国民经济中一个独立综合性的行业,能够直接或间接地带动交通运输、商业服务、建筑业、邮电、金融、房地产、外贸、轻纺工业等相关产业的发展。

具体来说,旅游业的发展一是推动了建筑业的发展,为了适应客源市场的需求,必须修建旅游饭店,开辟新的旅游景点,建造会展中心、博物馆、展览馆、修筑道路、机场、车站、码头等,以及与之相应的供水、供电、供气、通讯等配套市政工程。二是促进了交通客运业的发展,"行"在旅游活动六大要素中占有重要的地位,没有"行"也就没有旅游活动的产生。要向大力发展旅游业,必须事先发展交通客运业,疏通道路,扩建机场等,而旅游业的发展又必然促进交通客运业的发展。三是拉动轻工、商业、工艺美术和农副、水产品的发展,旅游业所具备的高消费的特点,对消费品和消费服务的质量、数量和规格的要求都比较高,必须依托于轻工业、商业、工艺美术、农副业的大力发展。而旅游业的发展也必将为轻工业、商业、工艺美术和农副业提供机会。

据测算,在国外,旅游业每增收1美元,可促进国民经济增加2.5美元。在我国,旅游业每增收1美元,可带动国民经济增加3.12美元。

4. 平衡地区经济发展

无论是发展国际入境旅游,还是发展国内旅游,都会给目的地带来经济收入,是财富从客源地向目的地转移。如果说国际旅游可将客源国的物质财富转移到目的地国,在某种程度上起着对世界社会财富进行再分配的作用,那么国内旅游则会带来国内财富的移动,起到将国内财富在有关地区间进行再分配的作用。

我国所推行的"旅游扶贫"政策就是利用了旅游的这一经济影响。例如，广东在国内率先启动了在全省范围内的旅游扶贫工程以来，连续5年每年安排3000万元旅游扶贫专项资金，扶持贫困地区尤其是山区的旅游基础设施建设，五年间，政府共投入1.5亿元扶贫资金，撬动了在建项目和与合同意向资金共计156.5亿元，投向以51个山区县为主，以16个扶贫重点县为重点，覆盖粤北和粤东两翼的63个县(市、区)，使138个旅游扶贫重点项目直接受惠。广东省肇庆市将有特色的山区旅游资源纳入了"肇庆千里旅游走廊"开发建设，将省旅游扶贫资金作为山区旅游资源开发的启动资金。

5. 拓宽就业渠道，增加就业机会

就业问题是国民经济中一个至关重要的方面，不仅关系到每个劳动者的生产和发展，而且关系到社会民生的稳定。在当前，金融危机的大环境下，就业问题显得尤为重要，它是构建和谐社会的重要内容，也是落实科学发展观的重要体现。而旅游业作为第三产业的重要组成部分，在拓宽就业渠道，增加就业机会方面具有十分重要的意义。主要原因有：第一，旅游既是一个综合性的行业，涉及食、住、行、游、购、娱等方面，又是一个劳动密集型的行业，为不同层次的人才提供大量就业岗位；第二，旅游业所需的大多数服务都无须高新科技，主要依靠手工操作，培训时间短，费用少，有利于人们较快上岗；第三，旅游业的产业链长，可以带动较多的相关行业发展，从而拓宽了就业渠道，间接地扩大了就业机会。按世界旅游组织资料显示，旅游部门每增加1个直接从业人员，社会就能增加5个就业机会。2019年，中国旅游业创造了近8000万个就业岗位，占中国总劳动力的10.3%。同时，创造了10.9万亿元产值，占中国经济的11.3%。2019年国际入境游客在华消费总额为9065亿元人民币，占中国出口总额的4.9%。中国旅游业的增长连续第五年超过了总体经济的增长。

二、对经济的消极影响

(一)能引起物价上涨

大量的游客涌入有可能引起旅游目的地物价的上涨，从而损害当地居民的经济利益。通常情况下，外来旅游者的收入水平较高，购买力较强，消费水平也较高，另外，旅游者在旅游过程中的消费同日常相比，一般也要高于其平时的日常消费水平。因此大量的游客的到来，有可能引起某些商品供应的不足，如食、宿、行等生活必需品以及旅游纪念品等各种物质商品，从而引发该类商品价格上涨，如果持续供应不足，则有可能引起整个地区物价水平的提高。另外，随着旅游业的发展，目的地土地价格也会迅速上升。为更好地发展旅游业，适应更多旅游者的需要，目的地必须修建饭店、餐饮等设施，其结果就会引起土地价格的上涨。实践表明，在旅游业发展初起时，土地投资只占全部投资的1%，但随着旅游的发展，新地皮的投资很快上升到占全部投资的20%。由此而造成的地价上涨，势必会对当地居民住房价格上涨产生影响。

(二)能导致产业结构失衡

每个国家在不同的时期，其各产业部门的构成及相互之间的联系、比例关系不尽相同。

如果产业结构合理会大大促进经济的发展和社会的稳定,反之,产业机构不合理则会制约经济的发展,影响社会的稳定。对于我国这样以农业为主的国家来讲,过多地依靠旅游的发展有可能损害其产业结构。因为,原本大多数居民的收入都来自于农业,但随着旅游的发展、游客的增多,从事旅游的人员也相对增多,遵循旅游业投资少、见效快、收益高的特点,从事旅游的人员收入将远远高于农业劳动者。这样,很可能引发大量农业劳动者放弃农业,从事旅游业,造成大量田园荒芜或减产。结果一方面旅游业的发展需要农业提供更多的农副产品,另一方面农业的产率又大幅下降,很可能产生难以协调的结构性矛盾,进而危害其经济的健康发展。

(三)能影响国民经济的稳定

一个国家或地区过重地依赖旅游业的发展有可能影响国家经济的稳定,尤其是像我国这样的大国,更不能将旅游业作为主要产业来发展我国的经济。原因如下。

(1) 旅游具有很强的季节性,尤其是休闲度假的游客,他们旅游活动的季节性较大。虽然可以采取相应措施来减轻和缓解旅游季节性的压力,但毕竟无法完全消除。所以在淡季时会给旅游目的地带来大量旅游设施的闲置和季节性旅游从业人员的失业问题,从而给旅游目的地国或地区带来严重的经济和社会问题。

(2) 旅游需求主要取决于旅游客源国和地区居民的收入水平、闲暇时间和旅游动机,而这些都不是旅游目的地国可以控制和预防的。一旦旅游客源国居民的收入、闲暇时间和旅游动机发生了变化,便会使旅游目的地国的旅游业呈现萧条或衰退。例如,在2020年全球新冠疫情风暴的背景下,全球的旅游业都受到严重打击,所有旅游目的地国的旅游业都呈现萧条或衰退现象(见图7-1)。

图7-1 新冠疫情导致旅游业萧条

(3) 旅游需求还受本国的各种政治、经济、社会乃至某些自然因素的影响。一旦这些不可控的因素发生不利变化,也会使旅游业需求大幅度下降,旅游业乃至整个经济都将严重受挫,造成严重的经济和社会问题。例如,四川2008年遭遇的"5·12"汶川大地震造成全省384处景区受到地震影响,2008年四川旅游总收入比2007年下降了10%。

知识拓展

新冠疫情对旅游经济影响及应对之策(扫右侧二维码)

第二节 旅游的社会文化影响

一、对社会文化的积极影响

(一)有助于提高民族素质，培养爱国主义情感

旅游目的地居民无论是听到外国游客对其国家和民族的称赞，还是在国内旅游中目睹祖国河山、文化名胜和建设成就，都会激发和提高其民族自豪感，增强对国家的热爱。现代社会城市化进程不断加深，紧张的生活工作节奏给人很大的压力，迫使人们更加向往能够经常地适时地改变一下生活环境，回到大自然的怀抱中去，缓解压力，调节精神，促进自身健康发展。旅游是人们一种高层次的需求，通过旅游可以使旅游者尤其是对于年轻人来说，了解世界、熟悉社会，增长知识和才干。另外，旅游目的地居民可以通过模仿和学习旅游者，使其行为举止、卫生习惯、先进思想等都得到改善和提高。例如，随着广西桂林阳朔旅游业的发展，阳朔的西街已经成了中国最大的英语角。大多数经营者都懂英语，经常可以看到西街人用英语流利地与西方游客们谈生意或聊天，甚至七十多岁的老太太或十来岁的小孩，都能用英语跟"老外"们聊几句。

(二)有助于增进国家间的相互了解，促进友好交往

旅游活动的开展有助于广泛的社会文化交流，能够加强不同国家、不同民族、不同信仰、不同地域人们之间的相互了解。由于在旅游活动中旅游者是亲身感受旅游目的地国的生活，并与当地居民进行交流和沟通，更有助于彼此之间的了解，增强国家间的和平友好关系。目的地国家可以通过热情友好、彬彬有礼的服务和真诚待人的美德，给广大旅游者留下美好难忘的印象，从而起到宣传介绍的作用。而且，在旅游的过程中，对旅游目的地国的深入了解和认识可以化解因缺乏了解而可能存在的误会或偏见，有助于缓解甚至消除国际的紧张局势，推动世界和平。因此，人们也把国家之间的旅游活动称为"民间外交"。

(三)有助于促进民族文化的保护和发展

以民俗为代表的民族文化是一个国家和民族的重要资源，随着旅游业的发展，为了更好地适应旅游者的需要，一些被人们遗忘的传统风俗和文化活动得到了恢复和利用，传统的民间艺术受到重视和开发，濒临毁灭的历史文物得到修复和维护，一些已不复存在的古迹得到复制。中国旅游相关管理部门已经充分认识到了民族文化保护和发展的重要性，例如 2008 年调整后的休假制度，推出了中秋节、端午节和清明节三个传统节日，这必将对中国传统的文化起到传承和发扬的作用。另外，我国还加大了对于非物质文化遗产的重视，

每年举办非物质文化遗产节，四川成都专门新建了一座非物质文化遗产公园，其目的就是对于社会风俗、礼仪、节庆，传统表演艺术、传统手工艺等的保护和发展。

二、对社会文化的消极影响

(一)不良的"示范效应"

随着旅游业的发展，旅游者的大规模涌入打破了旅游目的地原有的平静的生活，不可避免地会将自己的生活方式带到旅游目的地，特别是国际旅游者来自世界各地，他们具有不同的价值标准、道德观念和生活方式，这些东西无形之中会对旅游目的地社会产生"示范效应"。例如，旅游者开始对自己的生活方式感到不满，产生崇洋媚外思想，从装束打扮、生活娱乐方式到思想意识都追求西化，进而导致一系列的社会病态现象，如赌博、卖淫、走私、贩毒、投机、诈骗、盗窃、抢劫等的产生。

(二)传统文化受到冲击

为了一味地去迎合旅游者的需求，传统文化被不正当的商品化和庸俗化，正在遭受巨大的冲击。例如为了索取可观的消费，身穿民族服装的女服务员强拉客人与其举行"婚礼"，这类闹剧在某些民俗村甚至成为重点娱乐项目，体验乡土文化的民俗旅游活动也因此而掺杂进非法服务的成分。很多传统民族节日、宗教仪式、民间习俗不断被外来文化所侵蚀，其独特性削弱，甚至逐渐消亡。

旅游对当地文化的影响

在云南某山村，由于旅游开发，本来应该是过着男耕女织的生活的当地的少数民族，开始改变其行为，不再耕种，而是为游客服务，例如，身穿白族服装提供合影照相服务。此外，其他旅游景区还出现伪民俗这种现象。简单地说就是为了配合旅游，将许多民俗商业化。本来只是在特殊的节日举行的特殊仪式，现在为了迎合游客需要，有些景区就开发了这个节目，每天均上演，已失去其原本的含义。

(资料来源：https://zhidao.baidu.com/question/293183317.html)

【思考题】资料中旅游对文化的影响体现在哪些方面？请问这些是属于积极的影响还是消极的影响？

【分析】资料中旅游对文化的影响体现在对服装文化的影响和对节庆文化的影响。这些影响都属于消极的影响。当地居民变成了旅游业发展的附属品，而不是旅游业发展依托的主体，当地的文化也被不正当的商品化。旅游给当地文化带来的影响是：商业化、盆景化和流程化，更多地成为当地居民谋生的手段而不再是当地文化的淳朴展示。

(三)干扰目的地居民生活

大量的旅游者的到来，不仅可能造成目的地物价的上涨，同时在旅游目的地接待容量

第七章　旅游的影响——旅游对经济、文化、环境的影响

有限的情况下，势必缩小当地居民的生活空间，造成交通堵塞、景观地区拥挤、公共设施紧张，干扰居民的正常生活，引起对旅游者的抱怨和不满情绪。另外，某些旅游者高傲自大，不尊重当地居民的生活习惯、政治观点以及种族和民族的信仰等，都会激发当地居民的怨恨和愤怒，进而造成旅游者和当地居民之间的紧张关系，甚至发生冲突。

知识拓展

文化与旅游深度融合的经典案例"宋城千古情"(扫右侧二维码)

第三节　旅游的环境影响

旅游目的地的环境包括自然环境和人造环境，他们都是旅游产品中最根本的组成部分。旅游与环境之间存在着密切的关系，一方面，旅游的发展有依托于旅游目的地的环境，另一方面，环境的质量也影响着旅游者对于旅游活动质量的评价。所以，在旅游业发展过程中，环境不可避免地要受到影响和改变。客观地认识旅游的环境影响，是制定适当的环境政策的基础。与旅游相关的环境影响分为积极影响和消极影响。发展旅游业而不影响目的地环境是不可能的，但通过正确的旅游发展规划和管理有可能减少对于环境的负面影响并扩大正面影响。

案例 7-2

旅游对海口环境的影响

泛舟于碧波之上，沿潟湖看遍红树林美景，上岸尽情品尝美味海鲜，一直是海口市民节假日向往的生活……美兰区演丰镇东寨港红树林景区离海口市区大约30公里，景区内树木种类丰富，湿地景观秀丽优美。前来观赏湿地美景的游客络绎不绝，带动周边村落农家乐快速发展。据统计，沿潟湖海堤附近不到2公里的范围内，共经营有20多家农家乐，景区附近日均用餐游客500人左右，节假日甚至能达到近5000人。

游客数量的激增带火了乡村游，可"刚念上旅游生意经"的村民们发现，原本清凌凌的湿地，水渐渐不再那么清了……"水鸟很少再到岸边水区捕食，而是去了更偏远的水面。"一位常年居住在潟湖附近的村民说，"农家乐将污水排放到湿地里，岸边都闻得到臭味。"

(资料来源：https://zhidao.baidu.com/question/943311875220140692.html)

【思考题】从以上资料中找出旅游对海口环境的影响体现在哪些方面？

【分析】旅游对海口环境的影响体现在游客对旅游资源环境的破坏，以及过度饮食和游客生活垃圾对当地环境造成的影响。当地景区应加大环境保护的宣传力度并严格管理并实施相关管理措施来保护海口的生态环境。

一、对环境的积极影响

(一)保护自然景区和历史古迹

为了更好地适应旅游者的需求并提高他们的满意程度,许多自然景区和历史古迹的环境保护问题都会受到高度地关注。旅游业的发展可以为旅游目的地带来可观的经济效益,这些资金可以用于景区和历史古迹的维修和保护。例如贵阳市出台的《关于促进服务业加快发展的若干政策措施(试行)》中规定,贵阳市内的景区(点),凡是利用文物设施开展旅游项目的单位,必须从每年经营收入中安排不低于10%的资金,用于本景区(点)的文物保护。足见旅游各级管理部门都高度重视景区的环境保护问题。

(二)美化环境和提高环境质量

为适应旅游发展的需要,旅游目的地的卫生条件和污染的治理会得到加强,从而改善和美化当地的环境,提高环境的质量。当今,保护旅游资源、美化自然环境已成为旅游业发达国家最重视的两项任务,即通过推进地区土地的绿化和环境的净化来实现。旅游目的地可以通过植树造林、开发园林景观、或设计建设生态化环保建筑来扩大绿化面积,还可以通过控制空气污染、水污染、噪音污染、垃圾和其他环境问题,促使环境全面净化。例如,新加坡通过广泛植树种花,加强园林建筑,赢得了"花园城市"的美誉,这在很大程度上就是基于旅游业的发展。

(三)改善基础设施和服务设施

旅游目的地要发展旅游业,除了景区的规划建设、环境的保护和改善,还必须要进行基础设施和旅游接待设施的建设,如机场、道路、通信、用水系统和污水处理系统以及餐饮、娱乐、住宿、购物等。这样一方面能满足旅游者在旅游活动只能过的各种需求,另一方面客观上也改善了旅游目的地的人居环境。例如,四川省根据"继续推进完善旅游标准化工作"的精神,为了规范四川省公路沿线休息站旅游服务设施建设和管理,对游客进行人性化关怀,提高四川省旅游服务质量和管理水平,提升四川省旅游整体形象,省旅游局拟制定《四川省公路沿线休息站旅游服务设施建设标准》。

二、对环境的消极影响

(一)造成环境污染

旅游业的发展过程中,不当的旅游开发对旅游目的地环境污染是多方面的,主要表现为空气污染、噪音污染和水质污染等。

(1) 空气污染。尽管旅游业被称作"无烟工业",但旅游业的发展仍然会对空气造成相当程度的污染。空气污染主要来自于交通工具,大量旅游者的到来,不仅加大了道路的运输量,使交通更加拥堵,而且众多的交通车辆会排出大量废气,尤其是汽车,汽车速度越慢,排放物越多,因此在山区或拥挤的地区,汽车造成的污染也就越大。

(2) 噪音污染。旅游交通车辆不仅带来了大量的尾气排放，随之还产生了大量的噪音。游乐场、夜总会、迪斯科舞厅等娱乐场所以及手提音响、水上摩托、汽艇等旅游设施也会带来令人感到不适的噪音。甚至旅游者的旅游活动也会给脆弱的景区动物造成影响。例如，土耳其地中海沿岸的沙滩，是乌龟的生存地，乌龟蛋必须在沙子里才得以筑巢，然而旅游者的到来，干扰了乌龟的生存空间，使乌龟的栖息地被破坏。

(3) 水质污染。旅游活动对水质影响是相当广泛而严重的。在旅游地和旅游城市中最普遍的问题是因对流出物处理不当而发生的水质污染。如果为游客提供方便的饭店、餐饮和其他旅游设施没有安装科学的污水处理设备，那么他们产生的"三废"(废气、废水和废物)一旦处理不当，就很可能污染地下水和附近的湖泊、河流，甚至沿海水域，例如，张家界景区就曾因金鞭溪水体污染而花费近 3 亿元人民币用于景区内数十家宾馆饭店的搬迁；四川入选世界级遗产的九寨沟景区为了将污染降到最低，也把景区内的所有宾馆饭店全部撤出。

(二)造成景观损害

(1) 由于部分旅游者的不文明行为，如随地抛弃废物垃圾，随地吐痰、触摸攀爬，在禁烟区内吸烟，乱涂乱画等，严重影响着旅游资源的景观质量。例如，每年"十一"黄金周期间都有众多游客来到北京天安门广场观看升国旗仪式，然后当仪式结束后留在广场内的却是无数的口香糖。据统计，40 万平方米的天安门广场有 60 万块口香糖残渣，重达 19 吨，平均每平方米有 5 块口香糖残渣。

(2) 由于旅游景区建设缺乏整体规划，对景区的过度开发和建设都会造成对旅游资源的损害和破坏，如为修建旅游设施而破坏原有旅游资源，建设的风格和景区整体形象严重冲突等。在我国旅游业发展过程中，因为旅游开发而对旅游资源造成破坏的现象不胜枚举。例如，2001 年泰山景区不仅不拆原本应该拆除的索道，反而进行扩建，为了扩建索道炸掉了 15000 平方米的山体景观，严重违反了风景名胜区管理条例和世界遗产保护公约，遭到联合国教科文组织的严厉批评；在国内甚至世界知名的杭州西湖早在 1999 年久被列入我国"世界遗产"申报的"预备清单"中，然而十年时间过去了，为什么迟迟没有入选？究其根本就是因为杭州城市现代化的进程与历史形成的"三面湖山一面城"的西湖历史文化的内涵相违背，严重影响了西湖的风韵。

(3) 目前，我国大多数旅游管理者都是为了片面的追求经济效益，全然不顾旅游目的地自然资源与历史建筑的脆弱性和不可再生性。通过旅游者人数的增加来提升旅游目的地的经济效益，然而旅游者数量一旦超过了合理的容量，不但会大大影响旅游者的旅游感受，还会破坏旅游景观，降低环境质量，有时甚至造成游客伤亡。例如，黄金周期间泰山岱顶区 0.6 平方公里的地方曾在同一时间段内达到了 6 万人的游客量，而据专家的研究，岱顶的生态非常脆弱，同时最多只能容纳 1 万人，激增的游人踩得草都没法长了，后果严重的话，岱顶的生态将无法恢复；北京市密云县密虹公园举办的密云县第二届迎春灯展中，因当时游客数量众多，一游人在公园桥上跌倒，引起身后游人拥挤，造成 37 人死亡、37 人受伤的重大恶性事故。通过承包、租赁、转让景区部分经营权或使用权来提高经济效益。例如，在世界遗产武当山景区中就曾将遇真宫的部分建筑租赁给当地的一所武术学校，但因为武术学校用电不当引发火灾，而导致遇真宫全部烧毁；作为世界文化遗产的明代长城—

—金山岭长城，曾经连续几年向外出租场地举行狂欢派对，人数最多时达1300人，这些参加者在长城上烧烤、跳舞，彻夜狂欢，对长城城体和环境造成了极大的破坏。

知识拓展

澳大利亚将旅游对环境的影响最小化(扫右侧二维码)

第四节 旅游的可持续发展

一、可持续发展理论

(一)可持续发展理论的产生

工业革命以后，世界各国经济的发展大多走上了一条人类以牺牲生态环境换取经济增长的道路，造成了全球性的资源恶化和生态破坏，严重危及人类的生存环境。20世纪60年代以来，能源危机的出现、自然危害的加剧，使得人们逐渐意识到这种竭泽而渔的发展模式只能给地球和人类社会带来毁灭性的灾害。基于这种危机感，一种保护环境、尊重自然的人类可持续发展思想开始形成。

1962年美国海洋生物学雷切尔·卡尔森发表了被称为"改变了世界历史进程"的《寂静的春天》(Silent Spring)一书，其中包含着可持续发展思想的萌芽。

1970年4月22日，美国2000多万人(相当于美国人口的1/10)举行了大规模的游行，要求政府重视环境保护，根治污染危害。

1972年罗马俱乐部出版了《增长的极限》一书，该书警示性地罗列了关注发展与环境问题及可持续发展问题。

1972年6月5—16日在瑞典首都斯德哥尔摩举行了联合国第一次人类环境会议，发布了《人类环境宣言》，第一次提出了环境与发展这一主题。

1980年国际自然保护联盟受联合国环境规划署的委托，在世界野生生物基金会的支持和协助下制定的《世界自然保护大纲》，把保护和发展看作相辅相成的不可分割的两个方面，首次提出可持续发展的概念及现实的前景和途径。

1983年11月世界环境与发展委员会(WCED)成立，发表了著名的《共同的危机》《共同的安全》《共同的未来》三个纲领性文件，三个文件都提出了"可持续发展战略"。

1987年世界环境与发展委员会发表了由该组织主席布伦特兰夫人提交的《我们共同的未来》，正式提出了一个为世人普遍接受的有关可持续发展的概念，得到学术界广泛的接受和认可，掀起了可持续发展的浪潮。

1992年，在里约热内卢举行的联合国环境与发展大会上，与会的182个国家共同签署了《21世纪议程》(Agenda 21)，即著名的地球宣言，它宣布全世界人民应遵循可持续发展原则，并采取一致行动，使可持续发展上升为国家间的准则。

(二)可持续发展的概念

根据世界环境与发展委员会(WCED)出版的《我们共同的未来》一书中对可持续发展的界定是:"可持续发展就是满足当代人的需求,又不损害后代人满足其需求能力的发展;既实现经济发展的目的,又要保护人类赖以生存的自然资源和环境,使子孙后代能安居乐业,永续发展。"

我国在1992年的联合国环境与发展大会上做出了履行《21世纪议程》等文件的承诺。1994年3月25日,国务院主持召开国务院第十次常务会议,讨论通过了《中国21世纪议程》,即《中国21世纪人口、环境与发展》白皮书。1996年7月29日国务院办公厅以国办发(1996)31号文件转发了国家计委、国家科委关于进一步推动实施中国21世纪议程意见的通知,在这个通知中,对可持续发展给出了一个更为明确、完整的定义。可持续发展就是既要考虑当前发展的需要,又要考虑未来发展的需要,不以牺牲后代人的利益为代价来满足当代人利益的发展,可持续发展就是人口、经济、社会、资源和环境的协调发展,既要达到发展经济的目的,又要保护人类赖以生存的自然资源和环境,使我们的子孙后代能够永续发展和安居乐业。

可持续发展的概念包括了以下三个要素。

一是人类需要,世界环境与发展委员会认为发展的主要目的是满足人类需求,包括基本需求(指充足的食物、水、住房、衣物等)和高层需求(指提高生活水平、安全感、更多假期等)。

二是需要限制,是对未来环境需要的能力构成危害的限制,这种能力一旦被突破,必将危及支持地球生命的自然系统如大气、水体、土壤和生物。

三是代际公平,指当代人和后代人在利用自然资源、满足自身利益、谋求生存与发展上权利均等。即当代人必须留给后代人生存和发展的必要环境资源和自然资源,是可持续发展战略的重要原则。

(三)可持续发展的基本内容

可持续发展的内容主要包括生态可持续发展、经济可持续发展和社会可持续发展三个方面。

(1) 生态可持续发展:以保护自然为基础,与资源和环境的承载能力相适应。在发展的同时,必须保护环境,包括控制环境污染和改善环境质量,保护生物多样性和地球生态的完整性,保证以持续的方式使用可再生资源,使人类的发展保持在地球承载能力之内。

(2) 经济可持续发展:鼓励经济增长,以体现国家实力和社会财富。它不仅重视增长数量,更追求改善质量、提高效益、节约能源、减少废物,改变传统的生产和消费模式,实施清洁生产和文明消费。

(3) 社会可持续发展:以改善和提高人们生活质量为目的,与社会进步相适应。社会可持续发展的内涵应包括改善人类生活质量,提高人类健康水平,创造一个保障人们享有平等、自由、教育等各项权利的社会环境。

(四)可持续发展的意义

可持续发展是一个人类与自然协调发展的过程,一旦人与自然的和谐关系遭到破坏,社会的发展就会出现资源耗竭、生态破坏、环境污染，甚至灾难性的后果。可持续发展理论的提出是把人们的局部利益和整体利益、眼前利益和长远利益结合起来，认为将人类利益作为发展的最终目标的同时应尊重自然发展和社会发展的客观规律，是实现和谐社会目标的指导性思想。

二、旅游的可持续发展

(一)旅游可持续发展的背景

第二次世界大战结束以后，全球经济的复苏和发展使人们的生活方式发生了巨大的变化。顺应这一变化旅游业在世界各国迅速蓬勃发展起来，1992年一跃成为全球第一大产业。然而，伴随着旅游业的空前繁荣，各种消极影响开始显示出其潜在的威胁，对旅游资源的掠夺性开发、对旅游区超负荷的开放、旅游设施建设的膨胀、对旅游景区的粗放式管理、对旅游环境的污染、对旅游氛围的破坏现象比比皆是，进而导致旅游的社会经济和文化作用也在减弱，迅速损害旅游业赖以存在的环境质量，威胁旅游业的可持续发展。这些问题在发展中国家的旅游业发展过程中尤为突出。1976年12月世界银行和联合国教科文组织在华盛顿专门召开了发展中国家旅游的发展对社会和文化的影响为主题的研讨会，以寻求解决这些问题的办法。该研讨会的成果由伊曼钮尔·卡特教授整理汇编成《旅游——可持续发展的通行证吗？》一书。该书的问世，激发了各国旅游业和国际旅游组织对此的关注。

1989年4月在荷兰海牙召开的《各国议会旅游大会》上，大会经过讨论，不仅形成了旅游可持续发展的思想，而且做出了有关旅游可持续发展的原则讨论以及建设措施。

1995年4月24日至28日，联合国教科文组织、联合国环境规划署、世界旅游组织、岛屿发展国际科学理事会和西班牙政府以及加那利群岛大区政府在该群岛中的兰沙里群岛召开了《可持续旅游世界大会》，会议通过了"可持续旅游发展宪章"和"可持续旅游发展行动计划"。《宪章》和《行动计划》中明确指出："旅游可持续发展的实质就是要求旅游与自然、文化和人类生存环境成为一个整体。"

1997年2月16日至19日，世界旅游组织亚太地区旅游与环境部长会议在马尔代夫召开，讨论了亚太地区旅游业发展与环境的关系。

1997年5月22日在菲律宾首都马尼拉通过了《关于旅游业社会影响的马尼拉宣言》，发布了十点声明。这份声明注意到了旅游业发展中存在的一些不利影响，决心采取措施来"最大限度地发挥旅游业的积极影响和最大限度地降低旅游业的负面效应"。

1997年联合国第19届特别会议，首次将可持续旅游业列入联合国可持续发展议程。

1998年10月14日至18日在我国桂林举行了《亚太议员环发会议第6届年会》，讨论了亚太地区环境和资源保护与旅游业可持续发展面临的挑战以及有关战略行动。会议通过《桂林宣言》。

(二)旅游可持续发展的含义

旅游可持续发展是指在维持文化完整、保护生态环境的同时，满足人们对经济、社会和审美的需求，即旅游业可持续发展是在不损害环境持续性基础上，既满足当代人高质量的旅游需求，又不妨碍满足后代人高质量的旅游需求，既保证旅游经营者的利益，又保证旅游者、目的地居民的利益，实现旅游业长期稳定与和谐、协调发展。

旅游可持续发展的基本内涵如下。

(1) 满足需求。发展旅游业首先是满足旅游者对更高生活质量的追求，满足其高层次的物质和精神需求。并且在发展旅游业的同时能为旅游经营者、旅游者、旅游目的地居民创造利益，改善旅游目的地经济水平。

(2) 需求限制。通过旅游业满足需求是以维持文化完整和保护生态环境的为前提。在旅游发展的过程中，不得破坏旅游资源和生态环境，因为无论是自然旅游资源还是人文旅游资源都十分脆弱，且一旦破坏是不可再生的，生态环境也如此，它的破坏可能会引起生态系统的失衡。

(3) 代际公平。一是同代人之间的公平，避免旅游目的地在发展旅游过程中，只使一部分人受益，而另一部分人则无法享受旅游资源或者旅游资源带来的收益。二是不同代人之间的公平，既要满足当代人的旅游需要，为当代人获取经济收益，还要满足未来各代人的旅游需求，确保未来各代人还能通过旅游获取收益。

(三)旅游可持续发展的目标

1990年，在加拿大温哥华召开的全球可持续发展大会旅游组行动策划委员会会议，提出了旅游业可持续发展的目标：

(1) 增进人们对旅游所产生的环境效应和经济效应的理解，强化其生态意识；
(2) 促进旅游的公平发展；
(3) 改善旅游接待地的生活质量；
(4) 向旅游者提供高质量的旅游经理；
(5) 保护上述目标所依赖的环境质量。

从上述目标来看，真正的旅游可持续发展，其根本目标就是确保在旅游业发展过程中，全面实现当代人旅游需求的满足，进而促进地方经济、社会文化、生态环境全面发展，当地居民生活水平与生活质量全面提高，同时不损害后代人为满足其旅游需求而进行旅游开发与活动的可能性。

(四)我国实现旅游可持续发展的途径

我国实现旅游可持续发展必须依靠旅游者、旅游开发商、旅游经营者以及旅游目的地政府四方通力合作，共同来维护旅游资源、保护生态环境。

(1) 旅游者。旅游者是旅游活动的主体，旅游者的旅游活动行为对旅游业的可持续发展具有非常重要的意义，直接决定着旅游业能否实现可持续发展。美国旅行社协会(ASTA)对旅游者提出了以下道德标准：

——只拍照，不留下脚印；
——尊重地理脆弱性；
——不打扰动植物及其栖息地，不破坏植物；
——只准走指明的路线和途径；
——遵守当地园区的规定；
——不得购买濒危的植物或动物制作的产品；

——支持用来保存和保护当地环境的生态保护计划；

——注意交通方式，采用改善能源保护的住宿，采取有意识的环境保护措施(如资源再利用、废物处理、噪音弱化、地方社会的参与等)；

——尊重当地社会的习俗。

每一位旅游者都具有旅游环保意识，具有社会责任感，积极主动的参与旅游资源和环境的保护，必将对旅游业的可持续发展起到极大的帮助作用。

(2) 旅游开发商。旅游资源是旅游业赖以生存的基础，是发展旅游业的基本条件。因此作为旅游开发商在开发旅游资源的时候，必须进行科学合理的规划，有计划、有步骤地进行旅游资源的评价和可行性分析，在不破坏旅游资源的基础上进行设计和开发绿色旅游产品，发展生态旅游，这对于实现旅游业的可持续发挥具有极其重要的意义，是实现旅游可持续发展的关键环节。

(3) 旅游经营商。旅游经营商在旅游企业经营过程中要尽可能地节约能源，减少对环境的破坏和污染，运用先进的经营管理手段提高效率，并以适当的方式对旅游从业人员开展培训和教育。例如我国部分旅游饭店已不再向旅游者提供一次性生活用品，倡导旅游者自带，从而减少一次性用品对于资源的耗竭和环境的污染；美国旅行社协会(ASTA)要求旅游从业人员履行下列义务：

——尽最大努力保护和提高景区的完整性；

——有效利用水、能源等自然资源；

——确保污水处理系统对环境和审美的负面影响降到最低限度；

——尊重其文化的敏感性；

——全力支持其他具有环保意识的旅游工作者；

——通过向游客分发保护大纲，提高环保意识；

——支持对导游和管理人员进行生态旅游方面的教育和培训；

——雇请精通并爱护地方文化和环境的人做导游；

——根据景区的自然和文化历史及独特价值，给游客相应的口头或书面资料，进行指导和说明；

——使用有益当地经济的地方产品，但不购买那些濒临灭绝的动植物制作的商品；

——永远不要有意识地干扰或鼓励干扰野生动植物的栖息地；

——遵守自然区域的法规；

——遵守国家安全标准；

——确保广告的真实性；

——最大限度地提高游客与当地社区的生活质量。

(4) 旅游目的地政府。旅游目的地政府应该发挥主导作用，着眼长远利益，制定切实可行的推进旅游持续、健康发展的有关法律、法规。例如，旅游资源保护法、文物保护法、生态环境保护法以及旅游资源开发、旅游区建筑等方面的法律、法规。虽然我国自20世纪80年代以来，相继出台了《中华人民共和国环境保护法》《国家风景名胜区管理条例》《国家森林公园管理实施细则》等法律、法规，并在空气、水源、噪声等多项技术标准中，对旅游景区、景点的环保指标提出了明确的要求，但这些规定和政策并没有得到很好的贯彻和落实，因此还需要旅游目的地政府加大法治力度，完善法规体系，为实现旅游可持续发展起到强有力的支撑作用。

第七章 旅游的影响——旅游对经济、文化、环境的影响

知识拓展

欧洲兴起"慢旅行":助力旅游业可持续发展(扫右侧二维码)

本章小结

本章阐述了旅游业的发展对经济、社会文化和环境都产生了深刻而广泛的影响,尤其是对于旅游目的地国家或地区来说,这些影响既有积极的一面,也有消极的一面。旅游业在经济方面将产生增加外汇收入,平衡国际收支;扩大内需,促进货币回笼;带动相关行业和部门的发展;平衡地区经济发展;拓宽就业渠道,增加就业机会,但同时可能引起物价上涨、导致产业结构失衡、影响国民经济的稳定。旅游业对于社会文化的影响表现在有助于提高民族素质,培养爱国主义情感;有助于增进国家间的相互了解,促进友好交往;有助于促进民族文化的保护和发展,但却可能产生不良的"示范效应"、使传统文化受到冲击、干扰目的地居民生活。旅游业对环境的积极影响是保护自然景区和历史古迹;美化环境和提高环境质量;改善基础设施和服务设施,消极影响是可能造成环境污染和景观损害。因此,为了扩大旅游业的积极影响,抑制和减少旅游业的消极影响,旅游者、旅游开发商、旅游经营商和旅游目的地政府必须在可持续发展理念的指导下通力合作,共同实现旅游业的可持续发展。

习 题

一、简答题

1. 旅游对经济发展的积极影响有哪些?
2. 举例说明旅游对社会文化发展的积极影响。
3. 试述旅游对环境的消极影响有哪些?

二、课堂练习

近年来每次政协会议都会讨论我国是否应该取消黄金周制度,认为在黄金周期间能够极大地刺激消费者的旅游需求,提高我国的旅游收入,但仍然存在很多问题。请你从旅游业的积极影响和消极影响两个方面综合分析是否应该取消黄金周。

三、技能操作

1. 到某旅游景点进行观察,搜集资料,说明旅游业对该景点以及景点所在区域带来的影响。
2. 走访旅游相关的管理机构,了解他们为实现旅游业的可持续发展所出台的相关措施和法规。

第八章

旅游的前景——未来主流市场形式

【学习目标】

通过本章的学习，了解国内外旅游发展现状及旅游业发展前景；理解和掌握休闲度假旅游、商务考察旅游、会展旅游、研学旅游的概念、特点、发展策略及未来发展前景。

【关键词】

旅游前景　休闲度假旅游　商务旅游　会展旅游　研学旅游

旅游学概论

> **引导案例**
>
> ### 2019世界旅游趋势报告
>
> 2019年1月16日，由世界旅游城市联合会(WTCF)与中国社会科学院旅游研究中心共同主办的《世界旅游经济趋势报告(2019)》发布会在北京举行。该报告的目的是深入研判全球旅游经济趋势，分析旅游行业热点问题，预测全球旅游未来前景，促进全球旅游经济发展，为各国政府、相关城市、旅游行业提供决策参考和智力支持。
>
> 综合相关数据，对全球旅游发展进行了定量的测算和定性的判断，观察到以下几个方面特征：一是全球旅游经济继续保持增长，但增速略有放缓；二是近年来全球旅游格局呈现三分天下的态势，三个区域(亚太、美洲、欧洲)的特点各异；三是城市格局与旅游经济发展的总体格局高度一致；四是T20国家(按照旅游总收入排名，把排名前20位的国家和地区称之为T20，即Tourism 20)旅游发展引人注目，全球旅游经济的集中度和全球经济的集中度接近；五是在线旅行社、主题公园和邮轮行业，呈现出新趋势；六是全球旅游投资稳定增长，就增速而言，中东地区是全球旅游投资规模增长最快的地区；七是支付重塑旅游，亚太地区的电子支付发展迅速，特别是支付宝、微信支付等已经越来越普遍。
>
> (资料来源：http://www.sohu.com/a/291456335_100066567)
>
> 【思考题】"2019年，全球旅游经济继续保持增长，但增速略有放缓"，全球旅游发展应该如何处理好速度与质量之间的平衡，如何实现全球旅游经济未来的可持续发展呢？
>
> 【分析】第一，转变旅游业发展方式，要着重将简单粗放的发展模式向规模化、效益化进行转变，不仅要注重硬件设施的建设，还要优化服务和提高环境质量，实现旅游业与其他产业间的融合发展。第二，构建多样化旅游产品，一方面，要抓住人们对于休闲旅游的内在需求，开发休闲旅游产品，建设公共休闲设施，营造积极健康的休闲文化；另一方面，大胆创新，不断升级旅游产业结构，促进旅游业持续健康发展。

第一节 旅游前景概述

20世纪50年代以来，旅游业经历了起步、发展、腾飞、低迷、复苏、成熟几个阶段，已经发展成为世界经济持续稳定发展的重要支柱性产业。作为金融危机后首个旅游业复苏地，亚太地区旅游发展势头强劲，成为世界旅游格局中的新巨头，其间，中国旅游业发挥了举足轻重的作用。

一、国外旅游业发展现状及前景

(一)旅游发展现状

1. 旅游业成为全球经济发展的支柱产业之一

2010年以来，全球旅游业从金融危机影响中迅速复苏，旅游各项指标均持续上涨。据

第八章 旅游的前景——未来主流市场形式

世界旅游组织(UNWTO)统计，国际旅游人数在逐年增加，年均增长率均大于4%。2018年国际游客人数增长了5%，达到14亿人，这一数字比世界旅游组织预测的提前了两年。国际旅游人数和收入的增长继续超过世界经济，新兴和发达经济体都受益于旅游收入的增长。旅游出口增长连续第七年快于商品出口，减少了许多国家的贸易逆差。近年来旅游业的增长表明，这一行业已成为经济增长和开发最具影响力的驱动力之一，旅游业已经成为世界经济发展的支柱性产业。

2. 世界旅游市场呈现"三足鼎立"的新格局

欧洲和北美一直以来都是世界上最受欢迎的两大旅游胜地，是全球旅游市场的"双雄"。随着亚太地区旅游业的日益崛起，世界旅游格局发生变化，旅游重心加速向亚太转移。从1990年到2015年，亚太地区接待游客人次占全球份额从12%增长到23%，增速一度处于全球领先位置，成为继欧洲和北美之后的第三首选目的地，从而形成欧洲、北美、亚太"三足鼎立"的世界旅游市场新格局。

3. 全球"大众旅游消费"时代已经悄然而至

首先，经济的快速发展导致居民可自由支配收入的不断增加，据世界银行统计，2018年全球有137个国家跻身中偏上收入国家行列；其次，随着各国休假制度的完善，以法国为例，法国人每年总共享有约150天的假日，全球居民闲暇时间日益增多；第三，国际交通运输条件的改善为旅游出游带来了极大地便利。三大要素的综合作用下，旅游活动不再是"少数富有者的特权"，而成为一种大众化的活动。据统计，2018年全球已登记的国际旅游人数达14亿人次，全球"大众旅游消费"时代已经到来。

4. 旅游跨领域、跨行业融合发展成为新常态

旅游业有着天然的融合属性，除了涉及传统的六要素之外，还能和农业、工业文化、体育、互联网等产业紧密结合。风靡世界的法国葡萄酒庄园，德国鲁尔区的遗产探秘游，四年一度、规模盛大的奥运会，在线旅游预订、网上购物的普及等，无一不是旅游融合发展的典型例证。旅游跨领域、跨行业的融合发展可以增加传统产业的附加值，促进旅游业态的推陈出新，展现和释放出了巨大的潜力，更能满足当代旅游者日趋个性化的旅游需求，已经成为一种旅游发展的新常态。

(二)旅游业发展前景

1. 新兴经济体将成为出境客源地的主力军

受惠于经济的持续高速增长，新兴经济体消费水平提升显著，特别是中等收入群体迅速扩大，产生了巨大的出境旅游需求。其中，以金砖四国的发展最具代表性。中国、巴西、印度、俄罗斯四国出境人次与消费支出近年来大幅度增长。2013年四国出境旅游总人次超过1.77亿，同时2009—2013年其出境旅游人次年均增长率在8.43%～16.65%，出境旅游消费的年均增长率在4.28%～27.79%，充分说明以金砖四国为代表的新兴经济体客源地正在崛起，未来将成为世界主要的出境客源国。

2. 新兴旅游目的地逐渐成为旅游市场新宠

以中国、东南亚地区为代表的许多新兴目的地成为继欧洲、北美等传统热门目的地之外的新宠,世界旅游区域重心加速向亚太地区转移。预计全球范围内国际游客到访量从2010年到2030年,将以年均3.3%的速度持续增长,新兴目的地游客到访量将以年均4.4%的速度增长,是发达国家年均2.2%增速的两倍。预计到2030年新兴旅游目的地市场份额将占据全球旅游市场一半以上,达到57%,成为全球最具活力的旅游热点地区。

3. 市场需求短距化和多元化趋势愈发明显

尽管国际金融危机对世界旅游发展的影响在持续,但是刚性的旅游需求仍在不断释放,将以短距离旅游代替中长距旅游的形式出现,更多的区域内部流动将取代区际流动。到2030年,区域内部游客将达到14亿人次,占国际游客总量的78%,成为入境旅游的主要客源。据统计,以休闲、娱乐和家庭为目的出行游客数量将保持3.3%的年均增长速度,探亲、就医、宗教等其他目的年均增长3.5%,商务和工作目的年均增长3.1%,旅游市场需求将多元化趋势愈发明显。

4. 旅游安全问题日益引起各国的高度重视

2016年与世界旅游业大势相反,政局动荡和社会动乱使得中东地区的外来游客减少了700多万,进一步影响到周边的黎巴嫩,致使其外来游客人数减少了24%。这一事实充分表明,作为旅游者出游的主要考虑因素,任何旅游安全问题,如国际恐怖主义、局部战争、政局动荡、自然灾害、重大事故等都会损害整个目的地的形象,影响旅游者的行为选择,从而阻碍本地区和其他地区旅游业的发展。无论是处于维护自身利益,还是互利共赢的目的,旅游安全都是世界性的问题,将会引起世界各国的高度重视。

案例 8-1

泰国普吉岛的"健康旅游"管理

健康旅游和康养旅游的官方概念由联合国世界旅游组织提出,认为应该"利用该国的自然资源和卫生设施,特别是矿泉水和气候"发展旅游。健康旅游(Health Tourism)在英语环境中出现的频次较高,用于标记"预防医学"产品,如物理疗法、维生素治疗或饮食需求评估等。康养旅游(Wellness Tourism)在英语环境中用来描绘和温泉、SPA、按摩中心、精神疗养院等相关的旅游活动。

泰国的健康旅游多年来持续稳步增长,在该领域与其邻国的竞争一直处于优势地位。这与泰国在服务和运营方面具有优势是密切相关的,譬如接待温和礼貌、旅游价格适中,这些都给游客留下良好的印象。泰国健康旅游的目标消费群体是全球旅游市场,又对具体的目标市场做出区分,重点围绕中国、中东区域国家两大目标市场,主要是其购买力高。因此,泰国鼓励越来越多的中东游客、中国游客前往,并为不同国家的游客准备适合的目的地产品。调查发现,中东游客更倾向于健康服务,如泰国传统的健康疗法、水疗、美容疗法,尤其是传统的泰式按摩(见图8-1)世界众知。

第八章 旅游的前景——未来主流市场形式

图 8-1 泰式按摩

泰国健康旅游种类丰富、划分细致，大致包括泰国传统医疗旅游、草药美食之旅、当地草药旅游、自然农业之旅、温泉之旅、冥想训练和康复之旅。同时，这些健康旅游活动大多安排在景点中进行，景点内完善的设施及与景点相关的吃、住、行、娱、购组成了完善的健康旅游发展环境，也成为吸引游客前来参观的因素。比如住宿，会针对不同国家游客的习惯和信仰文化设计客房。参观旅游景点的路线是舒适的，很容易进入，从路线的开始沿街道有清晰的标牌指示直到目的地。另外，纪念品价格公道。概括而言，泰国发展健康旅游的经验除了有核心健康产品外，还包括旅游景点和设施必须给游客留下深刻印象，路线设计使游客轻松舒适抵达，配套设施方便使游客能逗留更长时间。

(资料来源：http://news.ctnews.com.cn/zglyb/html/2019-02/22/node_7.htm)

【思考题】泰国发展健康旅游的经验，对中国而言有何参考价值？

【分析】我国中医药文化底蕴深厚、中医医疗经验丰富，具有潜力巨大的健康、康养旅游市场。中医药健康旅游作为新兴业态，可通过"旅游+中医治疗+中药文化"等多样形式逐渐开展，并开展精品策略，建立示范项目，规范经营模式，为后续持续健康发展奠定良好基础。

二、中国旅游业发展现状及前景

(一)旅游发展现状

1. 发展势头逆增长，产业规模渐壮大

近年来，中国经济发展出现增速减慢的状况，但旅游业发展却逆势增长，保持着大于10%的增速。2017年，国内旅游人数达到50.01亿人次，旅游收入4.57万亿，同比增速分别为12.8%和15.9%。此外，全国旅行社数量由1999年的7355家增加到29717家，共增加了2万多家；国家旅游局共确定249家国家5A级旅游风景区，旅游产业规模日益壮大，综合实力明显增强。

2. 旅游综合贡献大，产业地位愈凸显

旅游业具有综合性强、关联度高、带动性强的优势，能够影响、带动和促进民航、铁

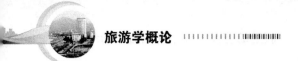

路、公路、餐饮、住宿、商业、通信等110个行业的发展。据统计，旅游业对中国GDP的综合贡献率从2012年的9.41%上升到2017年的11.04%，呈逐年增长态势；2017年旅游直接就业2825万人，旅游直接和间接就业7990万人，对社会就业综合贡献率达到10.28%，与世界平均水平持平；"515"战略实施以来，全国超过500万贫困人口在乡村旅游的带动下实现了脱贫。旅游业以其区别于其他产业的、对经济增长的巨大推力使其逐渐上升为国家战略性支柱产业，产业地位越加凸显。

3. 消费需求多样化，消费层级高端化

大众旅游时代背景下，旅游参与人群的覆盖面逐步扩展，旅游主体更加多元化，主体间个性和需求的差异导致了旅游消费需求呈现多样化的特点。随着居民收入的不断提升，旅游者需求开始从传统的"食、住、行、游、购、娱"向更多方面扩展，旅游消费结构不断升级，消费层次向高端化、品质化方向发展，自由行、度假休闲旅游备受关注和喜爱。

4. 主流产品显单一，低端产品广覆盖

尽管目前在旅游融合发展的驱动下，新兴旅游产品开始崭露头角，但观光型旅游产品仍占据旅游产品的半壁江山，主流旅游产品较为单一。单一旅游产品间必然存在同质化问题，结果导致价格竞争成为旅游业最主要、最激烈的竞争客源手段。旅游产品的削价竞争所带来的是旅游产品本身品质的下降，如此循环，低端产品覆盖面进一步扩大，逐渐占据大部分市场份额。

5. 供需不均成制约，业态涌现释活力

根据国际惯例，当人均GDP高于3000美元时，旅游需求将呈现爆发式增长，消费升级趋势显现。而2018年的中国人均GDP已超过9000美元，市场需求井喷，而旅游供给却不能适应多元化的市场需求，不能很好地应对升级的市场消费，"令人心动的有效供给"长期匮乏。因此，在产业政策、资本投资以及市场需求的推动下，全域旅游、生态旅游、文化旅游、乡村旅游等新业态不断涌现，迸发出极大的经济活力。

(二)旅游业发展前景

1. 入境游稳步增长，出境游回归理性

2016年我国接待入境游客1.38亿人次，同比增长3.5%；2018年，中国接待入境游客1.41亿人次，同比增长1.2%。我国入境旅游进入稳步增长通道，入境旅游市场规模保持稳步增长，市场结构继续走向优化，入境旅游服务品质得到游客认可。2018年，我国的出境旅游市场规模增长到1.49亿人次，相比2017年同比增长14.7%。我国出境游客境外消费超过1300亿美元，增速超过13%。中国出境旅游规模不断增大，中国游客对出游目的地的满意度也在不断提升，逐步迈入理性增长时期。

2. 发展格局需调整，全域覆盖是途径

经过40多年的发展，旅游产业已经成为引领消费产业发展、带动国家及区域经济腾飞的引擎产业，时代、国家所赋予旅游业的使命和责任更加重大。传统的以抓点方式为特征的景区(点)旅游模式，已经不能满足现代大旅游的发展需要，必须树立"大旅游、大产业"

第八章 旅游的前景——未来主流市场形式

的发展理念,以"旅游+"为途径,构建要素全覆盖、资源全景化、行业全渗透、民众全参与、产品全时空的全域旅游发展新格局,通过旅游业带动甚至统领全国经济社会的全面发展。

3. 产品结构多元化,产品形态个性化

随着旅游者消费需求的多样化和个性化,专项型、度假型、参与式等旅游产品将更受旅游市场的推崇和喜爱,其产品竞争力日益提升,将打破传统观光型旅游产品一枝独秀的格局,形成各种旅游产品百花齐放的多元化产品结构。然而,仅仅依靠多元化的产品结构并不能完全满足旅游者需求,必须更加强调和突出旅游产品的特色,那么,个性化的产品形态将成为未来旅游产品升级换代的必然趋势。

4. 发展方式待转变,创新驱动成引擎

从供需两侧来看,40多年来我国旅游业快速增长主要依赖于两个因素:大量、持续的要素投入和旺盛的国民旅游需求。而在当今互联网迅猛发展的智能化时代,仅依赖这两个要素来促进旅游业发展是不现实的,必须要改革旅游发展方式,实现从投入驱动,到效率驱动,最终向创新驱动的转变,为旅游业实现新的跨越式发展创建新引擎。

5. "一带一路"迎机遇,国际合作促发展

《2017年旅游业竞争力报告》中的竞争力指数框架,与2015年的版本相同,保留了2015年所使用的四大板块,仍旧强调旅游政策及有利条件下的国际化开放度。这一情况充分证明,国际化已然成为未来中国旅游发展的重要方向标。我国"一带一路"战略符合这一趋势,其带来的设施互通、经济合作、人员往来、文化交融,为我国与他国之间的国际合作搭建了交流平台,为旅游业的发展带来了新的机遇。

案例 8-2

回望非典时期的"梁建章与携程"

2003年非典疫情公布后,各地都发布旅行警报,所有的医学建议,都要求大家尽量待在家里,不要出门,可想而知,以卖机票和酒店为主营业务的公司,生意必然一落千丈。整个旅游行业,完全没有任何办法去逃避,唯一能做的,就是硬抗。当时的携程,每月交易额刚刚在上年度突破了1亿元大关,中国旅游市场的高速增长,让梁建章信心满满,提出了上市的目标。结果,非典的到来,让旅游业骤然走入寒冬,携程的收入也不出所料地锐减。这时候,别说上市了,就连能不能活下去,都成了问题。谁都不知道非典要蔓延多久才能熬过去。同行的很多公司,只能纷纷裁员应对,携程的人也陷入了绝望。

在危难之际,创始人梁建章成了定海神针。他坚信中国政府能控制好疫情,并且非典之后,旅游市场将迎来报复性的增长。梁建章没有像同行一样大幅裁员,而是保留了几乎所有员工,尤其是一千多人的呼叫中心。为了控制人力成本,梁建章规定,所有管理人员只上半天班,拿60%的工资。同时,趁着业务低迷的时间,携程在内部举行了大量的培训和业务流程优化,提升员工的能力。他给全体员工写信,告诉大家,"非典过后,携程会更好。"这句话,成为那段时间携程内部最重要的口号。果不其然,到6月份,非典疫情过去以后,在家里憋了三个月的人们,纷纷走出家门去旅游,中国的旅游市场迎来了大爆发。

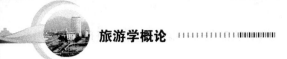

那些裁员的公司一下子措手不及，错过了这波业务大发展。而兵强马壮，养精蓄锐已久的携程，则迎来了大丰收。这一波高歌猛进，直接让携程成为资本市场的宠儿。2003 年 12 月 9 日，携程成功登录美国纳斯达克，创下了 3 年内纳指 IPO 首日涨幅最高的纪录，并成为互联网泡沫破裂以来，第一家赴美上市的中国公司，此时距离携程深陷非典危机，仅仅只过去了半年。

目前，携程的市值为 195 亿美元，约合人民币 1350 亿元。如果没有非典时期的乐观、坚持和苦熬，携程又焉能有今天的辉煌呢？

（资料来源：http://finance.sina.com.cn/stock/relnews/us/2020-02-07/doc-iimxxste9684362.shtml）

【思考题】"明天和意外，你永远不知道哪一个先来。"这句话出自日本的小说家野坂昭如《萤火虫之墓》，请联系以上案例，谈谈你对这句话的理解。

【分析】2003 年，梁建章经历的这次意外，对于从事旅游服务的公司来说，像非典这么严重的疫情，无疑是灭顶之灾。当时的携程到了最危险的时候，是他们的坚持、积极的应对措施，最终渡过了难关。在非典过后，获得了报复性的增长，成长为行业的巨头。我们应该从梁建章身上，学习他的乐观与坚强，不论先到的是明天还是意外，我们都应该保持逢河架桥、逢山开道的态度。

第二节　休闲度假旅游

当前，国内旅游市场正在发生深刻而巨大的变革。一方面，散客时代全面到来。旅行社举着旗子拉练式的传统观光团队大大减少，而家人朋友一起出游成为常态，散客出现了前所未有的井喷，部分景区跟团游和自由行的比例已经由以往的 7∶3 变为 3∶7。散客时代的一个重要特征就是需求的多样性，不再是千篇一律按照旅行社指定的行程完成旅行，旅游者可根据自己的时间和需求购买旅游产品。另一方面，旅游休闲时代已经到来。随着节假日制度和带薪休假制度的日益完善，"说走就走的旅行"已成为了现实，微旅游、城市周边游、乡村休闲游、周末自驾游、走进森林游成为旅游新时尚。

在此背景下，游客不再是走马观花，而是更加注重旅游过程中的体验，也更加追求旅游的舒适度。纯粹的观光旅游已经越来越不能满足游客的需要，游客更加趋向于精神上的放松与享受，因此，观光旅游向休闲度假旅游转型升级是旅游业发展的基本趋势。

案例 8-3

2017 中国休闲度假指数

2017 年 10 月 28 日，在浙江丽水举行的 2017 首届中国休闲度假大会上，《2017 中国休闲度假指数》正式发布。该报告由中国旅游协会指导、中国旅游协会休闲度假分会、国内最大在线旅行社携程旅游联合发布，双方团队基于全国休闲旅游市场情况，结合携程业内规模最大的休闲度假用户群体数据，对休闲旅游市场情况和游客行为进行了全面监测，包括今年休闲旅游定义、主题、规模、旅游方式、人群特征、热门休闲旅游出发地、目的地、消费和旅游地休闲指数等。

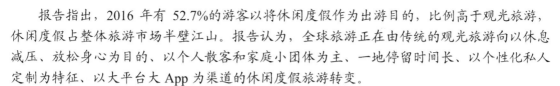

报告指出,2016年有52.7%的游客以将休闲度假作为出游目的,比例高于观光旅游,休闲度假占整体旅游市场半壁江山。报告认为,全球旅游正在由传统的观光旅游向以休息减压、放松身心为目的、以个人散客和家庭小团体为主、一地停留时间长、以个性化私人定制为特征、以大平台大App为渠道的休闲度假旅游转变。

当下游客的需求越来越复杂,已不满足于"上车睡觉,下车拍照"的传统旅游方式,其中休闲度假成为当下旅游重要的目的之一。报告综合了携程自由行预订人数数据,并结合长时间出行时长的游客占比,计算出各城市的休闲度假综合指数,排名前十的城市分别是三亚、成都、广州、珠海、西安、上海、重庆、厦门、杭州和北京。此外,携程根据App关键词搜索频次,发布了2017年休闲旅游十大关键词和指数:包括海岛(100)、美食(96)、自然探索(95)、户外运动(95)、家庭亲子(90)、五星酒店(81)、避寒/避暑(79)、城市休闲(78)、深度体验(71)、疗休养(70)。

(资料来源:http://www.sohu.com/a/202306408_558491)

【思考题】关于休闲度假旅游,你还了解哪些?

【分析】休闲是人的存在方式和自由生命状态,它充分体现着人的本质,是对人性的一种回归。旅游是人们对自由的追求,对人性的发展,并逐渐成为人的一种生活方式。随着我国经济的持续增长,居民可自由支配收入的增多,再加上我国居民假日时间总量的增加,种种趋势带动了国内旅游市场的发展,休闲度假旅游已经成为越来越多消费者选择的旅游模式,以休闲为主的旅游时代已经来临。

一、休闲度假旅游的定义

"休闲"是指在非劳动及非工作时间内以'玩'的方式求得身心的调节与放松,达到身体保健、体能恢复、身心愉悦的目的的一种业余生活。

"度假"是指人们在假日期间外出,放松身体与精神,是一种以休闲、健身、娱乐、社交为目的的旅游形式与康体休闲方式。

"休闲度假",在媒体、学术文献和官方文件中,近几年已经成为一个高频词。在《"十三五"旅游业发展规划》(国发〔2016〕70号)中,多次使用"休闲度假"。比如,在旅游业发展趋势中"需求品质化"趋势就被描述为:"人民群众休闲度假需求快速增长,对基础设施、公共服务、生态环境的要求越来越高,对个性化、特色化旅游产品和服务的要求越来越高,旅游需求的品质化和中高端化趋势日益明显。"《规划》还明确要求"加快休闲度假产品开发"。媒体、学术文献和官方文件基本上都是把"休闲度假"作为一个不证自明的概念在使用,一篇期刊论文给出了定义,即:"休闲度假是利用假日外出以休闲为主要目的和内容的,进行令精神和身体放松的休闲方式。"这个界定基本上是学界和业界的一种共识。在这个意义上,"休闲度假"是指休闲度假旅游,不包括在家休闲度假方式。

综上可得出如下两个结论:其一,休闲、度假、休闲度假三个词的含义中至少有三点是相同的:①在工作之外的时间;②自由自主的状态;③以放松、愉悦、康养身心为目的。休闲度假在实际使用中主要与观光旅游相区别,接下来会详细阐述"休闲度假旅游"与"观光旅游"两者的异同。

二、休闲度假旅游与观光旅游

我国的旅游形式正在从传统观光旅游向休闲度假旅游转变,但二者并不是水火不容、互相割裂的关系,二者既存在差异,也有相通之处。

(1) 二者的目的性不完全一样。传统的观光旅游注重的是获得见识的增长,在有限的时间内能够游览更多的景点,是一种高效率的旅游方式。而休闲度假旅游追求的是身心上的放松,体验一段与平常不一样的生活,游客不喜欢赶景点的游览方式,更偏好于"慢节奏"的旅游形式,并且会考虑多次去同一个地方游玩。这样的旅游方式会更加轻松。这种旅游方式不看重旅游效率,更注重体验感受。当然,二者还是存在共性,就是离开长期居住地,进行一次愉悦的旅行活动。

(2) 旅游的目的决定了二者对旅游产品的期待是不一样的。相较于传统的观光旅游,休闲度假旅游在酒店的活动时间会更长,所以优美的度假风景、方便的娱乐设施、美味的特色饮食就显得格外重要。而对于传统的观光旅游来说,酒店仅仅是住宿过夜的地方,对于酒店的环境、配套设备的要求要远远低于休闲度假旅游。当然,并不是说选择了休闲度假的旅游方式,就完全杜绝了观光旅游,休闲度假旅游中也有观光旅游。

三、休闲度假旅游的特征

(一)修身养性

让身心放松,达到愉悦的感受是休闲度假旅游的基本要求。简言之,休闲就是要在一种"无所事事"的境界中完成积极的休息。这与传统大众型、观光类旅游的本质不同,休闲度假旅游更注重自我的放松和休整。

(二)重复性

休闲度假旅游具有一个显著的特点,就是具有较高的重复性。此外,游客对其认同的休闲度假旅游地也具有持久的兴趣和稳定的忠诚度。因此,一个发展成熟的休闲度假旅游地将会拥有一批稳定的回头客群体。较高的重复性与稳定的忠诚度相结合,不仅促进了休闲度假旅游产业的发展,同时促进了游客对休闲度假旅游地的品牌忠诚度。

(三)一地停留时间长

休闲旅游与观光旅游的重要区别,在于休闲旅游对地点的指向比较集中和单一,与观光旅游所追求的"多走多看"的价值心态不同,休闲度假者往往喜欢在一个地方停留较长的时间,享受环境、文化、服务等所带来的放松感,消费目的性比较明确。

(四)层次丰富

休闲度假旅游的层次丰富,一方面体现在人类不同的休闲状态上,层次丰富的休闲状态造就了不同的休闲需求,从而形成不同的休闲度假旅游活动;另一方面,休闲度假游客

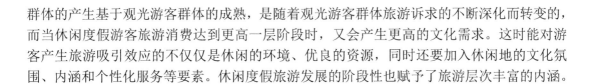

群体的产生基于观光游客群体的成熟，是随着观光游客群体旅游诉求的不断深化而转变的，而当休闲度假游客旅游消费达到更高一层阶段时，又会产生更高的文化需求。这时能对游客产生旅游吸引效应的不仅仅是休闲的环境、优良的资源，同时还要加入休闲地的文化氛围、内涵和个性化服务等要素。休闲度假旅游发展的阶段性也赋予了旅游层次丰富的内涵。

四、休闲度假旅游产品的概念和分类

休闲度假旅游产品是旅游目的地根据自身的区域特色，结合旅游者休闲度假的需要，而开发的能够满足旅游者放松、休息、娱乐、健身、社交等需求的设施与服务的总和。休闲度假旅游产品可以划分为观光休闲度假产品、养生休闲度假产品、主题公园休闲度假产品、体育休闲度假产品等类型。

(一)观光休闲度假产品

观光休闲度假产品主要包括滨海型、山地型、湖泊型、环城市带型，中国观光休闲度假旅游资源丰富，且开发价值高。应如何开发，以安徽合肥为例，2015年8月，国家旅游局批复同意合肥市创建环巢湖国家旅游休闲区，环巢湖休闲区将围绕"一湖、两城、12镇"为核心建造，成为全国首个国家级试点旅游休闲区；环巢湖国家旅游休闲区承担着为全国旅游休闲区建设提供示范性、引领性、创新性经验的重任。目前巢湖以山水资源以及康体健身资源深入人心，此外，巢湖温泉资源星罗棋布，资质优良，闻名天下。旅游者不仅来此地观光，还要体验更为丰富的异地休闲的内容，深入感受目的地的文化。

(二)养生休闲度假产品

养生休闲度假产品主要包括疗养、按摩推拿、中医治疗、药膳食疗、增氧健身、SPA、温泉和药浴等。开发方式如下：保健活动应依托中医文化展开，注意科学化和标准化；中医疗养应传承中国传统国药文化，扩展单一的治疗功能，丰富其内涵；开设亦膳亦疗的食疗提供场所；面向中老年游客开设中草药浴，与推拿、药膳相组合推出；还可以通过"互联网+健康养老"，打造全新的健康养生产业链。

(三)主题公园休闲度假产品

主题公园越来越受人们的欢迎，各个城市主题公园纷纷建立，中国已经拥有2700多家不同类型的主题公园，根据不同的主题内容类型和其展现的文化内涵，大致可分为五大类，即乐园型、民俗型、历史型、微缩景观型和高科技型。开发方式如下：区位条件最大化利用，注重规模化效应；明确产品定位，注重游客参与互动；营造文化氛围，创造品牌效应；善于运用高科技手段，注重项目独创性，并及时更新项目；为游客提供细微化、优质化的服务；还可以扩展经营范围，提高经济回报。

(四)体育休闲度假产品

体育休闲度假产品包括船艇运动、球类运动、射击运动、马术运动、拓展训练和体育赛事观战等。开发方式如下：体育类旅游应注意季节性问题，做好衍生旅游产品的开发，

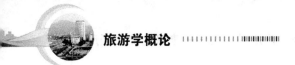

在淡季进行相关的转向；湖泊水上体育运动产品和湖滨体育运动产品开发要注意根据湖泊的资源特色、湖滨的岸形特征以及客源市场条件选择不同层次的水上体育运动项目进行开发，切忌一哄而上，盲目上马；针对高端市场，应提高高尔夫球、马场的档次，配备高档的度假设施，形成规模；还可以申请举办大型体育赛事，依托赛事提高知名度和经济附加值。

五、推动休闲度假产业发展的对策

(一)加强政府管理职能

1. 强化政府对产业发展的引导与规范

当前，休闲度假产业普遍存在管理权责不明、多头管理、沟通不畅等问题。这就需要各级政府充分发挥其产业规范与引导的管理职能，引导协调各级政府以及各行业协会之间的利益关系，将各管理部门的力量形成合力，推动休闲度假产业的良性发展。

2. 合理规划开发时序与进程

随着休闲度假旅游的大规模、深入式推进，大到各级政府，小到各地旅游景区(点)纷纷制定旅游发展规划，以指明未来的发展方向。政府是推动休闲度假产业规范发展的重要保障手段之一，政府必须在规划的宏观层面提出战略发展思路、产业发展布局以及项目建设计划等内容，作为下级政府与各旅游景区制定下一步具体规划的指导方向，并监督推动下级政府与各旅游景区的项目建设开发时序、开发进程。

(二)优化业态发展结构

从食、住、行、游、购、娱六大旅游基本要素来说，要将旅游活动的每个环节分别提升，尤其是发展相对落后的要素，要重点加大投入和整改力度。具体可采取以下措施：适当调整酒店、宾馆等接待设施的比例；提高城市与景区(点)间的连接交通及其配套设施水平。

从旅游活动的基础要素(旅游资源、旅游设施、旅游服务)来说，要提高整体公共环境的整洁度、舒适度，完善基础设施要素体系，为旅游活动提供良好的后备支持。具体可采取以下措施：一方面，不断完善旅游公共环境，做好环境的绿化与美化工作，加大旅游基础设施的投入力度，保证旅游业配套设施及服务的完善与规范；另一方面，要加强对当地居民和旅游者的教育，通过政府、管委会、景区的共同引导，提高旅游目的地居民和游客素质，共同维护公共环境的整洁。此外，还可以延长产业链条，拓宽产业领域，将旅游活动与经济、文化、科技等领域的相关要素进行结合，丰富旅游项目，完善业态结构。

(三)实施差异化发展

1. 凸显特色，打造品牌

在商品市场发展的大趋向下，创立独特的品牌，发挥品牌效应是企业宣传其自身文化和产品的重要手段之一。一个好的旅游品牌能够保护某些资源和产品特色不被模仿，有利于旅游市场的细分，推动旅游产品和旅游形象的树立，从而为企业进行产品创新提供良好的条件。

2. 创新产品，独特营销

随着旅游业发展的日益成熟，旅游者的需求开始逐渐多样化，旅游活动的真正目的开始由追求审美、享乐和身心自由的愉悦感转向追求新、奇、特、异的旅游体验。在倡导以人为本和个性化服务的发展理念引导下，企业要通过不断创新产品来满足需求，吸引客源。具体可以采取旅游线路设计创新、旅游项目策划创新、旅游功能开发创新等策略，不断研发出极具新意和特色的旅游产品，采取独特的营销手段投放市场。

3. 正确定位，错位发展

市场的发展并非是一成不变的过程。无论是旅游产品还是旅游项目，都有其自身的生命周期，开发大众化的旅游产品很容易被具有相似性的产品所替代，生命周期较短。想要切实延长旅游产品或项目的生命周期，就应在深入分析自身旅游特点的基础上，明确存在的优势与劣势，正确定位自身位置，实施错位发展。

(四)提高业态整体实力

1. 加大硬环境投入

旅游发展的硬环境主要是指旅游发展所依托的各类基础设施、公共环境等有形的实体要素的集合，即整个旅游综合体所呈现给旅游者的整体形象和总体印象。旅游硬环境的建设包括：为生产生活服务的公共设施、为要素发展服务的公共设施以及区域发展的物质环境。只有在硬环境建设上加强投入力度，才能营造出总体良好的景区形象与环境。

2. 注重软环境创新

旅游发展的软环境，是对应硬环境的实体要素而言的，主要是指在旅游发展过程中所蕴含其中的无形因素，即通过旅游者的感知所反映出来的意象。包括政策环境、法制环境、市场环境、舆论环境和服务环境等对旅游业有扶持、保障、帮助、导向、宣传作用的相关环境。软环境的创新不仅仅需要政府、媒体、法律发挥监督、引导、约束作用，也要求旅游企业自身对其经营模式、管理模式、盈利模式、商业模式等进行创新。各方利益群体共同协作，互相监督，通过各种手段以增强旅游业态发展的实力。在具体措施方面，可以通过对服务手段的提升和改进实现旅游服务的创新；通过区域合作、资源整合以及品牌再建实现旅游品牌的创新。

案例 8-4

新的"春节休闲模式"

春节，是中华民族的传统节日，是一年中最重要、最隆重、最热闹的节日之一，有着非同寻常的意义。随着人们生活水平的提高以及社会竞争压力的增大，在黄金周、春节期间选择出行休闲旅游的人数越来越多，春节休闲模式正从"家中团聚"转向"外出休闲"，这一转变给旅游业的发展带来了巨大影响。

一是城市休闲。现代社会人们的生活节奏逐渐加快，传统春节的习俗在逐渐改变，尤其在一些大城市，高楼林立，新式住宅已不像传统住宅那样有亲和力及良好的交流空间，它使得传统春节的氛围相对过去淡了许多。同时，人们的生活方式也发生了巨大变化，传

统的小吃类食物在逐渐减少，愿意自己动手做一顿丰盛年夜饭的人在逐渐减少，以往大年三十一般是全家人聚在一起在家中闭门过节的，现在人们纷纷走出家门，有些家庭连年夜饭也在饭店举行。各大饭店配合节日推出花样繁多的年夜饮食菜单。追求色香味形、讲究营养搭配已是春节餐饮的新时尚。

二是郊野休闲度假。随着城市化进程的加快，平日里人们工作繁忙、生活紧张，在春节期间人们都会放松自己。随着生活水平的提高，人们的休闲活动也越来越丰富。从过去简单的看电视、打扑克、打麻将等娱乐，已经发展到今天的泡酒吧、泡温泉、滑雪、高尔夫度假等活动方式。休闲地点由家中逐步走向郊野，休闲目的从单纯的放松身心向锻炼健身发展，休闲群体以家庭、朋友为主。这种休闲方式、场所的转变，反映了人们的追求已经由物质方面逐步向精神、文化方面提升。

三是外出度假。随着社会的发展，春节期间的走亲访友不再是传统意义上简单的情感交流，更多是带上了休闲旅游的色彩。人们从一个地方来到另一个地方，会见亲朋好友，同时到该地观光旅游；或者很多亲朋好友商量好选择一个旅游目的地，共同到一个地方休闲旅游，既增进了感情又开阔了视野、放松了身心，这种方式也越来越受到人们的欢迎。尤其在近几年，春节旅游热潮已经悄然形成，这种休闲方式有别于传统的休闲方式。有相当一部分人选择出境旅游，还有一部分人选择国内度假旅游，选择国内度假旅游的人们在春节期间呈现南北互调的趋势，北方人来到南方，感受冬季的温暖；而南方人来到北方，感受冰天雪地带来的新鲜刺激。

(资料来源：https://kns.cnki.net/KCMS/detail/detail.aspx?dbcode=CCND&dbname=CCNDLAST2019&filename=CWHB201902020071&v=MTc0NTNyaWZaZVp2RkNqdFVMekxKRjhVSmpyRGJMRzRIOWpNclk5SFpPc0lEUk5LdWhkaG5G5qOThUbmpxcXhkRWVNT1VL)

【思考题】春节休闲模式的转变对旅游业带来了什么影响？

【分析】首先，春节休闲模式的转变反映了人们对休闲度假产品的旺盛需求，各个景区针对假日休闲开发出更多的休闲度假产品，以满足人们持续增长的需求。其次，在春节休闲活动中，人们的休闲行为呈现出更加注重社交的趋势，由以前春节家庭团聚向朋友聚会、社区活动发展，人们从家中逐渐走出来，刺激了旅游业的发展。城市休闲产业和休闲空间的建设也显得越来越重要。人们的休闲度假需求不断增长，为旅游业提供了良好的发展机遇。

第三节 商务旅游

根据联合国与世界旅游组织等的界定，全部旅游活动按照主要目的可分为两大类型：商务旅游和个人旅游。商务旅游指旅游者以商务或职业为主要旅游目的，进行的与销售、运营管理、教育进步、社会责任、慈善工作以及绩效奖励等有关的旅游活动。这里的主要旅游目的指的是如果没有该目的，该旅游活动将不会发生。

自20世纪50年代以来，商务旅游在世界范围内快速发展，目前已经成长为全球重要的旅游类型。根据全球商务旅游协会(Global Business Travel Association，GBTA)测算，2016年全球商务旅游市场规模达到1.3万亿美元，我国商务旅游市场规模达到3179.65亿美元，

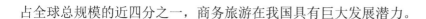

第八章 旅游的前景——未来主流市场形式

占全球总规模的近四分之一,商务旅游在我国具有巨大发展潜力。

一、商务旅游与商务旅游市场

(一)商务旅游的概念和特点

1. 商务旅游的概念

国际上关于商务旅游的定义很多,德国出版的《旅游经济手册》中,对商务旅游这样定义:"商务旅游是指所有因职业原因进行的旅行。"世界旅游组织将商务旅游定义为:出于商业的目的,人们到达并在非居住地停留的活动。早期的研究认为:商务旅游又叫商业旅游,是以经商为目的,把商业经营与旅行游览结合起来的一种旅游形式。

也有人认为,商务旅游是商务消费者以经商、交流、提高业务技能等工作为目的,离开自己的常住地到外地或外国所进行的商务活动及其他活动,是把商务活动与度假、旅行和观光游览结合起来的旅游形式。现代旅游业的发展使商务旅游的内涵和外延都有所扩展。商务旅游不再局限于经商与旅游活动的结合,它涵盖了所有因工作关系到外地从事与商贸事务有关的个人或集体活动,通常包括商务洽谈、投资考察、商务视察、贸易展览、商务会议等,也包括广义的公务旅游在内。

2. 商务旅游的特点

商务旅游较于其他旅游,有其自身的特点。首先,商务旅游的消费水平高于一般的观光休闲旅游。其次,商务旅游对经济有广泛的拉动作用。旅游业对地方经济的发展的贡献是多元化的,按照旅游经济理论,旅游业能够增加国民收入、赚取外汇、扩大就业、带动相关产业发展。目前,我国旅游业增加值占 GDP 的比重超过了 4%,旅游业对经济增长的拉动作用日益明显。据有关数据显示,旅游消费对住宿业的贡献率超过 90%,对民航和铁路客运业的贡献率超过 80%,对文化娱乐业的贡献率超过 50%,对餐饮业和商品的贡献率超过 40%。第三,商务旅游与区域经济特别是第三产业发展水平成正相关。旅游业相较于其他行业,对相关配套设施等有很高要求,如交通、住宿、娱乐、人文环境等。第四,商务旅游较少受季节气候的制约,商务旅游较其他旅游更具稳定性。第五,商务旅游很多具有重复性。

(二)商务旅游市场

1. 我国传统商务旅游市场

我国比较传统的商务旅游有:学术旅游、特殊旅游以及最常见的一般性质的商务旅游和政务旅游等。这里说的最常见的商务旅游市场主要是指传统旅游形式的商务旅游,这一类型的商务旅游一般包括了营销旅游活动、会展活动以及商务谈判性质的旅游和企业培训旅游等。其中,商务会展性质的旅游活动是在众多商务旅游形式中最具有特点的一项重要内容。但随着社会发展的需求,商务旅游新挖掘出一个市场,即政府公务人员旅游。此外,传统商务旅游中的特殊旅游,是特指某些因为参加特殊活动而随之产生的相关联的旅游行为,例如某些大型的体育赛事活动、大型的文艺汇演以及其他较为特殊的庆典活动或纪念日等。

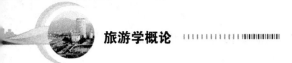

2. 我国现代商务旅游市场

随着社会经济的发展，商务旅游跟随着需求者的不同，也逐渐出现了众多较为现代化的商务旅游，其中有展览活动旅游、商务会议旅游以及企业奖励旅游、交易会活动等形式。根据我国商务旅游目前的发展，其中的商务会议旅游在日常生活中的需求量最大，也是我国现代商务旅游市场中重要的组成部分，这种会议模式的旅游适合各企业单位的年会、大型会议以及展览会等，这类旅游的举办也一般会倾向于去选择能够提供完整住宿、娱乐、餐饮以及会议室、会议设备等等服务设施较全面的酒店、大型会所以及高级度假村。企业奖励旅游是指某些企业为了能够更好地提高自身的凝聚力，同时也为了奖励在工作中表现突出的员工，从而组织举办的旅游活动。在这类奖励性质的旅游活动中，企业通常会把娱乐和学习相互结合，让员工在得到放松的同时也能够把握机会进行自我能力的提升，巩固专业知识。

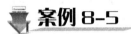

案例 8-5

商务旅游者的情感体验

商务旅游者，是指从事商务旅游活动的人员。界定商务旅游者需要满足以下两点：一是出于机构利益出行；二是离开常规工作地前往异地。每日上下班的职员、从事长途客运、货运等职业的人员，由于工作性质，会处在旅行过程中，但未离开常规工作地，因而不被列为商务旅游者。

商务旅游者身处异地，与当下情境深度融合之时，会被美景、文化、活动所触动，情感亦随之产生变化。商务旅游者在物我交融、人际互动中的情感体验与旅游体验具有相似之处。借鉴旅游体验的理论，商务旅游者在旅行过程中自身与当下情境深度融合，产生快乐、成就、挫败等一系列的感受，这种身心一体的感受即是商务旅游者的情感体验。

商务旅游者的情感体验亦可分为审美体验和世俗体验。商务旅游者的审美体验是不涉及利益关系的源自对美的事物的欣赏所得到的心理体验。商务旅游者可以在旅游中获得审美体验，也可以在所从事的社会活动中产生情感的升华，获得审美体验。商务旅游者的世俗体验则是在商务旅行过程中与功利性相关的感受，如升职带来的成就感、减薪引起的挫败感等。由于审美体验需要脱离物质欲求，可谓是可遇而不可求。在绝大多数情况下，商务旅行者所获得的是世俗体验。

(资料来源：梁莹. 商务旅行者需求与情感体验分析)

【思考题】从旅游发展的角度，谈谈把握商务旅游者的情感变化会带来哪些好处？

【分析】随着商务旅行在世界范围内迅猛发展，把握商务旅行者的需求与情感变化对于优化商务旅行起到引领作用，从而达到推动商务旅游发展的目的。

二、我国商务旅游市场发展现状

(一)市场规模较大

随着我国经济的快速发展，商务队伍的规模也在逐步壮大，并且这一群体具有普遍收入高、素质高和职位高等特点,出于注重维护客户关系以及公司外部事务等原因,商务人士进行商务旅游日益频繁,这使得以会议、展览和培训等为目的的商务旅游需求大大增加。据统计,我国每年因商务旅游的支出已经超过 100 亿美元,约占到亚洲商务旅游市场份额的 1/5。

(二)市场竞争激烈

由于我国商务旅游市场前景广阔,对于国际商务旅游企业而言,我国已经成为其业务扩展的重点市场,目前,众多知名商务旅游企业通过合资或独资的方式进入我国市场。除了美国运通这样的旅游业巨头外,部分航空公司及连锁酒店管理集团也纷纷涉足我国商务旅游市场,这些企业的加入使我国商务旅游市场竞争更加激烈。

(三)三足鼎立的市场格局

商务旅游是随着城市的基础设施建设以及综合实力增强发展起来的,商务活动发达的城市往往成为商务旅游的首选目的地。各地政府也通过优惠政策、加大基础设施投入、举办各种推介会等方式推进本地商务旅游的发展。目前,北京、上海、广州已经成为我国排名前三位热点商务旅游城市,形成了三足鼎立的市场格局,在我国商务旅游市场中占据了主导地位。

三、我国商务旅游市场的发展前景

(一)经济持续高速增长,为商务旅游市场创造了良好的发展环境

改革开放 40 多年来,我国经济持续高速增长,尤其是 20 世纪 90 年代以来,经济增长速度基本保持在 10%左右,1978 年,我国经济总量仅占世界经济总量的 1.8%,近三年,我国经济总量连续跨域 70 万亿元、80 万亿元和 90 万亿元大关,2018 年达到 900309 亿元,占世界经济的比重接近 16%,仅次于美国,成为世界第二大经济体。经济的持续增长,为商贸活动开展提供了良好的环境,必然会带动商务旅游市场的进一步繁荣。

(二)对外贸易快速增加,扩大了商务旅游市场需求

2018 年我国全年外贸进出口总值 4.62 万亿美元,增长 12.6%,再创历史新高;其中,出口 2.48 万亿美元,增长 9.9%,出口增速创 2011 年以来新高;进口 2.14 万亿美元,增长 15.8%,首次突破 2 万亿美元。国际金融危机以来,我国经济快速恢复强劲增长势头,对外贸易规模进一步扩大,但由于世界经济复苏缓慢,致使外需疲软,加之迅速增加的外汇储备,促使我国加大了对外投资力度,国际商务交往越来越多,商务旅游的需求将不断扩大。

(三)利用外资规模持续扩大,为商务旅游提供了发展空间

2018 年,中国实际利用外资金额是 1383 亿美元,稳居发展中国家的首位,虽然增速放缓,但是利用外资的水平和质量大大提高。外资的大量进入,推动了我国经济的高速增长,也为我国商务旅游市场发展提供了广阔的发展空间。

(四)丰富的旅游资源,吸引了许多国际会议及商务活动来我国举办

我国作为旅游大国,具有丰富的旅游资源,尤其是北京、上海、广州等基础设施比较完备的大中城市,已经成为国际会议、展览等商务活动的首选地。丰富的旅游资源以及较为完善的商务旅游服务系统,将会为开拓商务旅游的国际市场提供便利。未来,随着我国经济的良性发展和各种具有国际影响力的会议和展洽活动的举办,商务旅游的基础建设将逐步完善,商务旅游服务系统也将日益齐备,这将吸引更多商务旅游人士。

四、当前我国商务旅游发展存在的问题

(一)商务旅游服务专业化程度不高

我国商务旅游市场发展中的软肋之一就是专业化服务水平较低,其主要原因是我国在商务旅游的发展方面起步比较滞后,很多有关商务旅游方面的服务和规划都暂时处在最基础的阶段,比如我国目前商务旅游所提供的服务还是停留在代购机票、代订酒店等简单单一的服务,相较于国外成熟的商务旅游服务来说,我国的商务旅游服务没有较为系统完整且全面的服务模式。北京、上海、广州等城市是我国目前商务旅游比较活跃的地区,但因缺乏专业化的经营模式和服务系统而阻碍了其发展的步伐。

(二)商务旅游缺乏相关政策法规

各国为了发展本国的商务旅游中的会议旅游以及奖励旅游业务,积极地制定相关法律并且实施倾斜政策,具体措施有对符合规定的会议组织或者企业单位实施一定的税收优惠政策,或者允许免签证等。由于我国目前并没有系统去完善旅游法,其中的商务旅游行为规定也没有具体的评价标准,这也让旅游产业的管理出现混乱,政府旅游主管部门与其他部门也没有进行良好沟通和协调,缺乏对促销、税收、签证等有效的政策,直接对会议旅游和奖励旅游的政策法规造成一定的影响。

(三)商务旅游设施不完善

国内商务旅游产品目前还是主要以观光的形式进行,正因为没有更多的个性化活动也导致旅馆设施结构较为单一,一般都是用于观光欣赏的旅游宾馆以及过境酒店等居多,一些能够适应商务旅游发展的商务旅馆、全套房旅馆以及会议酒店等还是极其缺乏的,特别是国内外中小企业商务者所需要的中低档商务旅馆,更是难以找到。作为旅游产业中较特殊的一类旅游形式,商务旅游对酒店内部的设施和相关服务都是有特别的要求,要求旅馆需要具备商务咨询、旅游预订、机票确认等个性化的服务及设施。

五、商务旅游的发展策略

(一)致力于商务旅游专业人才的培养

在国际旅游产业中,现代商务旅游是现代政治、经济、科技以及文教、旅游业发展之间相互渗透的综合产物,其要求商务旅游的组织计划者以及接待人员不仅要有较良好的专

业知识和技能，还需要有宽广的知识面，能够正确地把握最新的社会经济信息，紧跟旅游市场的变化。我国需要加强旅游教育中的国际信息交流与合作，大力培养一批不仅掌握旅游业务且能够精通商务旅游的专业人才。

(二)理顺管理体系

在旅游业的长期发展历程中，我国的旅游管理体制仍然还是处于不完善的阶段，政府、企业以及行业协会这三者之间的部分职能相互重叠，旅游市场秩序不规范。为了能够加快我国商务旅游的发展，以及国际化的发展，政府旅游主管部门的主要职能应该转变到培育和开拓商务旅游市场，并搜集信息以指导企业进行旅游开发上。在政府进行完善的同时，业内企业也必须根据需要适时成立和组建专门的会议以及奖励旅游协会等，积极加入同类的国际性的协会中去，与国际同行业企业进行更加充分有效的交流与合作。

(三)制定系统发展的战略

商务旅游是一个系统性很强的行业，其需要目的城市在交通、住宿、餐饮、会议展览、通信设施、金融发展以及旅游服务等方面给予全方位支持。例如针对会展和奖励旅游，目的城市是最主要的吸引源并且也是组织旅行的重点。目的城市是否安全和稳定，其环境和氛围是否友好，各类设施、生活服务的提供是否高效与可靠，商务旅游者饭店清洁和位置状况等方面，将会直接影响商务旅游者对目的城市的看法与评价，从而进一步影响他们对举办会展以及奖励旅游活动地点城市的选择。与此同时，我们不能仅仅只把目光局限于商务旅游的高端消费市场，据数据统计，事实上很多中小型城市也具备巨大的商务旅游发展潜力。怎样根据当地的经济发展状况找到正确的市场需求，并且给予自身合理定位，进行理性的开发，将会是中小城市发展商务旅游的关键。

(四)完善旅馆结构及其服务

旅馆产业在整个旅游产业中将近占了一半的比例，显然完善旅馆这一环节是非常重要的。建设一批商务旅游旅馆为其开设具有"店中店"功能、自成一体的商务楼层，其中的商务楼层为客户提供的服务包括有：电脑记录每位入住客人的习惯爱好，便于有针对性地服务；客人直接到商务层办理入住和离店手续；提供24小时餐饮、熨烫、商务中心服务；免费小型会议室；外文报纸杂志；免费的早餐和下午茶等。

(五)尊重"个性化"需求

随着时代的不断发展以及社会的进步，各行各业的人都越来越喜欢张扬自己的个性，当然个性化的旅游产品也越来越受到客户们的欢迎。我国应该针对商务旅游者们消费的特点，制订合理的计划以及管理流程，同时协助企业进行集团化采购并且有效地控制成本费用，充当企业的战略伙伴和差旅计划顾问。同时保证所提供的服务具有特色、个性化。另一方面，我国在进一步发展国际商务旅游的同时，必须注意文化差异给商务游客所带来的影响，尽可能做到为不同文化背景的商务游客提供差异化、具有本土文化气的商务旅游产品和旅游服务，充分满足游客的不同需求，从深度上提高我国商务旅游开发以及接待的综合水准。

第四节 会展旅游

一、会展旅游的出现

众所周知,旅游业、会展业两者本质上均属于服务业范畴,二者具有很高的产业关联性,涉及内容宽泛,同被称作"朝阳产业",逐渐引起了社会各界更高的关注。现阶段,旅游业同会展业在各自演进过程中存在业务交叉、重叠的情况,由此便诞生了会展旅游这种崭新的产业形态,会展旅游已经成为我国旅游行业的重要组成部分之一。由于其具有旅游形式新颖、会展团队规模较大、会展旅游内容和主题较为专一、经济效益较高等特点,又被称为"旅游皇冠上的明珠",备受各大旅游景点和游客欢迎。二者间的有机结合,使我国从旅游资源大国演变为旅游经济强国。

(一)市场需求是会展旅游出现的前提条件

会展和旅游二者结合的前提即为游客和参会者的基本需求。研究表明,会展客商不仅仅要完成国家或者企业的参展任务,大部分参会人员在闲暇之时也会对当地的各项旅游资源、风土人情等进行了解。会展旅游者对旅游产品的消费需求除了在观光过程中有所展现外,更具有"双重"目的。具体来说,一方面是为了满足自身的好奇心,拓宽视野;另一方面则是个人或公司对未来投资、合作发展等的必然要求。对于会展业来说,参展客商的根本目的在于在尽量短的时间里对各类有效信息进行获悉和推广,并借助会展的形式吸引更多客户。由于旅行社掌握着诸多资源,在会展过程中,若组织游客参与会展活动,能够增强游客的体验,进而给客商创造更多发掘潜在客户的契机。会展业同旅游业的市场需求,是会展业与旅游业有效结合的前提条件。

(二)产业转型升级的各项要求是会展与旅游融合的根本驱动力

当前,产业融合摆脱了传统价值网的束缚,和另外一些产业再次聚合为新的价值链。现如今,中国的旅游产业适逢转型升级的重要阶段,"旅游+"是新时代背景下旅游业转型升级的基本策略,也是此行业积极同另外一些产业进行融合的具体体现,更是旅游业水平增强的基本需求、旅游业在当前形势下成熟的一种表达。借助旅游产品形态的日益丰富、多样化,有助于更好地满足游客差异化、多样性的需求,并且通过旅游市场对会展产业链进行延伸,有利于产业结构的调整优化。此外,旅游业应当积极主动地寻求与其他产业的融合机会,如举办一场大型会展可以在短时间内聚集数目繁多的人流、物流及信息流,进一步为旅游业的发展提供更广阔的利润空间,最终有助于游客消费潜力的深入发掘、旅游业的长期稳定发展。

二、会展旅游的概念

关于会展旅游的概念研究,国内学者最开始也在借鉴国外的相关研究成果,后来,在逐渐探索的过程中,慢慢找到了适合我国国情的概念。周春发(2001)、梁留科(2004)最开始

第八章 旅游的前景——未来主流市场形式

在阅读研究大量国外文献综述后，都将会展旅游直接定义成 MICE(Meetings、Incentives、Conventions、Exhibitions)，所谓的会展旅游指的就是"将旅游行业与大型专业的会议、各个博览会、体育活动等联合在一起的综合旅游形式"。后来，随着会展旅游研究热度的逐渐升高，一些专家学者们对直接将会展旅游定义为 MICE 产生了争议，开始出现质疑的声音，他们认为，从不同角度去分析，会展旅游的概念存在一定的差异，并不完全相同。继而有学者分别从会展旅游的过程、产品、产业融合等方面来定义会展旅游的概念。

第一种：会展旅游是通过开展会展、议会而出现的具有专项型的旅游活动。

第二种：会展旅游是旅游业与会展业存在后继而出现的新兴活动，它包含两大产业的优势，通过相互联系与碰撞继而产生的旅游产品。

第三种：会展旅游是经济环境下从属于会展经济的一种配套服务，并不能被称为一种旅游产品，它只是会展经济其中的从属部分，它的主要目的是获取经济收益。

研究总结会展旅游的各种定义，我们认为，会展旅游的本质是一样的，是随着社会发展、产业融合出现的一种新型旅游产品形式，会展旅游是以会议和展览为主要吸引物，以城市为支撑，以旅游资源为依托，吸引会展的参观访问者前往会展举办地，通过食、住、行、游、购、娱带动当地旅游经济的新兴形式。

案例 8-6

厦门旅游会展业借"金砖"发力

来到厦门的游客都会去风景秀丽的环岛路看看，而厦门国际会展中心(见图 8-2)就坐落在环岛路一侧的海边，远眺犹如一艘巨型游轮正起锚远航。这里因举办过诸多大型国际性展会而出名，如今被视为厦门旅游会展产业蓬勃发展的"地标"。

谈到旅游会展，厦门市旅游局长杨琪说，2016 年全市接待旅游总人次、接待入境游客、旅游总收入、入境旅游创汇等再创新高，举办展览场次及面积、接待会议及参会总人数均创新高，并保持两位数增长，旅游会展业规模持续扩大，发展质量和水平不断提升。据悉，厦门已位居世界会展城市第 54 位、中国会展城市第 10 位。仅 2016 年，厦门就荣获"2016 中国最具竞争力城市""2016 中国最具创新力国际会展城市""2016 互联网+十大旅游优秀城市"及"中国旅游城市数字资产榜十佳"等殊荣。"读懂厦门"，转动开启厦门的"钥匙"，迅速崛起的旅游会展业正在成为厦门旅游发展的龙头产业。

图 8-2 厦门国际会展中心

2017年"金砖会晤"在厦门举行,厦门旅游会展业适逢难得的发展机遇。全市旅游会展业整装发力,从提升会展发展环境、开展全球营销、推动产业发展、加强信息化建设等方面发力,借助"金砖会晤"在我市举办的重大机遇,推动全市会展业升级发展。

(资料来源: http://kns.cnki.net/kcms/detail/detail.aspx?dbcode=CCND&filename=CLYB20170410A041&dbname=CCNDLAST2017&uid=WEEvREcwSlJHSldRa1FhcEFLUmVhaTI5bVZTTzE4eTdHOWcwaUJDUzVWRT0%3D%249A4hF_YAuvQ5obgVAqNKPCYcEjKensW4IQMovwHtwkF4VYPoHbKxJw!!)

【思考题】分析厦门会展旅游业发展迅速的原因?

【分析】会展业是厦门现代服务业的重要产业,厦门是国内比较知名的会展城市,拥有会展旅游业发展的良好条件和独特优势。此外,厦门为了加快发展会展经济,培育会展产业链及产业集群,发挥区位优势,通过扶持、壮大会展旅游企业和培育品牌展会,推动厦门会展旅游业的快速发展。

三、我国会展旅游的发展趋势

我国发展会展旅游业的历史相对较短,真正开始主办国际会议和展览是在20世纪80年代以后。1985年,北京试验性地主办了几个国际会展,标志着北京会展旅游业进入快速发展阶段。1993年4月召开的亚洲会议与观光局协会(Asian Association of Convention and Visitor Bureau,AACVB)第10次年会是我国会展旅游业发展的里程碑,它使我们认识到会展旅游的重要性以及它所能带来的巨大经济收益。1994年,北京在主办国际会议的数量上进入亚洲城市的前十名。1998年,上海市国际展览公司共举办大中型国际展览会25个,展会总面积16.9万平方米。此后,会展旅游逐渐引起各方的关注,会展旅游给当地所带来的经济和社会效益,让旅游业界和相关政府部门真切地认识到会展旅游的价值。

自21世纪以来,我国的会展旅游业的发展急速增长,年增长速度提高到20%,与其他领域的经济产量相比增速明显。会展旅游对国内旅游企业来说,属于崭新的市场,蕴藏着较大的收益空间。近年来,我国会展旅游业持续保持着良好的发展势头,产业规模不断扩大,经济效益不断增加,国际化知名度不断提高,与此同时,还解决了很多就业问题,会展旅游业对旅游产业的发展起着至关重要的作用。

总体来说,国内会展旅游业在迅速地成长,如今已初具规模。但是相比较于国外,我国会展业的发展还处于起步阶段。会展旅游在我国有很大的发展空间和光明的前景,有望成为我国旅游业的又一个拳头产品。这一论断的得出基于以下几个方面:首先,我国的经济持续快速增长,按世界银行的预测,我国将在2025年超过日本成为世界第二经济大国;同时,随着亚太地区经济的迅速增长,到21世纪,全球的重要贸易活动将集中在这一地区进行。综合国力的增强使我国日渐成为世界关注的大国,也使我国成为世界上许多国际组织关注的会议目的国。第二,我国拥有悠久而光辉灿烂的历史和广袤的国土,旅游资源极为丰富,对世界各地的会议组织者具有强烈的吸引力。第三,我国旅游业自改革开放以来发展非常迅速,各种旅游设施日渐完备,在国际旅游市场上享有越来越高的声誉,且影响力越来越大,目前在国际旅游接待人次上已名列世界第五位。正因为中国具有上述优势和有利条件,国际大会及会议协会(ICCA)把中国当作一个具有巨大潜力的国际会展市场,并认为中国有可能成为21世纪国际会议旅游的首选目的地。

四、国外会展旅游发展模式

(一)德国模式

德国一直是世界展览大国,在危机中也能岿然不动,主要归功于其政府主导发展下的成熟会展管理体系以及德国旅游局的密切联合协作,具体表现在以下几个方面。

1. 政府主导型发展

德国政府早于1907年就设立了一个由参展商、参观者和展览组织者三方面力量组合而形成的展览业最高协会AUMA,对整个会展行业进行宏观调控,具有很强的行业协调作用,确保会展各方紧密的合作,避免重复办展览;还制定了许多规章制度,确保德国会展市场透明化;与经济部、农林部、能源部等政府各部协调,准备国家会展计划,并会同有关部门协调选择专业会展公司进行具体运作、提供专业而个性化的服务。同时还有专门代表负责组织整体促销等管理手段进行展会宣传,重视展览的品牌培育,实施海外扩张战略。国立大学还设有会展管理系,注重高素质的专业会展人才的定向培养。另外,政府主导还表现在政府首选投资建立规模宏大且高质量的展馆设施,使德国展览会场的设施处以国际领先水平;同时场馆建设具有"重点集中、合理分散"的特点,突出重点、分级开发,以确保本国会展业具有持续发展的潜力。

2. 成熟的市场运作模式

德国会展业在世界一直独占鳌头,很大程度上归功于其成熟的市场运作模式(见图8-3所示),该模式可以简单地概括为:政府投资建馆,拥有场馆所有权,通过长期租赁或委托经营将场馆出让给大型的会展管理公司;会展管理公司兼有展馆经营管理者和会展项目组织者的双重身份,其可与各会展服务公司签订合同,为其提供专业化的配套服务。

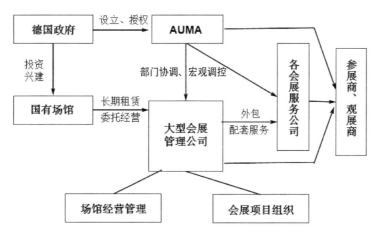

图8-3 德国会展市场化运作模式

3. 旅游业界的联合行动

德国政府明确了旅游业在促进会展业发展过程中的重要作用和角色定位,德国会展业与旅游业的对接不仅十分切合,两者在会展旅游发展中各司其职,政府旅游部门还在会展旅游整体规划和营销方面都起着指导作用，并结合展会城市特色制定相应的会展旅游主题，使会展旅游产品的营销与城市商务旅游的整体营销有机结合。会展和旅游二者的功能不仅有效地衔接起来，还相得益彰，共同促进城市的发展。如2003年，德国旅游局与德国会议推广局联合推出了主题为"德国商务之旅，通向成功之路，欢迎莅临德国展览及会议"的会展旅游活动，旨在保证和进一步提高德国作为国际博览会和专业会议举办地的市场地位。

(二)美国模式

美国能成为继德、法、意之后的展览大国，其成功经验主要归结为以下两点。

1. 三种会展管理模式并存

目前在美国大部分展览中心是公有的，在全美面积超过2500平方米的展览中心中，大约64%(大约243个)的展览中心是属于地方政府所有。美国地方政府十分重视公有展览中心的管理。美国在长期的会展产业发展过程中，形成了三种各有特点的公有展览中心管理模式(见表8-1)，即政府管理模式、委员会管理模式、私人管理模式。这三种模式各有所长，政府管理模式有逐渐让位于私人管理模式的趋势。

表8-1 美国公有展览中心三种管理方式

公有展览管理模式	管理机构	管理方式或要点	应用案例
政府管理模式	大会和参观者事务局CVB	管理预定展览场登记、自有管理队伍、城市营销支持、租金及提供专有服务收入	乔治亚世界会议中心、乔治亚"圆顶房"、百年奥林匹克公园
委员会管理模式	非谋利管理委员会，如芝加哥的都市码头——展览机构MPEA	半企业化的运作、经营自主和收入独立、展览会组织者必须雇用MPEA提供水电气、餐饮和停车等若干种专有服务	伊利诺斯州的麦考米克展览馆、旅游胜地"海军码头"
私人管理模式	私人管理公司	政企分开、有经营权和管理权、协议客户化、可变激励酬金、管理培训专业、雇员灵活	Spectacor 管理集团和环球光谱集团

2. 旅游业带动吸引

美国政府很早就注重发挥旅游业对会展业的带动作用，在权威性协会中重视旅游功能，以吸引更多的会展客源。例如底特律市为了招揽和吸引会议组织者，在1896年就成立了一个名为会议局(Convention Bureau)的组织；而到了1920年，美国成立国际会议局协会(International Assoeiation of Convention Bureau，IACB)，其后随着消遣旅游的兴起，为吸引这一类旅游者，在协会的名字中加入了visitor一词，变为至今沿用的AICVB，负责会展旅游产品的市场营销仍是其最主要的工作内容。

美国近年来处于国际会议市场的领先地位，这与其丰富的旅游资源密不可分。美国旅游资源丰富，其中有内务部国家公园39个、国家名胜区80多个，有国家级战场、历史遗迹、军事公园、海岸等各种形式的旅游胜地达320多处。另外美国发达的旅游业也是发展会展旅游的有力支撑。美国有饭店和汽车旅馆4.6万家，客房总数达350万间。全国有旅游代理商 42000 家，最大的 25 家占有 72%的市场，旅游团经营商 2350 家，其中 50 家占有 80%的旅行团业务。

(三)新加坡模式

在亚洲会展旅游市场上，新加坡是亚洲领先的会展中心。由于政府的重视，本身具有交通、通信等发达的基础设施以及较高的服务水准、较高的英语普及率，新加坡连续 17 年成为亚洲首选的举办会展的国家，每年举办的展览会和会议等大型活动达 3200 多个，因而被国际协会联合会评为世界第五大"会展之都"。

新加坡通过以下方面维护和巩固其作为世界级会议会展举行地的地位。

1. 政府扶持办展

新加坡视会展旅游为经济支柱，亚洲最大的新加坡博览中心(见图 8-4)就是政府投入巨资建设的、位居世界一流水平的展览场馆。此外，政府还充分发挥其在招徕国际会展方面的权威作用，把国家或城市作为营销的对象，塑造会展目的地良好的整体环境，展示目的地的美好形象。同时，会展相关企业也积极配合国家的举措，为吸引会展旅游者制定了专门的服务产品。几年前，新加坡贸易促进发展局也积极行动，致力于推行"国际展览会开发援助计划"(IFDAS)，只要符合该计划条件的在新加坡举办的展览会、展销会，都可以从新加坡政府那里获得 1 万新元的资助。这一促销计划效果良好，使在新举办的大型国际会议和展览增长速度大大提高。

图 8-4　新加坡博览中心

2. 优越的会展旅游条件

新加坡优越的地理位置、十分便利的可进入性、完善的基础设施建设以及良好的旅游配套服务为其会展业的发展创造了优良的外部发展环境。而新加坡会展业非常高的市场化程度，是其发展的内在条件。经过多年的发展与培育，在新加坡展会市场上形成了一批有着成熟市场经验和经营理念的市场主体，注重软件建设，信奉品牌文化和自我推销。会展业市场运作健康有序，且形成了一批品质高且规模大的国际性会展项目，拥有相对稳定的会展旅游客源。在 1999 年—2001 年国际会议协会(ICCA)排名中，新加坡始终排在世界会议城市前 10 名,也是亚太地区最大的会议城市。

3. 旅游业大力协助宣传

新加坡会展业与旅游业相互依存发展的原则,使其会展旅游在竞争激烈的亚洲,乃至世界会展业中都占有一席之地。新加坡的官方旅游主管机构是新加坡旅游促进局,新加坡会展局是其下属的一个非营利部门,主要职能是市场营销和宣传促销,在国外大都市均设有办事处或联络处,对海外重点客源市场进行招展。2003 年 11 月,为了进一步开拓新加坡商务旅客市场,吸引外国人来进行商业、会议、奖励旅游和展览活动,新加坡旅游局每年拨款 1500 万新元(约人民币 7150 万元),制定了一项名为"Make it Singapore"的宣传计划,提供各种奖励和优惠措施,开展商务和会展旅游宣传和促销,并从中拨出 200 万元的广告费在美国、德国、英国、中国、印度、马来西亚、印度尼西亚、泰国和澳大利亚等主要会展客源市场进行宣传,以巩固新加坡作为旅客心目中"亚洲最适合举办世界级会展的城市"的地位,以会展商务旅游提升新加坡的旅游收入。旅游局的这项计划得到了当地 39 家酒店、新加坡航空公司和两个会展中心的支持,为会展主办者推出相关配套设施。

总之,德国、美国、新加坡分别代表欧洲、美洲以及亚洲典型的会展旅游发展模式(见表 8-2),总结起来这三种模式中政府都起宏观管理作用,以及设有专门的权威的会展管理机构,且旅游业与会展业优化互动。不过政府管理主要以行业性宏观调控为主、进行市场引导和规范,并以政府综合力量优势去开拓国际市场,注重会展品牌培育与营销。但各国政治经济条件不同,发展会展旅游的模式也有所不同。譬如,德国是政府主导会展管理模式、美国是三种会展管理模式竞争并存,新加坡是政府扶持会展管理模式等,除外,三者具体的会展运作模式,也因相关配套产业不同,其运作规则也有差异。

表 8-2 德国、美国、新加坡会展旅游发展模式同异对比表

比较	相同点	不同点
德国	政府宏观管理作用、设有专管权威机构	政府介入程度不同
美国	注重会展品牌培育与营销、旅游业与会展业优化互动	市场运作分工有异
新加坡		会展与旅游对接方式各异

五、国外会展旅游模式对我国的启示

(一)会展业与旅游业协同效应

会展和旅游实际上是一种双赢关系,会展业发达的地区不仅旅游业发达,而且密切配合会展业的发展,使两者产生协同效应。举办一个会展,使大批参观者兼顾旅游,带动旅游业发展;而举办地具有吸引游客的魅力,善于把游客转化为参观者,使参会者人数增加。所以要造就会展旅游名城,会展业和旅游业两者必须要互通信息,密切配合,充分合作,开展联合营销等,增强综合竞争力。

(二)成熟会展管理与市场化运行机制

尽管在发达国家,政府也在会展旅游业发展中起着重要作用,如德国政府主导会展管

理模式、美国三种会展管理模式以及新加坡政府扶持会展管理模式等,但会展产业更多的是通过非政府的行业管理协会来实现政府管理企业的职能;政府主要还是以行业性宏观调控为主、进行市场引导和规范,并以政府综合力量优势去开拓国际市场。这种成熟的会展管理模式与市场化运行机制,是在其发展过程中不断完善的,并具有一定的特定情形,只能借鉴不能照搬。

(三)会展营销国际化与品牌化

发达会展国家具有很强的国际战略意识,洞察国际市场的发展趋势,如德国、法国、新加坡、日本等国,在政府支持下通过会展行业协会以及会展公司在全球进行营销网络布点,实施国际化市场竞争战略。在国际会展业发展之初,往往在同一个经济领域内有许多展会并存,经过长期的发展完善与市场的优胜劣汰、自然选择,某一领域内的"品牌会展"越办越大,越办越好,才确立了自己的优势地位。如德国办公用品展、意大利珠宝展、法国航空展等无一不是行业中的极具号召力的权威品牌展。

(四)会展科技化与生态化

国际型会展不仅要求完善的基础服务设施、配套的硬件设备以及专业化的会展服务,还要求能紧跟时代潮流,重视高科技在现代化会展中心得到充分的利用。国际上发达国家的会展中心基本上都配备了智能化程度很高的网络系统,比如观众、参展商电子登录系统、电脑查询等。除此之外,重要的是要发展电子商务、建设网上虚拟展览会以防止时空等客观条件的限制。

不管是从20世纪80年代就一直提倡的可持续发展理念,还是近期不断强调的"低碳经济",都强调任何活动都要具有环境友好性,注重环保。大型的会展中心尤其要注重生态化建设,使用环保型设施系统、增加废物循环利用、禁止场馆内使用非环保物料等,降低能耗,同时还要增加场馆的使用率。商业化展馆极具季节性,所以在服务资源提供和配合方面考虑到使用的周期性,或者将某些需要大量人员配合的服务如餐饮、清洁、保安等外包出去,发挥最大的成本效益。

(五)政府的大力支持

现代化会展中心不仅要求规模宏大,而且对配套的硬件设施、设备要求高,耗资巨大,因此它从规划到建造都需要办展所在地政府的大力支持。几乎所有会展业发达的国家,展馆都有政府出资建造,如慕尼黑会展中心的投资,巴伐利亚州政府和慕尼黑市政府各出49%,剩余的由当地的手工业协会出。政府的支持不仅表现在投资建馆,还在政策给予多方支持,如在土地等方面给予了很多的优惠政策、提升城市的国际形象和加强会展品牌宣传来促进会展业的发展。除此以外,政府还授权成立单一的具国家权威性的行业协会或展馆管理机构,如德国的AUMA、法国的CFME-ACTIM、英国的AEO等,协调各部门、进行宏观调控、制定一整套扶持、服务、规范和发展计划等,以保障会展市场的有序性、竞争性。

(六)办展城市综合实力强

国际展览业协会(UFI)曾发表报告认为:"一个城市或地区,如果基础设施相对完备,人均收入在世界中等以上，服务业在 GDP 中的比重超过制造业且过半，外贸总额占 GDP 的比重接近或超过 10%，行业协会的力量相对较强，那么会展经济就会在该城市或该地区得到强势增长，并发挥相关的积极作用。"会展业的发展速度、发展水平与城市的经济水平、基础设施、区位条件、交通条件、气候条件、城市形象、生态环境等息息相关。著名会展城市汉诺威、巴黎、米兰等无一不是综合竞争力极强的国际性城市。

第五节 研学旅游

一、研学旅游的概念和特征

研学旅游是通过"旅游+"推动的、与教育融合渗透形成的新业态，不仅为旅游业发展自身拓展了新空间、提供了新动能，也为教育事业发展创造了新的形式和路径。自《国民旅游休闲纲要》首次提到"研学旅行"，至 2016 年教育部等 11 部门联合出台的《关于推进中小学生研学旅行的意见》明确提出将研学旅行纳入中小学教育教学计划，我国研学旅游迎来了快速发展的机遇期。

(一)研学旅游的概念

研学旅游是以学生或伴有学习目的的人为主体，集旅游、学习为一体，以线路旅游的形式组织到居住地以外的国家或地区进行观光游览、生活体验、学习特定知识等的主题旅游活动。从广义上来讲，研学旅游是指以研究性、探究性学习为目的的专项旅行，是旅游者出于文化求知的需求，暂时离开常住地，到异地开展的文化性质的旅游活动。其主体并不仅仅是学生，可以是任何年龄的抱着学习求知的目的而进行旅行的人。狭义上，研学旅游是指教育部门和学校根据区域特色、学生年龄特点和各学科教学内容需要，有计划地安排组织学生通过集体旅行、集中食宿的方式走出校园，在与平常不同的生活中拓展视野、丰富知识，加深与自然和文化的亲近感，增加对集体生活方式和社会公共道德的体验，开展研究型学习和旅行体验相结合的校外活动。

(二)研学旅游的特征

1. 学校为组织方

一般以班级为单位，或者以年级为单位，乃至以学校为单位进行集体活动，同学们在老师或者专职辅导员的带领下一起外出、一起动手、动脑、动嘴，共同体验相互研讨，这就是研学旅游。如果是以家庭为单位，一个家庭或者几个家庭外出，不是学校组织的那也只是旅游，并不是研学旅行。旅行社等相关企业可以作为研学旅游的承办方，为学校开展活动提供专业服务。

2. 以旅行为形式

研学旅游，是以增长见识、拓宽视野、提升能力为目的的课外实践活动，一般是离开学校及常住地，所以是以旅行为形式的活动。一些学校在课外成立的兴趣小组、俱乐部、社团的活动，比如各类文体活动、校园比赛等不属于研学旅游的范畴。

3. 内容的体验性

研学旅游的内容要让学生亲身体验，动手做，做中学。学生必须要有亲身实践的良好体验，而不仅仅是流于表面形式的走马观花。要经常提供动脑、动手、动口的机会；在确保安全的前提下，适当进行一些学生感兴趣的对抗赛、逃生演练等活动。

二、发展研学旅游的意义

研学旅游是集教育、文化和旅游为一体的一种新型、多元化的旅游发展模式，其发展状况直接关系到教育和旅游行业的发展探索，以及全体国民素质和知识水平的提升。

发展研学旅游，有着重要的指导意义和现实意义，一方面，有利于促进学生培育和践行社会主义核心价值观，激发学生对党、对国家、对人民的热爱之情；有利于推动全面实施素质教育，创新人才培养模式，引导学生主动适应社会，促使学校教育与校外教育相结合，促进书本知识和生活经验的深度融合；有利于加快提高人民生活质量，满足学生日益增长的旅游需求，从小培养学生文明旅游意识，养成文明旅游行为习惯。另一方面，发展研学旅游，有利于促进旅游与研学深度结合，创新多元化的旅游发展模式；有利于推进对传统旅游产业进行转型升级、对旅游产品进行创新优化，促进地区旅游事业持续发展；有利于拉动其相关产业的发展，形成一条完整的产业链，形成市场竞争力，培育其成为地区旅游发展创新的增长点。此外，在文化层面上，研学旅游注重在游玩的过程中学习知识，可以称之为文化旅游的一种新形式，旅游者通过各种形式参与到研学旅游活动中，在享受休闲的同时学习文化知识、提升自身文化修养，有利于中国优秀文化的传承、科学知识的习得与国民素质的整体提升。

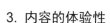

案例 8-7

研学旅游与普通旅游的区别

研学旅游已经成了教育界和旅游界的一个热门话题。但是，综观目前的研学旅游市场，各种"游而不学"或者干脆就把研学旅游等同于普通旅游以及"夏令营""冬令营"的现象层出不穷。

研学旅游与普通旅游之间存在很多的共同之处，从最基本的旅游动机来看，旅游本身就是一种可以欣赏风景、亲近自然、休息放松、缓解压力、感受新鲜事物、体验一种与平时不一样的生活、结交朋友、丰富知识阅历以及了解不同文化和风土人情的行为，而研学旅游的动机也包含了这些内容。也即是说，旅游本身也可以满足研学旅游的大部分需求，或者说达到研学旅游的大部分目的。也恰恰是因为这点，导致对研学旅游没有一个清楚的认识。

但是，研学旅游与普通旅游仍然有本质上的不同：①旅游的主体不同。普通旅游的主体通常是个人、家庭、朋友或者单位公司，研学旅游的主体是学生，而且这个学生不是单个或几个学生，它是指"以年级为单位，以班为单位"的学生。②旅游内容的侧重不同。普通旅游的内容主要是吃、住、行、游、购、娱六个方面，但研学旅游除了这个六方面外，重点必须落在"研学"二字上，否则只会出现更多的"游而不学"现象。研学旅游是一种

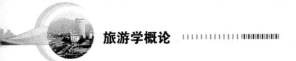

"讲授和聆听"的学习过程,而是学生在旅游过程中通过"自主合作"来"解决问题"的过程。③旅游目的地的选择标准不同。普通旅游对旅游目的地的选择没有特殊的或者额外的要求。研学旅游对旅游目的地选择有一系列的标准,按标准进行选择。以研学旅游中常见的革命烈士纪念馆为例,参观和讲解并不能实现研学旅游的目标,学生到了这个地方还必须进行讨论、分享、展示、交流等活动,甚至参与体验,这都需要增加相应的硬件设施(基础设施建设)和软件设施(人才建设),如果不满足研学旅游的标准,即使是再著名的景区也不能称为一个合格的研学旅游基地。④旅游结束方式不同。普通旅游是游客从旅游目的地返回生活地后就结束了。但是,由于研学旅游的重点在于研究和学习,这就需要对研究学习的内容进行评价,从而判断研学活动是否达到目标。各级学校应在研学旅游开展前后针对研学主题进行一个调查,通过统计学方法检验学生旅游前后的差异是否显著,以此对比出研学旅游的效果如何。

(资料来源:http://news.ctnews.com.cn/zglyb/html/2019-05/21/content_352202.htm?div=-1)

【思考题】针对研学旅游与普通旅游的异同,思考在研学旅游产品的设计过程中应注意哪些细节?

【分析】研学旅行产品定位要"了然于心",当下研学旅行市场浮躁,对研学旅行的本质及内涵存在误解。研学旅行产品设计要"量体裁衣",研学旅行承办方应根据主办方要求,紧密结合不同学段特点、教育目标和地域特色,多层次、分梯度、多维度地设计研学旅行产品。研学旅行产品内容要"精心打磨",教育机构和学校要与专业研学机构分工协作,将研学旅行和学校课程有机融合,精心设计研学旅行活动课程和研学线路,避免"只旅不学"或"只学不旅"现象。研学旅行产品质量要"严格把关",建立健全过程监督指导机制,完善研学效果反馈评估机制。

三、研学旅游产品分类和设计

(一)研学旅游产品的概念

研学旅游产品是适应我国研学旅行教育需求,针对学生的不同学段特点和教育目标而设计的,以校外探究式学习、综合实践体验为主要内容的产品与服务。其本质上是一种"教育+"产品,区别于传统游学、修学旅游、观光考察等旅行形式。

研学旅游产品是一个集课程、基地、线路、导师以及配套服务要素等于一体的综合服务体系。这些构成因素相辅相成,缺一不可,共同服务于研学旅游活动的顺利开展。其中,研学旅游课程是前提和基础,旅游线路是载体和形式,而研学导师、辅导员等人力因素是产品价值实现的推进者,研学基地、景区、餐饮、住宿、交通等配套服务要素是研学旅行产品的保障体系。研学旅行产品打造要综合考虑这些因素及其相互之间的关系。

(二)研学旅游产品的分类

国家旅游局发布《研学旅行服务规范》(LB/T 054—2016)对研学旅游产品按资源类型进行分类,主要分为自然观赏型、知识科普型、体验考察型、文化康乐型、励志拓展型。

1. 自然观赏型

自然观赏型主要包括山川、江、湖、海、草原、沙漠等资源。

2. 知识科普型

知识科普型主要包括各种类型的博物馆、科技馆、主题展览、动物园、植物园、历史文化遗产、工业项目、科研场所等资源。

3. 体验考察型

体验考察型主要包括农庄、实践基地、夏令营营地或团队拓展基地等资源。

4. 文化康乐型

文化康乐型主要包括各类主题公园、演艺影视城等资源。

5. 励志拓展型

励志拓展型主要包括红色教育基地、大学校园、国防教育基地、军营等资源。

除此以外，我们还可以将研学旅游产品按研学课程进行分类，可以分为自然类、历史类、地理类、科技类、人文类、体验类等课程。

(三)研学旅游产品设计的原则

在相关政策的出台和指导下，各地纷纷实践，推出各种层出不穷的研学旅游产品。但是，从总体看，我国研学旅行产品开发尚处于初级阶段，存在着研学旅游产品定位模糊、产品类型单一、产品内容有名无实、产品质量无保障等问题，严重制约着我国研学旅行教育的有效开展。研学旅游承办方应根据主办方要求，紧密结合不同学段特点、教育目标和地域特色，多层次、分梯度、多维度地设计研学旅游产品。

1. 注重教育性和知识性

研学旅游产品本身是一种教育向旅游行业延伸的产品。研学旅游产品设计除了要求具有传统旅游产品设计思维外，更要立足教育层面，以实践育人为导向，把课本知识活动化，把活动教育化；要遵循教育内在规律，既要注重旅行形式的趣味性、旅行过程的知识性、旅行内容的科学性，还要注重培育学生良好的人文素养、品格习惯。尤其是需要教师或研学导师的全程参与，引导青少年学生通过活动真正获得知识、提升认知。

2. 注重层次性和梯度性

以《关于推进中小学生研学旅行的意见》为指导，应针对不同学段特点和教育目标设计研学旅游产品。小学一至三年级的研学旅游活动应以乡土乡情研学为主，宜设计知识科普型和文化康乐类型的产品；小学四至六年级的研学旅游活动应以县情市情研学为主，宜设计知识科普型、自然观赏型和励志拓展型的产品；初中年级的研学旅行活动应以市情省情研学为主，宜设计知识科普型、体验考察型和励志拓展型的产品；高中年级的研学旅行应以省情国情研学为主，宜设计体验考察型和励志拓展型的产品。

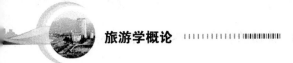

3. 注重地域性和体系性

针对当前研学旅游市场产品同质化现象，各地应充分发挥本地研学资源优势，设计主题化、体系化的地域研学旅游产品。如山东曲阜儒源集团将传统国学培训与曲阜三孔景点结合起来，开展国学主题研学；河南少林寺将武术培训与弘扬少林文化结合起来，开发少林武术主题研学；江苏常熟根据本地特色，把青少年研学旅行产品分成"常塾—江南国学之塾""常塾—科普教育之塾""常塾—江南耕读之塾""常塾—江南手作之塾"以及"常塾—户外体验之塾"五大主题。

4. 注重开放性和灵活性

培根在《论旅行》中提到"旅行是年轻人教育的一部分"。研学旅游的国际化理念倡导人们通过教育旅行活动，理解、接纳、关心、尊重不同国家和地域的文化差异，提高国际认知能力和理解能力。注重开放性、灵活性的研学旅游产品设计，改变了学习的一般形态、方式，扩大了学生视野，更能激发他们的创作热情和创新意识，提升他们的创新能力，适应国家培养创新型人才的内在需求。

(四)研学旅游产品开发思路

我国学生研学旅游在经济大幅度增长的背景下，具有十分广阔的发展空间。经济的快速发展，生活条件的不断改善，为研学旅游提供了丰富的物质基础。但是由于旅游市场体系缺乏规范性、研学旅游产品设计与规划不完善、旅游安全等诸多问题的困扰，使研学旅游发展受到一定的影响。所以，在对有学生参与的研学旅游产品的开发上，必须要重视研学旅游发展中面临的这些问题，研学旅游产品的营销策略主要可以从以下几个方面进行努力。

1. 争取政府支持

政府作为政策的制定与执行主体，可针对学生研学旅游给予理念与政策上的支持。通过制定优惠政策、旅游规范、行业标准等，来加快研学旅游的实施，并对开展研学旅游的学校，加大资金投入，教育部门还应当培养研学旅游专业管理人才，来促进与带动研学旅游的健康发展。

2. 转变观念

运用网络、媒体等各种传播媒介，对研学旅游的益处进行宣传，使家长与学生认识到研学旅游作用与意义，转变教育理念，关注学生的身心发展，注重对学生的素质教育。

3. 发挥学校及教师的作用

学生研学旅游作为待开发产品，也可借助于学校或教师的影响力，依据学生个性特征，合理开设研学旅游知识讲座，合理安排研学旅游时间，发挥学校及教师的引领作用，对学生需求及时进行关注。在我国目前经济大幅度增长的背景下，学生教育更倾向于素质教育，所以在学生研学旅游上，着重培养旅游人才，为学生设计更完善、更丰富的研学旅游项目，平衡游学比例，设计好教师与研学旅游学生比例，合理安排研学旅游时间，通过研学旅游使学生掌握更多的社会与历史知识，使学生知识与能力相结合，全面促进学生的综合素质发展。

第八章 旅游的前景——未来主流市场形式

案例 8-8

研学旅游——迎接新一轮发展机遇

多年从事研学旅游市场开发的明珠旅游董事、运营总监狄娜说，现在研学旅游市场正迎来黄金发展契机。"以前是旅游机构一头热，现在教育系统已经从被动走向主动，我们要顺势而为，充分整合资源，迎接新一轮发展机遇。"

事实上，很多目的地对研学旅游也充满热情，一些地方动作颇大。如江苏常熟着力打造"常塾"研学游品牌，大力整合境内资源。常熟市旅游局局长唐晓说，"读万卷书，行万里路"，成为世人"游学"的理想和追求。从唐代至清代，常熟这座江南小城出了 8 名状元、9 名宰相以及 485 名进士。常熟民俗民风精彩纷呈、地方物产丰富，非物质文化遗产 30 余个。这些都是发展研学旅游的优质资源，我们看好研学旅游发展前景。

(资料来源：http://kns.cnki.net/kcms/detail/detail.aspx?dbcode=CCND&filename=CLYB201710110014&dbname=CCNDLAST2017&uid=WEEvREcwSlJHSldRa1FhcEFLUmVhaTI5bVZTTzE4eTdHOWcwaUJDUzVWRT0%3D%249A4hF_YAuvQ5obgVAqNKPCYcEjKensW4IQMovwHtwkF4VYPoHbKxJw!!)

【思考题】研学旅游即将迎来新的发展机遇，思考应如何抓住机遇、迎接挑战？

【分析】发展研学旅游要放到全域旅游发展格局、文旅消费升级的背景下进行再思考、再梳理，目前研学市场的痛点是非标准、低频、低价、季节性强、难评价等。未来要以体验为中心，更加注重内容和质量，研学产品要多样化，线路设置要个性化。

四、研学旅游发展前景

(一) 政策环境良好

国家在多项政策上明确了研学旅游工作任务。2012 年国家开始提倡青少年研学旅行。到 2013 年渐成气候，教育部《关于开展中小学研学旅行试点工作的函》得到上海、北京等一些发达省市和地区的积极响应。同年，国务院《国民旅游休闲纲要》提出"逐步推行中小学生研学旅行"的设想。2014 年国务院《关于促进旅游业改革发展的若干意见》首次明确了小学、初中和高中三阶段研学旅行的范畴。2015 年国务院《关于进一步促进旅游投资和消费的若干意见》把研学旅行纳入学生综合素质教育范畴等，12 月国家旅游局《关于支持旅游业发展用地政策的意见》进一步明确了促进研学旅游发展的用地政策。2016 年年初公布了国家首批研学旅游目的地和全国研学旅游示范基地，11 部门《关于促进中小学研学旅行的意见》明确精品线路，教育"十三五"规划也继续鼓励研学旅游的试点和推广。全国各地都在积极响应国家政策，积极打造研学旅行基地。

(二) 市场需求旺盛

首先，改革开放以来人民经济水平的提高促使旅游需求和优质教育消费需求迅速增长。2019 年旅游收入超 6 万亿元，游客人次超 60 亿，旅游综合贡献率全球第二。家庭教育支出是总支出的重要组成部分，且新生代家庭的教育更关注新方式、高品质，研学旅游市场需求前景宽阔。其次，目前我国国民整体文化素养和知识水平有待提升。有学者采用休闲层次理论分析得出国民旅游休闲层次的混乱性，虽然少数人达到了"创造性的参与"层次，但更多的是"解闷"层次及以下，急需发展研学旅游提升国民文化素质。最后，教育与旅游行业发展趋势所需。伴随旅游业的快速发展和教育形式的转型升级，研学旅游作为教育与旅游兼得的新形式，将成为两大行业发展的重大转机。

(三)旅游资源可开发性强

中国旅游资源不仅丰富，且资源可开发性强；各省市旅游资源集群状况良好，各具特色，潜在发掘能力不容忽视。以湖南省为例，第一，湖南各地州市旅游资源丰富多彩，地域差异导致各地资源独具个性。全省在空间上形成"两大旅游核心城市、三大旅游板块、四条黄金旅游带"，集中分片的资源组合状况，为开发研学旅游产品开展研学活动提供了良好的基础条件。第二，湖南各大类型资源依托地域环境而生，有独无偶。从旧石器遗址到湖湘文化，从五岳衡山到武陵源、崀山，从蚩尤文化到湘西山区民俗风情等，根植于此成长于厮。很多资源在国际国内均享有较高声誉，研学价值高。第三，相比其他省份，湖南在历史文化、红色经典、民俗风情、绿色生态、地质考古、漂流温泉、科技工业等各方面资源条件得天独厚，真正是人无我有，人有我优。拥有各类博物馆纪念馆、重点文物保护单位和传统村落等数量庞大，且资源品位高，具有很强的研学价值和旅游吸引力，有的在旅游市场中甚至处于垄断性地位，但目前大多数资源还是浅层次开发或未开发状态。

让所有人都有美好的未来(扫右侧二维码)

本章小结

本章介绍了国内外旅游发展现状和前景，同时，介绍了当前我国的主流旅游形式：休闲度假旅游、商务旅游、会展旅游、研学旅游，详细阐述了其概念、特征、发展策略及未来发展前景。其中，国内外旅游发展现状及未来前景是本章学习中应重点掌握的内容。

习　题

一、单项选择题

1. 以下哪个选项不是国外旅游发展的现状。（　　）
    A. 旅游业成为全球经济发展的支柱产业之一。
    B. 世界旅游市场呈现"三足鼎立"的新格局。
    C. 市场需求"短距化"趋势愈发明显。
    D. 旅游跨领域、跨行业融合发展成为新常态。

第八章 旅游的前景——未来主流市场形式

2. 以下哪个选项不是休闲度假旅游的特征。( )
   A. 修身养性　　B. 停留时间很短　　C. 重复性　　D. 层次丰富
3. "金砖四国"不包括( )。
   A. 中国　　B. 巴西　　C. 韩国　　D. 俄罗斯
4. 当前我国会展旅游发展存在的问题不包括以下( )选项。
   A. 缺乏专门组织来负责运行会展旅游等方面的事务。
   B. 缺乏利于会展旅游发展的城市资源。
   C. 邻近国家对会展旅游极其重视，给我国带来极大的竞争压力。
   D. 缺乏知名度高的明星展会，缺乏建造品牌会展投入。
5. 高中年级的研学旅行应以省情国情研学为主，宜设计体验考察型和励志拓展型的产品。这说明研学旅游产品设计应遵循( )原则。
   A. 教育性　　B. 知识性　　C. 地域性　　D. 梯度性

二、多项选择题

1. 商务旅游的特点有( )。
   A. 消费水平高于普通的观光旅游。　　B. 对相关配套设施要求很高。
   C. 极易受到气候条件的制约。　　D. 具有重复性。
2. 休闲度假产业实施差异化发展的途径有( )。
   A. 凸显特色，打造品牌　　B. 创新产品，独特营销
   C. 正确定位，错位发展　　D. 优化业态，发展结构
3. 商务旅游的发展策略( )。
   A. 致力于商务旅游专业人才的培养　　B. 理顺管理体系
   C. 制定系统发展的战略　　D. 尊重"个性化"需求
4. 研学旅游产品设计的原则包括( )。
   A. 注重教育性和知识性　　B. 注重层次性和梯度性
   C. 注重地域性和体系性　　D. 注重开放性和灵活性
5. 研学旅游的特征包含了( )。
   A. 家长组织操控　　B. 以旅行为形式
   C. 学校为组织方　　D. 内容的体验性

三、简答题

1. 简述国内旅游业的发展前景。
2. 阐述当前我国商务旅游发展存在的问题。
3. 试述研学旅游和普通旅游的区别。

四、论述题

结合当前研学旅游市场现状，谈谈应如何促进我国研学旅游的发展？

五、案例分析题

文化和旅游，即"诗和远方"，已成为当下热门词语。文化是千百年来劳动人民生产与社会实践的结晶，是人民创造的物质财富与精神财富的总和与叠加，是对人类历史遗存最

经典的表述与概括。旅游则是人们摆脱了生产劳作羁绊，为某种目的到异地进行的审美消费行为，既消费了金钱、时间，也消费了体力和情绪。人们常说，文化是旅游的灵魂，如果没有文化，旅游就成了无本之木、无源之水。文化和旅游共振共轭、相得益彰，文化发达的地方，旅游往往有较好的口碑；旅游发达的地方，文化往往有深厚的积淀。缘由就是文化和旅游有许多共性特征。

一是文化和旅游都具有无边界性。文化无所不包、无处不在，既有物质文化，也有精神文化，既有区域文化，也有整体文化。旅游也有相似的属性，旅游资源没有边界性，天文、地理、人文、科技、传说、艺术等各种资源俯拾皆是，只要能够开发为产品的对象，都是旅游资源。

二是文化和旅游都具有多重属性。文化工作既有政治属性，也有经济属性；既有文化属性，也有产业属性。旅游亦然，旅游既是事业，也是产业，在对外交流、经济发展等领域都可以发挥独特作用。

三是文化和旅游都具有审美特性。文化本身具有深厚的内涵，我们要继承和发扬代表人类文明的先进文化，用审美的眼光来看待文化。旅游亦然，旅游的本质就是审美，风景好不好要用审美的眼光来衡量，"吃住行游购娱"等内在要素的生产和消费都需要用审美来判定，越美吸引力越大。

因此，文化和旅游在很多方面都具有相似性和相同性。二者的融合具有先天基础和条件，文化和旅游融合使"诗和远方"行稳致远，让人获得物质与精神双丰收，满足人民美好生活需要。

(资料来源：http://news.ctnews.com.cn/zglyb/html/2019-12/30/node_3.htm)

问题：

(1) 文化和旅游还存在哪些相似性？
(2) 如何推动文旅融合从理念走向行动？

参 考 文 献

[1]席婷婷. 国内外旅游业发展现状和前景分析[J]. 市场论坛，2017(10).
[2]姚刚. 浅谈我国旅游行业的发展现状与未来[J]. 北方经贸，2018(08).
[3]谢慧颖. 福建省滨海体闲旅游新业态研究[D]. 福建师范大学，2011.
[4]刘瑜辉. 三清山休闲度假业态创新研究[D]. 江西财经大学，2017.
[5]魏小安. 中国休闲度假的特点与趋势[N]. 中国旅游报，2005.
[6]吴悦. 安徽省休闲度假旅游产品开发现状与优化研究[J]. 经济研究导刊，2019.
[7]田纪鹏. 近十年国内外商务旅游研究回顾与展望[J]. 旅游论坛，2018.
[8]刘伟财. 商务旅游市场发展现状及对策分析[J]. 金融经济，2017(02).
[9]赵海燕. 商务旅游发展的研究探讨[J]. 中国经贸导刊，2010(01).
[10]罗旻. 我国商务旅游市场发展现状及前景分析[J]. 对外经贸，2012(04).
[11]王元. 会展旅游发展研究[J]. 绿色科技，2019(19).
[12]李洋. 关于会展旅游的概念内涵与市场开发研究[J]. 农村经济与科技，2019(08).
[13]宋慧敏. 上海会展旅游者消费行为研究[D]. 成都理工大学，2019.
[14]邢晓玉. 国内研学旅行研究进展与展望[J]. 江苏商论，2019(12).
[15]朱彩霞. 深入开展研学旅行，促进学生健全发展[J]. 基础教育参考，2019(22).
[16]朱蔚琦. 文旅融合背景下研学旅行的发展研究[J]. 齐齐哈尔师范高等专科学校学报，2019(04).
[17]刘荣. 旅游学概论[M]. 吉林：吉林大学出版社，2017.
[18] 谢彦君. 基础旅游学[M]. 3版. 中国旅游出版社，2011.
[19] 李天元. 旅游学[M]. 高等教育出版社，2011.
[20] 郭胜. 旅游学概论[M]. 3版. 高等教育出版社，2014.
[21] 邓爱民. 旅游学概论[M]. 湖北：华中科技大学出版社，2018.